21世纪法学系列教材

通选课系列

模拟审判

原理、剧本与技巧
（第四版）

廖永安　唐东楚　王　聪　著

图书在版编目(CIP)数据

模拟审判:原理、剧本与技巧/廖永安,唐东楚,王聪著.—4 版.—北京:北京大学出版社,2022.10

21 世纪法学系列教材.通选课系列

ISBN 978 - 7 - 301 - 33432 - 4

Ⅰ.①模… Ⅱ.①廖…②唐…③王… Ⅲ.①审判—中国—高等学校—教材 Ⅳ.①D925

中国版本图书馆 CIP 数据核字(2022)第 185950 号

书 名	模拟审判:原理、剧本与技巧(第四版)
	MONI SHENPAN:YUANLI、JUBEN YU JIQIAO(DI-SI BAN)
著作责任者	廖永安 唐东楚 王 聪 著
责 任 编 辑	张 宁 王 晶
标 准 书 号	ISBN 978 - 7 - 301 - 33432 - 4
出 版 发 行	北京大学出版社
地 址	北京市海淀区成府路 205 号 100871
网 址	http://www.pup.cn
电 子 邮 箱	编辑部 law@ pup.cn 总编室 zpup@ pup.cn
新 浪 微 博	@北京大学出版社 @北大出版社法律图书
电 话	邮购部 010 - 62752015 发行部 010 - 62750672 编辑部 010 - 62752027
印 刷 者	北京鑫海金澳胶印有限公司
经 销 者	新华书店
	730 毫米×980 毫米 16 开本 16.25 印张 323 千字
	2009 年 3 月第 1 版 2013 年 3 月第 2 版
	2015 年 8 月第 3 版
	2022 年 10 月第 4 版 2024 年 5 月第 3 次印刷
定 价	48.00 元

未经许可,不得以任何方式复制或抄袭本书之部分或全部内容。

版权所有,侵权必究

举报电话:010 - 62752024 电子邮箱:fd@ pup.cn

图书如有印装质量问题,请与出版部联系,电话:010 - 62756370

内 容 提 要

　　模拟来自真实,高于真实。本书围绕模拟审判的原理、剧本与技巧而展开,为模拟法庭这个特殊的法律"实验室",提供了一套可行的"实验指导"或"操作指南"。其中的**"原理"部分**,深入阐述了模拟审判特有的示范、检验、实践和培育等教学作用,以及模拟审判的软硬件建设、组织实施等;其中的**"剧本"部分**,以四个典型的法院审判案例和真实的案卷材料为基础,分别以民事、刑事、行政和刑事附带民事诉讼案件审判的剧本形式,结合最新修正的三大诉讼法及其各自的最新司法解释,将"真刀实枪"的庭审过程,一幕一幕地予以模拟和展现,有审判有调解,有程序有艺术,有唇枪舌剑的争锋,有妙笔生花的书状,有好学深思的点评与分析,有法条有情理,有权利有义务,有公正有效率,有真有假,有张有弛;其中的**"技巧"部分**,介绍和探讨了模拟审判,或曰真实审判的组织安排技巧、文书写作技巧、法庭语言技巧和角色扮演技巧,尤其是法庭语言中的"问、答、论、辩"和角色扮演中的"要"与"不要"。

　　本书既是法科学生包括本科生和研究生的司法(审判)实习教材,也是可供长期翻阅的工具书,尤其适合法硕(JM)学生。对于刚刚从事法律工作的人,或者感兴趣、有急需的其他人,也是一本上好的"法律实战手册"。

作者简介

廖永安 湘潭大学党委副书记、教授、博士生导师。兼任教育部法学学科教学指导委员会委员、中国法学会民事诉讼法学研究会副会长、湖南省法学会副会长、湖南省法学会诉讼法学研究会会长、最高人民法院多元化纠纷解决机制研究基地主任、司法部调解理论研究与人才培训基地主任等职务。系国务院政府特殊津贴专家、国家"万人计划"哲学社会科学领军人才、国家百千万人才工程计划入选者、国家有突出贡献中青年专家、教育部新世纪优秀人才支持计划入选者、第七届和第八届全国十大杰出青年法学家提名奖获得者、湖南省优秀社科专家、湖南省智库领军人才。主持科技部国家重点研发计划专项、国家社科基金重大项目等国家级项目多项。代表著作有《民事审判权作用范围研究——对民事主管制度的扬弃与超越》《民事证据法学的认识论与价值论基础》《诉讼费用研究——以当事人诉权保护为分析视角》等。在《求是》《中国法学》《光明日报》《中外法学》等发表学术论文百余篇。

唐东楚 法学博士,(哲学)伦理学博士后,中南大学法学院教授,兼职执业律师,美国东北大学法学院访问学者。曾挂职湖南省人民检察院民事行政处副处长,兼任中国法律伦理专业委员会常务理事和学术委员会委员、中国民事诉讼法学研究会理事、湖南省法学会诉讼法学研究会常务理事和学术委员会委员等。主持国家社科基金项目、中国法学会重点课题、湖南省社科基金项目等。曾获中南大学讲课"十佳"、中南大学优秀教师、湖南省教学成果二等奖、中南大学教学成果一等奖等多项奖励。代表性学术专著有《诉讼主体诚信论——以民事诉讼诚信原则立法为中心》《诉讼诚实义务论——沉默权、真实陈述义务和诚信原则立法的伦理基础》等。在《中国法律评论》《光明日报》《政法论丛》《河北法学》《当代法学》等发表学术论文六十余篇。

王 聪 法学博士,湖南大学法学院助理教授。曾任湖南省长沙市中级人民法院员额法官,后调入湖南大学法学院。曾获得第五届陈光中诉讼法学奖学金(2012)、第八届陈光中诉讼法学奖学金(2020)和第五届陈光中诉讼法学优秀研究生学位论文奖(2022)。在《法制与社会发展》《华东政法大学学报》《政治与法律》《行政法学研究》《光明日报》《法治日报》《人民法院报》《检察日报》等发表学术论文四十余篇。

第四版前言

如果把书比作自己的孩子,本书从2009年出生,中间历经两次再版,至今已有十三个年头。距离2015年第三版出版仅仅七年,中国法治建设就取得了十分瞩目的成就:《民法典》应运而生,司法体制日渐成熟;随着中国特色社会主义法律体系的建成,中国立法进入了"修法时代"。党的十九大更是把"法治国家、法治政府、法治社会基本建成"确立为到2035年基本实现社会主义现代化的重要目标,开启了新时代全面依法治国的新征程。应时代之变,与时代同行,本书也有了与时俱进的必要。因此,本次再版重点从以下几个方面进行了修改:

一、更新完善案例剧本

法庭活动犹如一幕"司法剧"(judicial drama),法庭戏剧是否精彩不仅取决于"演员"的实力演出,更取决于"剧本"是否扎实。好的案例剧本可以发挥弘扬主流价值、传播法治精神的育人功能。本书所选剧本都来自司法实践中的真实案例,但前三版中民事"剧本(一)"和刑事"剧本(二)"都发生在2000年以前,时过境迁,随着法律的完善,原剧本已经不再具有"典型"意义。因此,本次再版对两个剧本进行了重写。民事剧本涉及时下最热门的"代孕"议题和配偶擅自处分夫妻共同财产给第三人的效力,阐释了《民法典》促进家庭和谐、维护公序良俗的基本原则,贯彻了把社会主义核心价值观融入司法的基本要求,彰显了实践特色、时代特色。刑事剧本因应互联网时代"数字经济"的迅速发展,选取了与"破坏计算机信息系统"有关的新型网络犯罪,涉及罪与非罪、此罪与彼罪的争辩,既突出了剧本的可塑性,也彰显了典型案例的教育示范意义。同时,对于第四章的行政"剧本(三)"与第五章的刑事附带民事"剧本(四)",本着尊重原貌与"修旧如旧"的原则,对这两章的前三节内容(简介、庭审、文书部分)未作变动,只在其各自的第四节"点评与分析"部分,注明当时引用的法律或司法解释的年代版本,并且对最新法律变动予以适当交代。这是因为剧本的重点在于程序的示范,而非固执于法条序号或者法律规定的最新变动,这样修改反而更能体现出历次再版的新旧关系,并且能够"一脉相承"地持续下去。

二、增加庭审趣味纠错

考虑到国家统一法律职业资格考试考题的每年更新,且本书作为模拟审判教材的定位,本次再版充分吸收了读者意见,删除了"司考真题",而代之以"庭审趣味纠错",以提示学生注意模拟审判中容易犯的错误,深化对庭审细节的掌握,使学生能够在具体案例中感受程序法的魅力。

三、增加时案拓展训练

模拟审判是一种真正"以学生为中心"的教学模式,不应沦为学生朗读剧本的机械表演,而应当鼓励学生立足真实案例进行再次"创作"。只有学生深入沉浸到人物角色中去,进行"真刀真枪"的实战演练,才能在整个庭审过程中养成法律思维能力。因此,为了让学生更好地提高庭审驾驭能力,本次再版除保留"彭宇案""许霆案"等经典案例外,还增加了"岳麓山景区大学生夜骑死亡索赔案""耿某侵犯公民个人信息"的刑事附带民事公益诉讼案等贴近日常生活的热点案件,并以"二维码"形式呈现这些案例的真实裁判文书,读者可通过扫描书中各处二维码在电脑或手机上加以阅读,促进学生关注时事和社会热点,激发其关心社会发展和法治进步的法律人情怀。

四、汲取最新法律改革成果

当代中国社会仍处于高速发展过程中,相关重要法律制度也在与时俱进地不断更新。本书第三版以来,三大诉讼法、人民法院和人民检察院组织法、法官法、检察官法、律师法、监察法和监察官法等,及其相应的司法解释又都有了很大的变动与发展,例如增加"在线诉讼"、民事行政检察公益诉讼、刑事"速裁程序"等程序、认罪认罚从宽制度,进行民事诉讼程序繁简分流立法改革,扩大适用独任制,完善小额诉讼程序,建立知识产权法院和金融法院等专门法院,落实员额制法官检察官监察官制度等。因此,本次再版对全书所有内容,都根据最新的法律法规、司法解释,予以重新校对和完善,以期呈现最新的教学和研究成果。同时为了长久地维护好本教材,回应"修法时代"的需要,本次再版在新修改的法律文件名称前一律加上了"某某年"的前缀,以表明其修正或者修订排序的年代版本,避免误读或者以后再版时需要频繁改变条文序号的尴尬。

此外,本次再版幸有王聪博士的加盟。王聪博士曾经是一名优秀的员额法官,有着长达八年的司法实践经验,同时又具有扎实的理论功底。怀着对学术的热爱,王聪博士辞去法官职务,全身心投入高校法学教育事业中,致力于架起理论教学与实践教学的桥梁。习近平总书记曾对中国法学教育改革发展殷切提出:"法学学科是一个实践性很强的学科,法学教育要处理好知识教学和实践教学的关系。要打破高校和社会之间的体制壁垒,将实际工作部门的优质实践教学资源引进高校,加强法学教育、法学研究工作者和法治实际工作者之间的交流。"王聪博士结合多年庭审实战经验,从"法官"视角对模拟审判剧本进行了反复打磨,以最大限度还原案件原始材料,让学生置身于尽可能真实的司法环境。

故本次再版是法学研究工作者和法治实际工作者完美合作交流的产物。一本经典法学教材的传承往往不是某一作者"单打独斗"所能胜任的,借用美国著名法理学家德沃金对法律解释"整全法"的比喻,它更像是不同作者合作续写一部"连环小说",每一位作者都力求写好自己的那一章,使之出色地成为整体的组成部分。

一本书有一本书的命运,一代人有一代人的命运。这两三年以来,谁也没有料想到"新冠"病毒彻底改变了人类的生活,此刻我们的同胞还在顽强地与病毒作斗争;在世界的另一边,俄乌战争的创伤也仍在继续。哪有什么岁月静好,每一个人都在负重前行。生而为人,正如法国思想家帕斯卡尔所言,"只不过是一根苇草,是自然界最脆弱的东西;但他是一根能思想的苇草。……因而,我们全部的尊严就在于思想"。① 也许,这就是本书的价值所在,也是我们持续再版的动力所在。

本次再版的分工是:廖永安负责全书策划、统筹和定稿工作,并参与撰写修订第一章、第二章和附录一的所有内容;唐东楚负责第一章、第四章、第五章、第六章以及附录二的全部修订工作;王聪负责第二章、第三章内容的重新撰写以及"二维码"呈现的真实裁判文书的编排。

最后,要感谢在本次再版修订过程中从用户视角提出诸多宝贵意见的学生读者,是你们赋予了这本书生命力,没有你们就没有这本书的存在。尤其是本次再版新加附录二中的五则"学生随想",是与同学们的倾情投入分不开的。还有中南大学法学院的硕士研究生储石为、章灵诗、肖世瑾、陆梦晴等同学,帮助查询、校对了大量最新法律条文的变动。当模拟法庭下课铃响起那一刻,希望你们能够坚信:"没有一个冬天不可逾越,没有一个春天不会来临。"还要特别感谢北京大学出版社的王晶和张宁编辑,没有你们的信任和支持,本次再版就不会这么顺利和成功。

作者　谨识
2022 年 5 月

---

① 〔法〕帕斯卡尔:《思想录》,何兆武译,商务印书馆 1985 年版,第 158 页。

第三版前言

本次修订,是在我国《刑事诉讼法》《民事诉讼法》《行政诉讼法》《律师法》等进行全面修改的基础上,尤其是继党的十八届三中、四中全会关于全面深化改革和全面推进依法治国,这两个被称为"姊妹篇"的重要《决定》之后,根据三大诉讼法的最新司法解释,对本书进行的一次全面、完整的修订,很多内容几近重写。

这两年我国正处在一个前所未有的法治变革时期,法治中国、法治元年、中国梦、法治梦、公正梦等,正在成为热词,司法改革也是高潮迭起、如火如荼。中共中央全面深化改革领导小组连续审议通过了《关于深化司法体制和社会体制改革的意见及贯彻实施分工方案》《关于司法体制改革试点若干问题的框架意见》等"顶层设计",已经或者即将被纳入新的司法解释和立法,不少已经开始尝试摸索并付诸实践。这对我国未来的诉讼、审判和司法改革,将会产生极其深远的历史意义,比如跨行政区划法院的设置、错案责任倒追制、审判为中心的诉讼制度改革与庭审决定作用以及法学教育面临的新挑战和新机遇,等等。基于这样的时代背景和教学实践的跟踪式研究,本书的此次修订,主要做了以下三件事:

第一,根据最新的《行政诉讼法》及其司法解释(均于2015年5月1日开始施行),将原来的第三个剧本,即本书的"剧本(三):行政一审案件普通程序"进行了重新编写,所选的申请政府信息公开案件也很具有网络时代与"知情权时代"的特色。本书第一版和第二版时,《行政诉讼法》并没有规定简易程序,其当时所谓的"普通程序",尚无立法上的"对应物",现行的《行政诉讼法》规定了简易程序,使得"行政一审案件普通程序"变得名正言顺了。根据现行法规定,政府信息公开案件是"可以"适用简易程序,本剧本所选用的真实审判案件,当时适用的是普通程序,也完全合乎现行法规定的要求。

第二,考虑到本书的工具书和教材性质,以及连续再版对多年司法改革和立法变动的回应,本次修订特意在每个剧本后加上了"第五节 司考真题练习与时案模拟审判实验"的内容,在保留原来思考(辨析)题的基础上,增加了三至五个历年全国司考的选择真题,供大家针对剧本内容进行小练,以回应部分同学"做点小题目增加成就感"的学习需求和兴趣;另外,除刑事附带民事诉讼剧本部分,因社会影响很大的真实时案较少,所以没有勉强附加外,其他三个剧本涉及的"南京彭宇案""许霆案"和"刘燕文诉北大博士学位纠纷案",均将案件简介,所有一、二审的裁判文书，以及扩展阅读的主要文献附上。这样不仅可以记录我国近十多年以来司法改革的真实历程，而且从正反两个方面，给我们的模拟审判教学提供了极好的真实审判样本。尤其是其中的"许霆案"，与本书所选的盗窃（金融机构）案对比来看，简直就是我国刑法变革的生动再现，具有不谋而合的"法制当代史"价值。选取这三个时案或曰模拟审判的实验案例，目的就是让读者再一次置身于这些案件当初的语境中，去真实感悟和体会"司法与媒体""法律与道德""裁判与民意"等相互之间的深层关系。

第三，全书所有内容，都根据时间变迁和最新的法律法规、司法解释，重新校对和完善，以期最新颖、最全面、最系统地反映三大诉讼法以及司法制度改革的最新教学和研究成果。

总之，本书不仅是一本法律的"专业通选课系列"教材，更是一本案头书架上的参考性工具书，还是一本体现当代中国司法改革脉动的"编年史"。这些都是作者的期望和努力方向，效果如何，还有待读者诸君的批评和指正。

本次修订的分工是：廖永安负责全书的策划、统筹和定稿工作，并撰写、修订第一、四章和附录一的所有内容；唐东楚负责第二、三、五、六章以及附录二的所有撰写和修订工作。

本书修订作为国家精品课程《诉讼证据法学》教材建设的阶段性成果，获得了湘潭大学教材建设出版基金与"法治湖南建设与区域社会治理协同创新中心"平台的资助，特此鸣谢。

最后还要感谢在本书修订过程中提出诸多批评建议的老师和同学，以及实务部门的律师和法官，尤其是湖南省高级人民法院的张坤世法官（博士、庭长）和北京大学出版社的王晶编辑。中南大学诉讼法学的硕士研究生李毅和黄玲同学，协助做了一些资料收集和文字校对的工作。十多年心血，更知成功从来不是一两个人的事，在此对你们致以最诚挚的谢意！

作者　谨识
2015 年 6 月

第二版前言

书要再版,于作者而言,无论如何都是件值得高兴的事,好比自家的孩子得到了人家的认可。也多半因了这种兴头,作者都会在前言或者后记之类的篇什中来点"王婆卖瓜",比如为何修订,又是如何修订再版,等等,生怕大家不知道似的。本书自然不能脱俗,但为大家阅读愉快之心,确是十分真诚的。

说句实在话,本书的初版并没有当初预期的那么轰动和抢手。除了当今复印"价廉物美",以致不少学生无须,亦无心买书的缘故之外,当然也有版本自身的原因。主要不外乎二:一是读者群定位不清。当初书中有"原理"一编和附录之"教学经验谈",学生笑曰,又不当教授,管他什么原理和教学经验?!二是有失简练和突出。没有切合"快读"时代的需要。学生反映,书是好书,就是那么多密密麻麻的文字,读了半天都不到几页,很有点挫败感,不像鼠标可以"拖",不像插图可以"翻"。基此,本书再版时为定位法学本硕学生,尤其是JM即法律硕士的读者群,决意做了四件事,即"调、删、增、校"。

调,就是调整全书的结构,取消了初版的"编",对原来的章节内容进行了必要的整合。章以下(含章)用三个层级的标题予以注明,使得目录"一目了然",突出其中的个性化内容。考虑到书名未变,所以"原理"的名字仍然以章标题的形式予以保留。本次修订后,全书正文共分六章,第一章是"模拟审判原理";第二章到第五章分别是四个不同案件的"模拟审判剧本",按照"民—刑—行—附"案件的章序排列;第六章是"模拟审判技巧"。不用"编"名,也简练地体现和紧扣了书名中的"原理、剧本与技巧"。

删,就是删掉初版时附录中的"文书样式""教学经验谈""常用法规目录"等不适合学生群体阅读,或者过于冗长的内容,包括"教学评估"。附录中只保留了"各类案件的审判程序"和"学生模拟审判随想十则"。一些内容尽管有点依依不舍,想着"删除就是为了突出",也就只好放弃了。

增,就是增加每个剧本后的"实验案例",目的是教、学双方的互动。国内法律教学,向来老师包办多,学生动手少。到美国的大学一看,发现教授很"懒",既无幻灯片又少板书,只是坐在讲台上一个劲地问"what,how,why or why not",或者干脆让学生自己上台讲,老师在台下问,忙得学生不亦乐乎,效果却是出奇地好,还有一个好听的名字,叫"苏格拉底教学法"。不像国内,板子尽打在老师屁股上。本书的初衷是为学生提供"操作指南"和"模本",又怕学生"变懒",增加了这几个实验案例才感到些许心安。法律是个技术活,如果自己不动手做一做，就成不了"卓越法律人才"。

校，就是根据法律的修订，对初版涉及的所有法律条文序号和内容，按新法进行校对和注释说明。众所周知，在我国，《刑法》自1997年至2011年，已经经过8次修正案修正；《刑事诉讼法》自1996年大修以来又进行了第2次修正；《民事诉讼法》自2007年修正以来也进行了第2次修正。两部新修订的诉讼法典都是从2013年1月1日起施行。基于"修订从新"的考虑，本次修订将初版"原理"和"技巧"中涉及的所有法律条款，都按新法进行了改动，一律采用了最新的条文序号和内容表述，但又基于"法不溯及既往"以及"模拟来自真实"的考虑，对于初版"剧本"中涉及的所有内容，本次修订除了必要的交代和打印错误的校正外，基本原封不动。

特别有必要在这里向读者交代的，是本次修订的四个剧本为什么保持原样，又是如何应对最新法律变动的问题。

首先是四个剧本为什么保持原样的问题。初版时的四个剧本，为了避免国内传统案例书籍中太多类似"某年某月某日（×年×月×日）"，或者"某某与某某（××与××）"等抽象的案例和枯燥乏味的表达，一律采用了现实生活中的真实案例，而且尽量采用经过"模拟"处理后的"真实"具体的人物姓名和法院、检察院名称，以及具体的年、月、日、时、地等"仿真"表达。除了对人名和地址等进行了"防止对号入座"式的编辑和提醒外，初版四个剧本中的所有案件事实和审判过程，基本上都是"有据可查"的：第一个"商品房预售"的民事案件审判剧本，是根据最高人民法院当初的"改革示范片"编辑而成的；第二个"盗窃金融机构"刑事案件审判剧本，也是来自最高人民法院《刑事审判参考》中的真实案例；第三个"企业改制教师退休待遇"的行政案件审判剧本和第四个"故意伤害"的刑事附带民事案件审判剧本，都是作者根据法院的真实案卷材料，编辑加工而成的。当初的这些创新和苦心，在多年的试用和初版后的学生反馈中，都取得了很好的教学效果和示范效应。比如第二个剧本中的"盗窃金融机构案"被不少读者和学生誉为"经典"！因为案发和审判当时，司法界和社会民众对盗窃金融机构的犯罪"处无期徒刑或者死刑，并处没收财产"（1997年修订的《刑法》第264条第1项），并未想到有什么不妥。只是本案中如果按"贪污共犯"处理反而比"盗窃（金融机构）"可能要轻。本案被告人及其律师，也是往贪污共犯方向辩护，力保被告人"免于一死"，而检察机关和公诉人则往"盗窃（金融机构）"方向控诉，使得被告人"难逃一死"。本案的审判结果是，中级人民法院第一审判处被告人"死刑"，第二审人民法院最后认为其有悔罪表现，而改判"死刑缓期二年执行"。本书初版在这个剧本后的"点评与思考"部分，较为敏感和前瞻地引用了学界泰斗马克昌教授在2003年《法学家》杂志第1期上《有效限制死刑的适用刍议》一文的观点，认为监守自盗式的贪污罪，比一般盗窃罪处刑更重方为合理,而且对于盗窃罪,完全可以废除死刑,进而认为本案"值得探讨和研究"(见本书初版第223页)。没想到,本书试用几年后,轰动一时的"许霆案"发生了。借助网络的力量,"许霆案"引发了全社会对盗窃罪,尤其对盗窃金融机构犯罪法定刑的深刻反思。许霆最初被判处无期徒刑,后被改为5年有期徒刑,并且直接引发了"盗窃金融机构"这一量刑条款,以及整个盗窃罪"死刑"这一刑种的取消(见我国现行《刑法》第264条)。时过境迁,马老先生也已驾鹤仙去,回看我国法律的"与时俱进"和"法治进程",当令先生欣慰!所以,基于"模拟来自真实"的考虑,本次修订就没有对原来的四个真实案例进行变动,这样不仅可以"原汁原味",而且在某种程度上可以"再现历史"。何况,对于模拟审判中的程序操作和习练而言,变动并不大。美国的法学教材和课堂,经常讨论几十年甚至上百年以前的经典案例或曰"判例",法学教材也是连续修订和不断再版的。美国的经验值得我们借鉴。只是要注意,我们的"成文法"与美国的"判例法"之间的法文化传统与法律体制性区别。

其次是这些剧本如何应对最新法律变动的问题。本次修订采取了两条途径:一是在每个剧本的"章"标题下的脚注中,提醒读者注意,本次修订对剧本及其法律文书中的时间、地点、人物、法律条款等,仍然保持初版原样不动,仍然采用旧法的条文内容和序号;二是在每个剧本的"点评与分析"中,加入一块"最新法律变动"的内容,对本次修订时最新的法律修改和司法动态,以及相应的法律条文序号变动,予以说明。再过几年,等到有了新版诉讼法典修正案的法律适用的经典真实案例,我们再对本书"剧本"部分的内容进行更新和整合。甚至还可以根据读者的反馈建议,加上一两个二审或者再审案件的剧本。

总之,本次修订是经过再三考虑的,最初想把所有的案发时间、法律文书制作时间以及法律适用时间等,都按"模拟"的思路,改到2013年1月1日以后,但最后发现,那样"太假了",恐怕"误人子弟"。因为现在根本还没有真实的、适用新法的经典案例出现。模拟有"假",但不能"太假",否则就没有针对性和生命力。法律教学中的模拟审判,应当来于(过去的)审判,高于(现在的)审判,引导(将来的)审判。因此为了忠于法律适用的"真相"和读者获取"真知"的考虑,作者最后只有在真理面前低头,仍然基本保持初版四个剧本的原样不变。还请大家理解这一番苦心。

遗憾的是,本次修订为读者的阅读"快感"和愉悦计,原来准备了不少插图,并配以简单有趣的文字解说,但终因知识产权的慎重考虑,只好由出版社统一决定"割爱"了。

尽管如此,本次修订仍然使得本书变薄了,变新了,内容更突出了,"含金量"更高了。抛开知识产权的考虑不说,作者的真意,就是要让读者买得甚至比复印还要值。套用一句流行的话,就是"性价比高"。

本次修订的分工如下(加*的章节为合写):廖永安(第一章、附录一*);唐东楚(第二、三、五、六章以及附录二);陈文曲(第四章、附录一*)。陈文曲负责提供全书的实验案例。廖永安和唐东楚负责全书的策划、统筹和定稿。

春去春回,花谢花开。在亲聆波士顿法学教育的课堂、接触美国法律文化和借鉴美国法学教育,尤其是美国的法律实践性教学之后,我们真心期待,本次修订能给读者带来新的享受和收获。读者的参与,始终是本书保持清新的源头活水。

最后,要感谢恩师何文燕教授,是她教会了我们最初的法学知识和今日忝为人师的"为学为人"。还有身为中国司法问题专家的美国东北大学法学院终身教授、哈佛大学东亚法律研究中心联席研究员玛格瑞特(绮剑)·伍(Margaret Y. K. Woo)教授,是她的支持、鼓励和宽容,直接提高了此书的修订质量和效率。还有丁佩、吴长征、赵间东、谢欣雨、游汉雄、梁红云、席婷、李晓龙、李乐君等研究生同学,本次修订的不少改动,直接来自他们的学习反馈和书面心得。还有北京大学出版社和王晶编辑,本书再版全赖你们的赏识和支持!谢谢。

作者　谨识

2012 年 12 月

第一版前言

这本书,来于教学用于教学。写作本书的根本诱因,是模拟审判教学中相关教材的长期匮乏。教师和学生在组织模拟审判时,很难找到一个相对规范的"操作指南",每次面对一大堆案卷和零散的复印资料,不知道从何下手。传统模拟审判教学对程序的进行以及模拟的理念,几乎都停留在"无言之知"的层面,似乎一切都是心照不宣、不言自明的。其结果是,尽管指导者觉得没有太多话要说,但习练者却往往觉得心里不踏实。

这本书的目的,首先,是想给模拟法庭这个特殊的法律"实验室",提供一个"实验指导"或曰"操作指南"。其次,是想给那些初次涉讼的当事人,或者那些初次从事法律实务的律师、法官、检察官们,提供一个可供参照的"审判剧本"。最后,是想给其他一切对诉讼和审判感兴趣的人们,提供一个法院审判的"全景图"。值得注意的是,尽管本书试图提供给初涉诉讼的读者一幅逼真的"审判全景",或者生动的"审判剧本",但却不能算作"真正意义上的教科书"。这不仅是因为书中几乎没有什么"标准答案",只有一些可供参考的方法,而且是因为作为实践性教学环节的模拟审判,是否有必要和有可能具备统一的"教科书",本来就是一个颇具争议的问题。何况法律适用本身的特点,也决定了很难有完全一致的所谓的"标准答案"。

这本书的内容,主要分三大块即三编共八章:第一编是模拟审判原理,旨在阐述模拟审判的一般规律和注意事项,打造模拟审判的理念,夯实模拟审判的知识功底;第二编是各类案件模拟审判剧本与点评,旨在将生动的案件处理过程,通过"剧幕或者演义"的方式呈现出来;第三编是模拟审判教学技巧与评估,旨在将模拟审判教学组织、文书写作、法庭语言的技巧,以及模拟审判教学的评估方法和评估体系介绍给大家;每编之后都有相应的附录,全书共五个附录,这些附录或详或略地介绍了相关的审判流程、文书样式、法规以及学生和教师的经验心得等,以供大家参考。

这本书最初是在2003年作为中南大学法学院模拟审判实习的胶印教材而推出的,后来又在湘潭大学的本科教学中被不断试用和修订,作为中南大学法学院和湘潭大学法学院的合作项目进行推广,并且有幸被纳入湘潭大学证据法国家精品课程建设的项目之中,成为"诉讼证据法学"系列教材建设的子项目。在试用过程中,老师和同学们又提出了许多宝贵的修改意见,加上作者近年主持的四个法律教改课题在深度、广度上的承延,经过多次修正后才交付出版。这四个法律教改课题分别是:由唐东楚副教授主持的中南大学教改立项资助课题《将模拟法庭建成法学知识创新的基地研究》(中大教字[2000]05号)、《"激情、背景和技巧"型民事诉讼法教学平台研究与实践》(中大教字[2006]108号)和湖南省教育厅教改立项资助课题《法律实践性教学"刚柔差别机制"的研究与实践》(湘教通字[2004]344号),以及由廖永安教授主持的湖南省教育厅教改立项重点资助课题《地方性大学法学本科专业精品课程建设的理论与实践研究》(湘教通字[2006]171号)。

门前草荣草枯,梅岭花开花落。多年的心血化作面前这本书。

要感谢的人和事,实在太多。在这里只能笼统但绝对真诚地,谢谢师长、朋友、同事、同学——所有那些给过本书关怀和爱护的人们!尤其是那些可爱的同学们。虽然没能将你们尊贵的名字和感动心灵的事迹,充满敬意地一一说明,但内心那份深挚的感谢确实是难以用语言表达的。从构思、试用到出版,如果没有湘潭大学法学院和中南大学法学院领导集体一如既往的关心和支持,本书就没有存在的可能;如果没有出版界朋友的耐心打磨和宽容,本书就没有现在的水准和模样。还有读者诸君,没有你们百忙中的阅读,本书就没有真正的生命。谢谢你们!谢谢。

作者　谨识

2009年2月

目 录

第一章 模拟审判原理 (1)
- 第一节 模拟审判的概念和分类 (1)
- 第二节 模拟审判的教学地位和作用 (5)
- 第三节 模拟审判的主要模拟对象(组织或者角色) (11)
- 第四节 模拟审判的庭审阶段和任务 (27)
- 第五节 模拟审判的举证、质证、认证 (35)
- 第六节 模拟审判的基础建设 (46)
- 第七节 模拟审判的组织实施 (51)

第二章 剧本(一):民事第一审案件普通程序 (55)
- 第一节 案情简介及争议焦点 (55)
- 第二节 本案的真实开庭审理 (56)
- 第三节 本案的"诉、辩、审"法律文书 (76)
- 第四节 本案的点评与分析 (82)
- 第五节 思考辨析、趣味纠错与案例拓展训练 (86)

第三章 剧本(二):刑事第一审案件普通程序 (91)
- 第一节 案情简介及争议焦点 (91)
- 第二节 本案的真实开庭审理 (92)
- 第三节 本案的"诉、辩、审"法律文书 (112)
- 第四节 本案的点评与分析 (122)
- 第五节 思考辨析、趣味纠错与案例拓展训练 (126)

第四章 剧本(三):行政第一审案件普通程序 (130)
- 第一节 案情简介及争议焦点 (130)
- 第二节 本案的真实开庭审理 (131)
- 第三节 本案的"诉、辩、审"法律文书 (140)
- 第四节 本案的点评与分析 (145)
- 第五节 思考辨析、趣味纠错与案例拓展训练 (149)

第五章 剧本(四):刑事附带民事第一审案件简易程序 (153)
- 第一节 案情简介及争议焦点 (153)
- 第二节 本案的真实开庭审理 (154)

  第三节 本案的"诉、辩、审"法律文书 …………………………（162）
  第四节 本案的点评与分析 ………………………………………（168）
  第五节 思考辨析、趣味纠错与案例拓展训练 …………………（173）

第六章 模拟审判技巧 ……………………………………………（178）
  第一节 组织安排技巧 ……………………………………………（178）
  第二节 文书写作技巧 ……………………………………………（184）
  第三节 法庭语言技巧 ……………………………………………（196）
  第四节 角色扮演技巧 ……………………………………………（207）

附录一 各类案件的审判程序 ……………………………………（215）

附录二 学生模拟审判随想十五则 ………………………………（233）

第一章 模拟审判原理

第一节 模拟审判的概念和分类

一、模拟审判的概念和特征

模拟审判,是指为了达到普法宣传、法律专业教学或者司法改革的目的,在假设的法庭上,依据已有或者预设的实体法和程序法规定,由不同的人扮演当事人、法官、检察官、律师和警察等角色,对假设或者现实的案件,进行审理和裁判的活动。

与模拟审判紧密相关的概念是模拟法庭。"法庭"毕竟是一个静态的外部场所指称,而"审判"则是一个动态的活动过程,是法庭上最为核心的活动内容之一。突出"模拟审判",而不使用人们惯用的"模拟法庭",是为了强调模拟审判的内在机理和功能。模拟审判与模拟法庭的关系,是血与肉的关系,内容和载体的关系,活动与场所的关系。这里的模拟审判,不仅包括审判人员的"审判"活动,而且包括代理、辩护、公诉、审判、作证、记录、翻译等所有的庭审活动。虽然模拟审判与模拟法庭二者之间,一方面有形神旨趣上的高度一致,另一方面有概念上的细微差异。但是为行文表述的需要,如果不加特别说明的话,本书后文中的"模拟审判"与"模拟法庭",仍是在同一意义上被使用的。

相比法院的真实审判而言,模拟审判具有以下五个方面的主要特征:

1. 审判目的的非诉讼性和参与主体身份的虚拟性

不像法院的真实审判是针对特定的诉讼案件进行审理并作出裁判,模拟审判是为了达到普法宣传、法律专业教学训练或者司法改革示范等目的而设置的;不像真实审判中当事人各方具有实际利益上的冲突和纠纷,而且要承担最后裁判所确定的法律责任,模拟审判没有事实上的争讼性,其中的"当事人""检察官""法官""律师"和"警察"等角色,都具有"演员"的性质。"当事人"之间没有事实上的利益冲突和纠纷,并不真正承担"裁判"所确定的法律责任;"检察官""法官""律师"和"警察"也并不是正在依法履行"控诉""审判""辩护""侦查"等特定职务的人,他们的身份都具有虚拟性。即便是生活中真正具有法律从业资格的检察官、法官、律师和警察,在模拟审判中也是如此。他们在模拟审判中的行为,并不会直接产生社会生活中的权利义务。模拟审判只是真实审判的

"话剧表演""示范片""演习"和"彩排"。

2. 庭审功能的多样性

模拟审判的庭审功能具有多样性，它不仅要解决已设案件的"依法"和"公正"①问题，而且还要发挥示范、习练和评价的功能。

示范功能是指通过模拟审判中案例的典型性、操作程序的科学性向人们展示如何才能最大限度地保证司法公正。模拟审判中法官、检察官、律师、当事人的地位、作用，以及庭审阶段的分布、证据出示和采纳的方法等，都旨在指引和示范法庭审理和裁判"应该怎么做"。

习练功能是指通过模拟审判来锻炼法律专业学生或司法人员，尤其是对新的法律法规或者新的审判方式的理解和操作能力。从这种意义上讲，模拟审判的法庭就好比自然科学的实验室。通过搜集、分析案例，撰写司法文书并且当庭操练，学生不仅可以巩固所学的法学理论，熟悉法律条款，培养独立思考和创造性地运用法律的能力，而且还可以发现自己学习中存在的不足而加以弥补；教师则可根据学生存在的问题有针对性地进行指导。

评价功能是指通过模拟审判来评价案件的审判结果是否公正、科学，审判过程是否民主、高效。通过模拟审判，可以感受或者体验一个法官、检察官或者律师的法律专业知识、办案能力和职业道德水平，还可以让同学们体会到：① 程序是否合法；② 操作是否规范；③ 法律适用是否准确；④ 说理是否透彻；⑤ 临场应变能力是否自如娴熟；等等。

以上三种功能是相互作用、相互影响的。其中，习练功能是基础和关键，它决定示范和评价功能的发挥，而示范和评价功能又为习练功能提供参考和观照。不同的模拟审判主体，在这三大功能的价值取向上，是不同的：对于学习、观摩和考评者而言，它突出示范和评价功能；对于参与者而言，尤其是对于高等学校法律专业的学生和审判方式改革中的法律工作者而言，它则突出习练功能。②

3. 场所情景的模拟性

用于模拟审判的模拟法庭，又称模型法庭，在英文里被表述为"moot court"。模拟审判的场所、情景和人员的分工安排，都是仿照现实审判法庭的基本架构进行设计和加工的。模拟有两层含义：一是模仿、仿照；二是加工、设计。它与现实中的审判设施、程序和方法基本相同，但又不完全相同。它不仅仅是对真实审判

---

① 这里的"依法"和"公正"，与真实审判中的"依法"和"公正"，是有一定差异的。模拟审判比较侧重于理想性和神圣性，真实审判则更具现实性和世俗性。模拟审判中所依的"法"，并不一定已经在现实生活中发生效力，可能还处在创制或者酝酿准备出台的阶段；模拟审判中的"公正"，也比真实审判更为绝对化和理想化。

② 参见唐东楚：《试论模拟法庭教学的误区与矫正》，原载《铁路高等教育研究》1999 年第 3 期，转载于《中国学校教育研究》2001 年第 4 期。

的简单模仿,而且还有"创新"的高度和意境。模拟审判中的模拟法庭、模拟案例、模拟程序和模拟文书,不仅要"以假逼真",而且要"以假胜真"。

4. 案件事实和审理程序的假设性和验证性

模拟审判中的案件事实,可以是已经发生的真实案件事实,也可以是为了验证或尝试某一法律制度是否切实可行、有针对性地设想出来的"事实",或者是在真实案件原型的基础上加工、改编而成的"事实"。模拟审判中的程序,既可以是法律规定的程序,也可以是临时根据不同模拟审判的目的而设定的程序。这种程序如果可行,就可以通过法定的立法程序转化为立法建议,最后以立法的形式固定下来,成为日后的正式法律规范;如果不可行,就可以推倒重来,直到找到最能体现公正和经济要求的程序方案。

模拟审判中这种事实和程序的假设性和验证性,经常可以成为法学研究,尤其是诉讼法律规则创新的突破口和常规手段。当然,这里的验证性与自然科学实验的验证性,虽有一定的相似性,但不能等同。法律现象不同于自然现象,它没有所谓的"标准答案"。法律的适用离不开对法律的理解和解释,而不同的人对法律的理解和解释,因其自身的社会地位、文化背景、个体人格的差异,是不可能完全一致的。法学不是完全的实证科学,它只具有特定社会历史条件下的"相对合理性",而不能像自然科学真理那样绝对化和普适化。模拟法庭这种"实验室",并非完全等同于自然科学的实验室。

5. 适用范围的广泛性

模拟审判的适用范围十分广泛,它不仅可以用于普法宣传、法学专业教学和司法改革的行业训练等场合,而且当法律语词逐渐成为一种强势话语的时候,"模拟法庭"或者"模拟审判"等语词,还经常被运用到经济学、社会学、教育学等领域。现在国内许多大学的法学院系里面都设有这种模拟法庭,其室内布置、设施与法院审判案件的法庭完全一致,而且其中的电子摄像、音响等设备,往往比真实的法庭还要先进许多。许多学校甚至将其建设成为法律学科的"标志性项目",名曰"多功能模拟法庭",不仅将其用作模拟审判实习的固定基地,而且还用作中小型法律学术沙龙、学术讲座、案例讨论的专门场所,以体现法律的庄严和神圣。[①]

二、模拟审判的分类

(一) 根据模拟审判的社会作用,分为社会学意义上的模拟审判、国内法意义上的模拟审判和国际法意义上的模拟审判

社会学意义上的模拟审判,主要是利用模拟审判所体现出来的公平和公正,

---

① 国内不少知名大学的法学院、系,都经常在模拟法庭举办学术讲座、学术沙龙、法学论坛和案例讨论等。

来处理和对待一般的社会现象。它并不十分在乎审判的法律专业知识和程序的严格遵循，而是要达到一个社会宣示的效果。普法型的模拟法庭大抵可以归结为这类模拟审判。

国内法意义上的模拟审判，主要是为了加强法律专业教学和司法改革的行业训练，非常注重法律专门知识和技能、法定程序和职业操守的遵循，如现在高等院校中的法律专业模拟审判实习，以及人民法院审判方式改革中的模拟审判等。

国际法意义上的模拟审判，则是一种处理国际纷争的模拟审判，介于社会学和国内法意义的模拟审判之间。因为国际纷争的特殊性，这种模拟审判一方面是为了扩大国际影响，另一方面是为了争取国际法院的正式受理和审判。

以上三种类型的模拟审判中，国内法意义上的模拟审判最具根本性、基础性和完整性，其他两种模拟审判都是对国内法模拟审判的借鉴和发挥。

(二) 根据模拟审判的效力和方式，分为教学研究型的模拟审判和司法改革型的模拟审判

教学研究型的模拟审判，主要由法律院系的师生进行，它对现实生活没有法律上的约束和强制效力，只是法律技巧训练、知识运用和疑难新奇案例的审判研究和探讨。这种形式的模拟审判，目前主要存在于各高等学校的法学院系内。本书重点探讨的也是这种教学研究型的模拟审判。

司法改革型的模拟审判，则主要是指在人民法院内部，为了改革审判方式而进行的示范性、尝试性、汇报性的模拟审判。它本身就是真实的人民法院审判，不仅对现实生活具有法律上的约束力和强制力，而且对真实审判起到了"范本"的作用。例如1997年全国民事、经济审判方式改革试点工作座谈会上，上海市高级人民法院和南汇县人民法院对两起民事、经济纠纷案件"汇报性"的开庭审理等。[①] 另外，香港特别行政区律政司在香港回归之后不久，为了实现与内地司法制度的相互交流和学习，在内地设立模拟法庭进行模拟审判，并派员至模拟法庭扮演法官、检察官等角色的做法[②]，也可以归属于这种司法改革型的模拟审判。

(三) 根据模拟审判的案件性质，分为民事案件模拟审判、行政案件模拟审判、刑事案件模拟审判和综合案件模拟审判

不同性质的案件，其诉讼和审判的机理是不同的，现行三大诉讼法就是根据不同的案件性质而创制的。同样，模拟审判也可以根据民事、行政、刑事和综合的案件性质来划分。

---

① 参见最高人民法院研究室编：《走向法庭：民事经济审判方式改革示范》，法律出版社1997年版，第41页。

② 参见《香港将在内地设模拟法庭》，载《中国律师》1997年第12期。

第二节　模拟审判的教学地位和作用

除了人民法院内部司法改革和对外交流学习的模拟审判外,现实生活中最常见的模拟审判,还是高等学校法学院系内,用于法律认知、行业训练和法律专业教学的模拟审判。高校是培养法治人才的第一阵地,在法治人才培养中具有基础性、先导性的地位。① 高校内的模拟审判对于法治人才的培养至关重要,为建设德才兼备的高素质法治工作队伍提供了后备力量。

一、模拟审判的教学地位:实践教学的必修环节

习近平总书记指出:"法学教育要处理好法学知识教学和实践教学的关系。学生要养成良好法学素养,首先要打牢法学基础知识,同时要强化法学实践教学。"② 在所有法学实践教学方式中,模拟审判是必不可少的一环,好比"在陆地上学习游泳",其一招一式的演练是日后"在游泳中学习游泳"的必要前奏。模拟审判在法学教学中的地位,可以从两个方面加以说明:

一方面,各法学院校非常重视模拟审判,几乎没有不开展这项活动的。尽管在大数据和互联网时代,各种有关法庭直播或者法制节目的信息很多,但系统性的模拟审判资料并不多见,有的只是一些僵化、枯燥的模拟审判片段。③ 系统性的模拟审判训练,历来受到法学教育界人士的推崇。著名法律教育家孙晓楼先生很早以前就说过:"在研究自然科学的课程像物理、化学、生物等,因为要注重实验,所以不可无实验室(laboratory)之设置。研究法律的当然也应当注意法律的实验,所以于学校的设备方面,所谓法律的实验室,即是模型(拟)法庭,也不可不加以相当的注意。"④

另一方面,教育部非常重视并积极推行模拟审判。随着社会对人才的要求越来越高,以及对人才培养的认识越来越深,教育部也越来越认识到实践教学的重要性。2005年《教育部关于进一步加强高等学校本科教学工作的若干意见》(教高〔2005〕1号)指出:"大力加强实践教学,切实提高大学生的实践能力。"2007年《教育部、财政部关于实施高等学校本科教学质量与教学改革工程的意

---

① 参见《习近平法治思想概论》编写组编:《习近平法治思想概论》,高等教育出版社2021年版,第233页。
② 引自习近平:《全面做好法治人才培养工作》(2017年5月3日),载习近平:《论坚持全面依法治国》,中央文献出版社2020年版,第177页。
③ 然而,关于高等学校模拟审判较为详细的公开材料并不多见。对法学教育而言,这似乎是一种"无言之知"。尽管如此,还是可以从有限的文献资料中,依稀看出目前高等学校模拟审判教学的大致轮廓。
④ 孙晓楼等:《法律教育》,中国政法大学出版社1997年版,第92页。

见》(教高〔2007〕1号)指出:"大力加强实验、实践教学改革,重点建设500个左右实验教学示范中心,推进高校实验教学内容、方法、手段、队伍、管理及实验教学模式的改革与创新。"2007年《教育部关于进一步深化本科教学改革全面提高教学质量的若干意见》(教高〔2007〕2号)指出:"列入教学计划的各实践教学环节累计学分(学时),人文社会科学类专业一般不应少于总学分(学时)的15%,理工农医类专业一般不应少于总学分(学时)的25%。推进实验内容和实验模式改革和创新,培养学生的实践动手能力、分析问题和解决问题能力。"2018年,教育部发布《普通高等学校本科专业类教学质量国家标准》,对法学专业本科阶段理论教学课程和实践教学课程都提出了明确要求,其中实践教学累计学分不少于总学分的15%,强化模拟审判成为实践教学课程的重要内容之一。

模拟审判是实践性教学的重要环节之一,教育部高等教育司1998年颁布的《普通高等学校本科专业目录和专业介绍》就将模拟审判作为"实践性教学环节",进行了列举式规定。其中规定:"主要实践性教学环节,包括见习、法律咨询、社会调查、专题辩论、模拟审判、疑案辩论、实习等,一般不少于20周。"教育部"卓越计划"的背景和初衷之一,也是要提高学生"善于解决问题的实践能力"。2011年《教育部、中央政法委员会关于实施卓越法律人才教育培养计划的若干意见》(教高〔2011〕10号)指出,我国高等法学教育的缺陷在于"学生实践能力不强,应用型、复合型法律职业人才培养不足"。同时,模拟审判对于法律职业伦理教育"入脑入心"的作用也是不言而喻的。2017年国务院学位委员会修订的《法学本科指导性培养方案》和《法律硕士专业学位研究生指导性培养方案》,将法律职业伦理课程纳入了法学本科10门必修核心课程和法律硕士必修课程。模拟审判、调解、仲裁或者模拟法庭也被明确列入法学本科或者法律硕士的培养方案,总共占到3—4个学分。

以上两个方面可以说明,模拟审判属于法学实践教学的必修环节。

现实教学中的模拟审判,有两种典型的开展方式:活动表演式、教学习练式。

"活动表演式"的模拟审判,通常存在于早期一些条件相对较差的法学院系。这种模拟审判往往没有固定的模拟审判场所和设施,或者没有充足的师资和设备,也谈不上规范的模拟审判教学管理制度。一般是每年搞一次,动员全年级、全系,甚至全校师生进行这种大型的公开"表演活动"。有的法学院系,从1986年开始由84级同学开展第一次模拟审判演示到1997年,11年间一共才举办过6次模拟审判教学活动。[①]

谈到这种模拟审判的利弊,指导教师深有感触地说:"模拟法庭教学法是一种普法教育的好形式,以往学校请人民法院到校开庭公开审理案件,有时受种种

---

① 参见王铮:《谈谈"模拟法庭"教学》,载《公安教育》1997年第1期。

原因的限制,时间拖得过长,影响旁听效果,我们公开进行的模拟法庭审理搞得这么轰动,不但对旁听的学生是个教育,对政法系的学生也是个激励。……但从确定案例到最后的公开'审理',一个完整的教学过程前后需要一个多月的时间,而且要求指导教师投入大量的精力,所以这种教学法在运用中不可能不受到限制,一个年级一个学期能坚持搞上一次就很不错了。"① 谈到这种模拟审判的教学管理制度,有人分析了指导教师积极性不高的原因:"一不安排上课时间,二不给教师计算教学工作量……近十年时间都未曾计算教师一个课时,事实上都是教师义务劳动,影响了教师的积极性,模拟法庭组织、选题、排练都存在'组织自由,指导不足'的问题……未能达到院教学计划的要求。"②

谈到"法学"和"科学"的区别时,有学者曾深刻地指出:"从法学专业教学的角度看,如何从过于追求形式的'活动式'模拟转向具有实质效果的'教学式'模拟……在以理工类学科为主体的大学里,法律专业确实容易受到主流观念的左右,从而形成某种将法律视为可以适用数字化和公式化方法加以把握的科学体系的观念……但从模拟法庭的过程看,事实似乎并非如此,那激烈的法庭辩论背后,潜藏着关于法律的某种真谛。它告诉我们:辩论不仅仅是为了验证和支撑一个早已存在的固定命题和结论,而且还在于让每一个人真正认识到法律最终是'如何'得出一个'怎样'的结论的。"③

"教学习练式"的模拟审判,主要存在于一些设施条件较好、师资力量充足、教学管理规范的法学专业院系。这种模拟审判的目的,主要不在于表演或者汇报式的教学,而是通过仿真状态下的"控""辩""审"业务训练,使学生熟悉司法审判的实际过程,熟悉与案件相关的实体法和程序法,锻炼学生分析解决法律问题的能力、创新的能力、语言表达的能力和相互协调配合的能力,等等。有的学校将模拟审判安排在法学本科学习阶段的第4、5、6学期进行,保证每个学生都有模拟审判锻炼的机会,在教学计划中明确规定模拟审判是必修学分,不得以其他学分代替。所选的案例大多是有理论深度、在现实生活中有较大影响或者较多争议的案件,特别是一些新型案件。在模拟审判的准备阶段,实行全保密式的分组讨论,并且在模拟审判的过程中,邀请实践教学协作单位的审判长、业务骨干来参加审判和指导教学。④

---

① 参见王天敏:《范例教学理论的创造性运用——模拟法庭教学法》,载《信阳师范学院学报(哲学社会科学版)》1999年第3期。
② 参见陈训敬:《模拟法庭应当成为法律专业的一门必修课和综合课——福建经济管理干部学院经济法专业开设模拟法庭的十年实践和完善意见》,载《管理与效益》1998年第3期。
③ 参见杨开湘:《模拟法庭对法律专业教学的一点启示》,载《现代大学教育》1998年第6期。
④ 参见杨和义:《法学本科实践教学面向新世纪的思考与实践》,载韩大元、叶秋华主编:《走向世界的中国法学教育论文集》,中国人民大学法学院2001年"21世纪世界百所著名大学法学院院长论坛暨中国人民大学法学院成立五十周年庆祝大会"资料,第315—319页。

虽然目前高校模拟审判在法律教学中实际已成为实践教学的必修环节之一,但具体做法还有待改进和加强。重视模拟审判这个实践教学的必修环节,就是要使它真正成为实体法课程与程序法课程、教师的教与学生的学、法学院的教学科研与人民法院的司法实务、法律专业训练与普法宣传等相关项目之间的"链接中介"。①

二、模拟审判的教学作用:示范、检验、实践、培育

"模拟审判是法学教育的第二课堂,是实务教学的重要渠道和理论与实践相结合的最佳途径。"②它在法律教学中的作用,主要体现在以下四个方面:

(一)示范:程序操作和实体法律知识的运用

学生学习法律,首先当然要学习实体法和程序法等各种法律知识。但法学是一门应用性非常强的社会科学,学习法律,就在于能运用法律。但法律知识的运用,需要学练结合,诚如学者所言:"我们长见识,不是靠直接而简单的想象,也不是看一眼就行,而实际上是靠日积月累,靠一个心理过程,靠围绕一个目标孜孜以求,靠对许多不完整的意念的比较、综合、互相关联及不断调整,靠对大脑的许多机能及活动的运用、集中及共同作用。智力的这种联合与协作,这种扩增与发展,这种综合性,势必是一个训练的问题。"③模拟审判恰好就能提供这样一种训练过程:在老师的指导下,学习运用实体法律知识分析案情,学习运用程序法律知识操作审判程序,这些都能使学生了解并掌握程序操作和实体法律知识的运用。更重要的是,在法律知识的传授过程中,有些知识如个人经验等是无法用语言进行传授的,这时就需要借助一种学徒式的传授方法。模拟审判就是这样一种学徒式方法:老师手把手地教,学生亲身体验,自然就能学到法律知识运用的那些难以言传的"奥妙"之处。正如学者所言:"就教学方法而言,学习比赛规则可以和比赛分开。选手可以通过阅读和讨论比赛规则很好地了解规则的基本含义和背景,但是要领会微妙之处,必须自己亲身体验。"④亲身体验后才能将所学的知识,内化为自己的知识,就像学者深刻指出的那样:"才智扩展并不仅

---

① 有的法学院系的模拟审判实习,不仅从法律专业的创办开始就纳入了正常的教学管理之中,而且分为民事案件、刑事案件和(行政)综合案件的审判实习,共计5个学分,90个课时。将校外的参观学习、法庭旁听、查阅案卷和校内固定模拟法庭基地的模拟审判结合起来,让每个学生对每种类型的诉讼案件都有"实战训练"的机会。有时为了扩大影响和进行法制宣传,法学院的师生还不定期地进行一种面向全校师生的"活动表演式"模拟审判,如"12·4"全国法制宣传日的系列模拟审判以及"审判法轮功组织和李洪志"等大型的宣传式模拟审判,效果很好。

② 参见郭连恒:《论模拟法庭教学》,载《内蒙古财经学院学报(综合版)》2004年第3期。

③ 〔英〕约翰·亨利·纽曼:《大学的理想》,徐辉等译,浙江教育出版社2001年版,第71页。

④ James E. Moliterno:《法学院的职业道德教育分析——重树遗失于学术氛围中的学徒制度的优点》,载杨欣欣主编:《法学教育与诊所式教学方法》,法律出版社2002年版,第185页。

仅意味着被动地接受一堆原来不熟悉的观念,而且是对这些奔涌而来的新观念进行积极、即时的处理。这是一种增进知识的活动,使我们获得的知识、素材变得有条理、有意义。这是使知识客体转变成我们自身的主体事物,或者,通俗地说,这是对我们接受的知识进行消化吸收,使之融入我们原先的思想内容。"①

(二) 检验:对所学程序和实体法律知识进行检验

对于学生是否领会和掌握了所学的程序和实体法律知识,当然要通过运用来加以检验,而模拟审判是一种最佳的检验方法。在模拟审判过程中,学生要运用所学的实体法律知识分析案情,要运用证据法的知识调查证据,要适用法律,要按照程序法的要求开庭审理。对于学生是否能熟练运用、学生的运用有无错误之处,通过模拟审判教学活动,教师能很清楚地看出并加以指正;学生能检验和知晓自己是否真正领会和掌握了所学的程序和实体法律知识,并对尚未领会和掌握的知识点和技能进行进一步的学习和提高。

(三) 实践:写作、语言、调查、阅卷等基本技能和技巧

美国律师协会(American Bar Association,ABA)法学教育与律师资格部下设的法学院与法律职业特别工作组的报告《缩短脱节》(《麦考利特报告》),概括归纳了法律职业的10种基本技能:① 解决问题的技能;② 法律分析和推理的技能;③ 法学研究的技能;④ 事实调查的技能;⑤ 交流的技能;⑥ 咨询的技能;⑦ 谈判的技能;⑧ 运用起诉和其他纠纷解决程序的技能;⑨ 法律事务组织与管理的技能;⑩ 确认并解决道德困境的技能。② 这些技能无疑是非常重要的,需要认真培养并在实践中得到提高。而模拟审判则是实践其中大部分技能,如写作、语言、调查、阅卷等,并使其提高的最合适的活动之一。

首先,在模拟审判中,起诉状或起诉书、答辩状、代理词、判决书等诉讼文书的撰写,是必不可少的。而撰写这些诉讼文书的过程,就是实践并提高文献检索及写作技能的过程。

其次,模拟审判的开庭审理,则是另外一个最重要的环节。在这个环节中,法官整理争议焦点、律师陈述代理意见等,都涉及语言的运用,可以实践并提高语言技能。语言技能是模拟审判所展示的一种最直观的技能,是模拟审判能否成功的关键,也是旁听者最容易、最直接感受得到的技能,直接影响对模拟审判的评价。语言技能在法律职业上的重要地位,诚如学者所言:"要想在与法律有关的职业中取得成功,你必须尽力培养自己掌握语言的能力。语言是律师的职业工具。当人家求你给法官写信时,最要紧的就是你的语言。你希望使法官相

---

① 〔英〕约翰·亨利·纽曼:《大学的理想》,徐辉等译,浙江教育出版社2001年版,第54页。
② 参见杨欣欣主编:《法学教育与诊所式教学方法》,法律出版社2002年版,第6—8页。

信你的理由正确,所依靠的也是你的语言。当你必须解释制定法的某一款或规章的某一节时,你必须研究的还是语言。"①

最后,模拟审判需要调查证据和事实,需要阅览案卷材料以了解相关观点,这就能实践并提高调查和阅卷的技能。

(四) 培育:法律职业道德和合作精神、人文关怀

对一个法律人才来说,法律职业道德(伦理)非常重要。《法学本科专业教学质量国家标准》提出法学类专业人才培养的培养目标是坚持立德树人、德法兼修,使其成为"德才兼备"的法治人才。这里的"才"是指职业技能,"德"是指职业伦理。"只有法律知识,断不能算作法律人才;一定要于法律学问之外,再备有高尚的法律道德。"②"因为一个人的人格或道德若是不好,那么他的学问或技术愈高,愈会损害社会。学法律的人若是没有人格或道德,那么他的法学愈精,愈会玩弄法律,作奸犯科。"③

对于法律职业道德,除了开设专门的有关法律职业道德的课程供学习外,从已有的经验来看,更重要的还是通过角色扮演的方式来养成。"法律职业道德教育的独特性决定了法学教育必须寻求一种不同角色交往的教学方法,为学生提供情感体验的情感场,才能使学生将道德认知内化为道德判断和推理能力,并最终促进学生道德人格养成。"④"通过不同角色的扮演,使学生亲身体验到了法律职业中不同角色的道德要求,有利于其道德认知的内化即法律职业道德情感和态度的养成。"⑤模拟审判就是这样一种角色扮演的教学方式,它让学生分别担任法官、检察官、律师等角色,站在不同法律职业的立场,来跟其他人打交道。学生必须清楚哪些是能做的、哪些是不能做的,容易体验、领悟和养成法律职业道德。

模拟审判不是一个人的舞台,而是多人合作的成果。一个人即使再出色,如果不与其他人有效合作,模拟审判也不会成功,不会取得预想的效果。模拟审判离不开合作精神。模拟审判过程中,有时考虑到班级人数较多,而模拟审判的角色不可能过多,为尽量调动更多人的积极性,就有必要将一班的学生按模拟审判的角色需要,分成审判组、原告及其代理律师组、被告及其代理律师组等。每个小组对如何整理争议焦点,或调查哪些证据,或提出何种代理意见等,都要经过充分协商、辩驳,才可能达成一致意见;小组达成一致意见后,还需要与其他小组

---

① 〔英〕丹宁勋爵:《法律的训诫》,杨百揆等译,群众出版社1985年版,第2页。
② 孙晓楼等:《法律教育》,中国政法大学出版社1997年版,第12页。
③ 杨兆龙:《中国法律教育之弱点及其补救之方略》,载同上书,第164页。
④ 房文翠:《法学教育价值研究——兼论我国法学教育改革的走向》,北京大学出版社2005年版,第113页。
⑤ 同上书,第115页。

协调进程和基本的准备情况等。模拟审判就是一个不断协商、辩驳,最后在互谅互让中达成一致的过程。在这个过程中,"学生就能习惯于用友好的眼光去看待甚至他们个人反对的观点,不久,他们就能获得区分任何一项摆在他们面前的主张的长处和弱点的某种技能,这些主张既有他们认可和赞同的,也有他们不熟悉或者道德上感到厌恶的"①。而在这样的过程中,合作精神也很明显地能得以形成和加强。

如果选择的是关注弱势群体的案件,这样的模拟审判还能培育学生的人文关怀精神。实际上,高校模拟审判选择的案件不少都是这样的案件。在为弱势群体维护合法权益的过程中,切身体验弱势群体的艰难,学生很容易受到感染,其人文关怀精神也在不知不觉中得到了激发和培育。

第三节 模拟审判的主要模拟对象(组织或者角色)

一、人民法院

(一) 人民法院的组织体系

我国的审判机关是人民法院。2018年《宪法》第128条规定:"中华人民共和国人民法院是国家的审判机关。"根据《宪法》和《人民法院组织法》的规定,我国人民法院的组织体系,由最高人民法院、地方各级人民法院,以及军事法院、海事法院、知识产权法院和金融法院等专门人民法院构成。最高人民法院是最高审判机关,最高人民法院监督地方各级人民法院和专门人民法院的审判工作。地方各级人民法院分基层人民法院、中级人民法院和高级人民法院,实行四级两审制,上级人民法院监督下级人民法院的审判工作。基层人民法院根据需要设立人民法庭,作为其派出机构。

2014年,为落实中国共产党十八届四中全会关于全面依法治国的顶层设计,人民法院的组织体系迎来了四大变化:一是设立巡回法庭,审理最高人民法院依法确定的案件。巡回法庭是最高人民法院的组成部分。巡回法庭的判决和裁定即最高人民法院的判决和裁定。目前,最高人民法院在深圳、沈阳、南京、郑州、西安、重庆总共设立了六个巡回法庭,被人民群众誉为"家门口的最高人民法院"。二是设立与建设专门法院。在北京、广州、上海、海南先后成立了专门的知识产权法院实行跨区域管辖,在上海、北京、重庆等地先后成立了上海金融法院、北京金融法院、成渝金融法院等。三是设立与建设互联网法院(庭)。先

---

① 〔美〕安索尼·T.克罗曼:《迷失的律师:法律职业理想的衰落》,周战超、石新中译,法律出版社2002年版,第120页。

后在杭州、北京、广州、成都等地设立了互联网法院(庭)。四是设立与建设跨行政区划人民法院。在北京、上海、天津等地依托原来的铁路运输法院,设立了跨行政区划的人民法院,对一些行政案件实行集中管辖。这些跨行政区划的人民法院,主要审理以本市区人民政府为被告的行政案件、跨地区的重大环境资源保护案件、重大食品药品安全案件、新成立的市人民检察院分院提起公诉的案件、铁路运输中级人民法院原来管辖的刑事、民事案件以及高级人民法院指定管辖的案件等。这些跨行政区划的人民法院或者专业法庭的设立,或者跨行政区域的案件集中管辖,极大地提高了人民法院机构设置的科学性,开始不局限于原来与行政区划的"一一对应"的关系,很好地回应了互联网时代与专业化、集中化审判实践的需要。根据 2017 年修正的《行政诉讼法》第 18 条第 2 款的规定,经最高人民法院批准,高级人民法院可以根据审判工作的实际情况,确定若干人民法院跨行政区域管辖行政案件。

1. 最高人民法院

最高人民法院是国家的最高审判机关。根据《宪法》《人民法院组织法》和三大诉讼法的规定,最高人民法院行使下列职权:

(1) 监督地方各级人民法院和专门人民法院的工作。对地方各级人民法院和专门人民法院已经发生法律效力的判决和裁定,如果发现确有错误,有权提审或者指令下级人民法院再审。

(2) 审判下列案件:① 法律规定由其管辖的和其认为应当由自己管辖的第一审案件;② 高级人民法院判决和裁定的上诉、抗诉案件;③ 按照全国人民代表大会常务委员会的规定提起上诉和抗诉的案件;④ 按照审判监督程序提起的再审案件;⑤ 高级人民法院报请核准的死刑案件。[①]

(3) 进行司法解释。即对人民法院在审判过程中如何具体应用法律、法令的问题进行解释,包括出台、修改、废止具体法律的适用意见、解释、批复、规定等司法政策性文件,以及发布指导性案例、典型案例等。比如配合三大诉讼法修改而出台的《最高人民法院关于适用〈中华人民共和国刑事诉讼法〉的解释》(以下均简称《刑诉法解释》)、《最高人民法院关于适用〈中华人民共和国民事诉讼法〉的解释》(以下均简称《民诉法解释》),以及《最高人民法院关于适用〈中华人民共和国行政诉讼法〉若干问题的解释》(以下均简称《行诉法解释》),等等。其中,2015 年 2 月 4 日公布实施的《民诉法解释》条文达 552 条,共 6 万字,当时

[①] 自 2007 年 1 月 1 日起,全国所有死刑案件的核准权一律收归最高人民法院统一行使,从而结束了以往部分高级人民法院核准部分死刑案件的历史。对于这里的内容,本次再版根据 2018 年修订的《人民法院组织法》进行了修订。

号称"史上最长的司法解释"。① 该司法解释经过2022年的修正,删除了2条关于小额诉讼案件范围的规定,仍有总共550个条文。

(4) 领导和管理全国各级人民法院的司法行政工作,包括人、财、物的管理等。

2. 地方各级人民法院

地方各级人民法院包括基层人民法院、中级人民法院、高级人民法院。

(1) 基层人民法院。基层人民法院设在县级行政区划,包括县、自治县(旗)、不设区的市、市辖区。以前完全按行政区划设置,但根据近年来的司法改革动向,以后可能会在一些有条件和有必要的地方,尝试设立一些跨行政区划的基层人民法院。根据《人民法院组织法》的规定,基层人民法院的职权是:① 审判刑事、民事和行政案件的第一审案件,但是法律、法令另有规定的案件除外。对所受理的案件,认为案情重大应当由上级人民法院审理的,可以报请上级人民法院审理。② 指导人民调解委员会的工作。

基层人民法院由院长一人、副院长和审判员若干人组成。设刑事审判庭、民事审判庭和行政审判庭等。各庭设庭长、副庭长。法官员额较少的中级人民法院和基层人民法院,设综合审判庭或者不设审判庭。

《人民法院组织法》还规定:基层人民法院根据地区、人口和案件情况,可以设立若干人民法庭。人民法庭是基层人民法院的组成部分,其判决和裁定就是基层人民法院的判决和裁定。其作为基层人民法院的派出机构,在基层人民法院的领导下进行审判活动。

最高人民法院1963年制定了《人民法庭工作试行办法(草稿)》;1979年颁布施行了《中华人民共和国法院法庭试行规则》;1999年公布施行了《最高人民法院关于人民法庭若干问题的规定》;2005年颁行了《最高人民法院关于全面加强人民法庭工作的决定》,2014年颁行了《最高人民法院关于进一步加强新形势下人民法庭工作的若干意见》,2021年颁行了《最高人民法院关于推动新时代人民法庭工作高质量发展的意见》。人民法庭的设立,旨在便利群众,是一项颇具中国特色的人民法院制度。

(2) 中级人民法院。中级人民法院设立在省、自治区所辖的地级市,或者省、自治区、直辖市所辖市、自治州,以前完全按照行政区划设置,但是2014年在北京、上海、天津等地设立了跨行政区划的中级人民法院,这种布局就开始有了变化。

根据2018年修订的《人民法院组织法》第23条,中级人民法院审判下列案

---

① 2021年《刑诉法解释》(法释〔2021〕1号)有27章共655个条文,内容与条文数量已经远远超过了《民诉法解释》。

件;一是法律规定由其管辖的第一审案件;二是基层人民法院报请审理的第一审案件;三是上级人民法院指定其管辖的第一审案件;四是对基层人民法院判决和裁定的上诉、抗诉案件;五是按照审判监督程序提起的再审案件。

中级人民法院对它所受理的刑事、民事和行政案件,认为案情重大应当由上级人民法院审判的,可以报请上级人民法院审判。

中级人民法院由院长一人,副院长、庭长、副庭长和审判员若干人组成。设刑事审判庭、民事审判庭、行政审判庭等,其中刑事审判庭又可以分为刑一庭、刑二庭,民事审判庭又可分为民一庭、民二庭、民三庭、民四庭、民五庭等不同专业分工的审判庭。此外,还可以根据需要设立其他综合性的审判庭,如知识产权庭、环境资源保护庭等。

(3) 高级人民法院。高级人民法院设立在省、自治区和直辖市。高级人民法院由院长一人,副院长、庭长、副庭长和审判员若干人组成,设刑事审判庭、民事审判庭、行政审判庭等,根据需要可以设其他审判庭。

根据《人民法院组织法》和有关法律的规定,高级人民法院的职权是:

第一,审判下列案件:一是法律规定由其管辖的第一审案件;二是下级人民法院报请审理的第一审案件;三是最高人民法院指定其管辖的第一审案件;四是对中级人民法院判决和裁定提起上诉或者抗诉的案件;五是按照审判监督程序提起的再审案件。按照1984年《全国人民代表大会常务委员会关于在沿海港口城市设立海事法院的决定》的规定,海事法院所在地的高级人民法院,有权审判对海事法院的判决和裁定不服的上诉案件。

第二,复核中级人民法院判处死刑,而被告人不上诉的第一审刑事案件。如果同意判处死刑,则报请最高人民法院核准,如果不同意判处死刑,则可以提审或者发回重新审判。

第三,核准中级人民法院判处死刑缓期二年执行的案件。高级人民法院根据最高人民法院授权核准部分死刑案件的做法,肇始于1983年第六届全国人民代表大会常务委员会第二次会议通过的《全国人民代表大会常务委员会关于修改〈中华人民共和国人民法院组织法〉的决定》,其中规定:"杀人、强奸、抢劫、爆炸以及其他严重危害公共安全和社会治安判处死刑的案件的核准权,最高人民法院在必要的时候,得授权省、自治区、直辖市的高级人民法院行使。"尽管1996年《刑事诉讼法》第199条和1997年《刑法》第48条第2款都明确规定死刑由最高人民法院核准,但实践中一直存在高级人民法院核准死刑的做法。《最高人民法院关于统一行使死刑案件核准权有关问题的决定》自2007年1月1日起施行,此后,死刑核准权一律全部收归最高人民法院行使,高级人民法院不再具有核准死刑的正当性。但是根据《刑法》和《刑事诉讼法》的规定,高级人民法院仍然具有核准中级人民法院判处死刑缓期二年执行案件的核准权。

第四，监督辖区内下级人民法院的审判工作。对下级人民法院已经发生法律效力的判决和裁定，如果发现确有错误，有权提审或者指令下级人民法院再审。

3. 专门人民法院

专门人民法院是我国人民法院组织体系的组成部分。它和地方各级人民法院共同行使国家的审判权。但是，它是我国审判体系中特定的、具有专门性质的审判机关，有其特殊性。专门人民法院的设置按照特定的组织系统或特定案件（如海事案件）建立，而不是按照行政区划建立。《人民法院组织法》规定，专门人民法院包括军事法院、海事法院、知识产权法院、金融法院等。

（二）人民法院的审判组织

审判组织是指人民法院审判案件的组织形式。根据《人民法院组织法》《刑事诉讼法》《民事诉讼法》以及《行政诉讼法》的有关规定，人民法院的审判组织有独任庭、合议庭和审判委员会等三种组织形式。

1. 独任庭

独任庭是指由审判员一人依法独任审判案件的组织形式。采用独任制可以节约人力、物力、财力，提高诉讼效率。

依照《刑事诉讼法》《民事诉讼法》和《行政诉讼法》的规定，独任庭适用的范围是：其一，基层人民法院适用简易程序、速裁程序审理的第一审刑事案件，以及适用简易程序审理的第一审民事、行政案件；其二，基层人民法院适用普通程序审理的基本事实清楚、权利义务关系明确的第一审民事案件，可以由审判员一人独任审理；其三，中级人民法院对第一审适用简易程序审结或者不服裁定提起上诉的第二审民事案件，事实清楚、权利义务关系明确的，经双方当事人同意，可以由审判员一人独任审理；其四，除选民资格案件或者其他重大疑难案件以外的，适用特别程序审理的案件。

独任制审判具有以下特点：首先，仅适用于基层人民法院及其派出人民法庭和中级人民法院，高级人民法院和最高人民法院都不适用；其次，中级人民法院独任制的案件，只适用于第一审适用简易程序或者不服裁定提起上诉的简单案件，而且要经双方当事人同意；最后，即使是基层人民法院适用简易程序审判的案件，也不是一律适用独任制审判，比如适用简易程序审理可能判处超过3年有期徒刑的案件，就应当组成合议庭进行审判。①

审判员独任审判案件时，与审判长权力相同，但是要有书记员做记录，不得由审判员自审自记。独任庭审判案件同样要严格按照法定的程序和制度进行，

---

① 参见我国2018年《刑事诉讼法》第216条第1款、2021年《刑诉法解释》第366条的规定。

切实保障当事人及其他诉讼参与人的诉讼权利,保证案件的审判质量。在适用简易程序进行独任审判的过程中,如发现案情复杂,需要转化为普通程序审理的,可以转化为普通程序,同时应及时通知双方当事人。

2. 合议庭

合议庭是由数名(一般是3名以上的单数)审判人员共同审判案件的组织形式,合议制是一种集思广益、集体审判的制度。

合议制是我国《民事诉讼法》规定的基本审判制度。依照《人民法院组织法》《刑事诉讼法》《民事诉讼法》以及《行政诉讼法》的有关规定,除基层人民法院适用简易程序、速裁程序和普通程序的第一审案件及中级人民法院审理的部分第二审民事案件可以由审判员一人独任审判外,其他诉讼案件都应当由合议庭进行审判。合议庭是人民法院的基本审判组织。

合议庭的成员对案件共同负责。由合议庭审判案件,有利于发扬民主,发挥集体智慧,防止主观片面、独断专行和徇私舞弊。对于保证客观、公正地审判案件具有重要的意义。

合议庭的组成因审判程序、人民法院级别、是否有人民陪审员以及是否为公益诉讼,而有所不同。合议庭的成员人数为单数,主要表现为3人制、5人制与7人制的合议庭。① 其中,7人制的公益诉讼人民陪审合议庭中,4名人民陪审员只能就事实认定问题进行表决,而其他3名审判员则可以就所有的事实认定和法律适用问题进行表决。

在合议庭的组成上,应当注意以下几点:

首先,合议庭依法只能由经过合法任命的本院审判员和依法执行职务的人民陪审员组成。除此之外,其他任何人不得参加合议庭审判案件。合议庭由法院院长或者庭长指定一人担任审判长。院长或者庭长参加案件审判的时候,自己担任审判长。人民陪审员不得担任审判长。

其次,第一审程序的合议庭可以吸收人民陪审员参加。人民陪审员是来源于人民群众的非专职审判人员。人民陪审员制度是人民群众参加国家管理活动的一种形式,是诉讼民主的体现。人民陪审员在人民法院执行职务时,依法享有权利、承担义务。

再次,合议庭的人员组成只能是单数。这是因为合议庭实行少数服从多数的评议原则。合议庭在评议和表决的时候,每名成员依法行使发言权和表决权。

---

① 2018年《刑事诉讼法》第183条规定:基层人民法院、中级人民法院第一审案件的合议庭,应当由审判员3人或者由审判员和人民陪审员共3人或者7人组成;高级人民法院审判第一审案件,应当由审判员3人至7人,或者由审判员或人民陪审员共3人或者7人组成合议庭进行;最高人民法院审判第一审案件,应当由审判员3人至7人组成合议庭进行;人民法院审判上诉和抗诉案件,由审判员3人或者5人组成合议庭进行。

如果意见分歧,应当按照多数人的意见作出决定。但少数人的意见应当写入笔录,记录在案。

最后,合议庭开庭审理并且评议以后,应当作出判决。只有对于疑难、复杂、重大的案件,合议庭认为难以作出决定的,才由合议庭提请院长决定提交审判委员会讨论决定。对于审判委员会的决定,合议庭必须执行。审判委员会也应当认真考虑合议庭的意见,充分发挥合议庭的作用。

根据2000年最高人民法院《人民法院审判长选任办法(试行)》的规定,人民法院实行审判长制,这是对合议庭制度的完善和发展。人民法院可以按照本院审判人员的素质和条件,选任审判长负责合议庭的工作,合理界定合议庭处理案件的权限,使合议庭在审判案件时承担应尽的职责,以充分发挥合议庭的主动性和积极性,最大限度地实现司法的独立、公正与高效。

3. 审判委员会

审判委员会是人民法院内部对审判工作实行集体领导的一种组织形式。根据2018年《人民法院组织法》的规定,各级人民法院均设立审判委员会,其会议分为全体会议和专业委员会会议,实行民主集中制。中级人民法院根据需要召开刑事审判、民事行政审判等专业委员会会议。审判委员会在人民法院内部的领导地位,及其对案件实体问题的决定权,表明它具有审判组织的性质。

审判委员会不同于合议庭。它与合议庭的主要区别是:第一,组织稳定性不同。审判委员会委员由院长提请本级人民代表大会常务委员会任免,其成员具有相对稳定性,是一个相对固定的审判组织。而合议庭的成员则是由院长或者庭长指定的,也可以经过选任担任。合议庭可以根据案件情况进行调整和变化,是相对临时性的审判组织。第二,人员构成不同。每个人民法院均设立一个审判委员会,由院长主持。其成员必须是本院的审判员,通常包括院长、各主要审判业务庭的庭长及资深审判员。而合议庭是根据审理案件的需要组成的。每个审判庭可以有多个合议庭,且合议庭的成员不仅是本院的审判员,还可以包括人民陪审员。第三,案件范围与审判方法不同。审判委员会不直接开庭审理案件,也不对所有的案件进行讨论或作出决定。它只对合议庭难以作出决定的疑难、复杂、重大的案件进行讨论并作出决定。判决书或者裁定书上仍应由审理案件的合议庭成员签署,并以合议庭的名义发布。第四,具体分工不同。审判委员会对具体案件讨论后作出的决定,合议庭必须执行。

审判委员会实行民主集中制,各成员享有平等的发言权和表决权。审判委员会讨论案件,应当在合议庭审理的基础之上进行,并且应当充分听取合议庭成员关于审理和评议情况的说明。如果审判委员会的成员有意见分歧,则按照少数服从多数的原则进行表决。对于少数人的意见,应当记入笔录。

审判委员会的主要职责是:

（1）讨论重大、疑难、复杂案件的法律适用。审判委员会不直接审判案件，只对经合议庭审理的重大或者疑难、复杂案件进行讨论和作出决定。判决书或裁定书仍由合议庭成员署名。2019年《最高人民法院关于健全完善人民法院审判委员会工作机制的意见》，规定了各级人民法院6种"应当"提交审判委员会讨论决定的案件和5种"可以"提交审判委员会讨论决定的案件；高级人民法院、中级人民法院拟判处死刑的案件应当提交本院审判委员会讨论决定；最高人民法院审判委员会通过制定司法解释、规范性文件以及发布指导性案例等方式，统一法律适用。

（2）讨论决定本院已经发生法律效力的判决、裁定、调解书是否应当再审。

（3）总结审判工作经验。这是人民法院除审判案件以外的一项重要工作，也是审判委员会的一项重要任务。

（4）讨论其他有关审判工作的重大问题。审判委员会是人民法院内部对审判工作实行集体领导的组织，凡是有关审判工作的重大问题都必须提交审判委员会讨论并作出决定。例如，最高人民法院对审判过程中如何具体应用法律的问题所作的司法解释、规范性文件、指导性案例等，都须提交审判委员会讨论通过后，方能生效。

审判委员会是我国特有的一种审判组织形式。它集中了人民法院法律政策水平较高、经验比较丰富的审判员，可以集思广益，发挥集体领导的作用，对重大或者疑难、复杂的案件，以及其他有关审判工作的重大问题作出正确的决定。审判委员会会议应当有其组成人员的过半数出席，由院长或者院长委托的副院长主持，实行民主集中制，同级人民检察院检察长或者检察长委托的副检察长可以列席。

二、人民检察院

（一）人民检察院的机构设置

根据《宪法》和《人民检察院组织法》，人民检察院是法律的专门监督机关。国家设立最高人民检察院、地方各级人民检察院和军事检察院等专门人民检察院。

1. 最高人民检察院

最高人民检察院是国家的最高检察机关，领导地方各级人民检察院和专门人民检察院的工作，对全国人民代表大会及其常务委员会负责。最高人民检察院领导地方各级人民检察院工作。上级人民检察院领导下级人民检察院工作。这表明上下级检察机关系领导与被领导的关系。

2. 地方各级人民检察院

地方各级人民检察院分为：

（1）省级人民检察院，包括省、自治区、直辖市人民检察院；

（2）设区的市级人民检察院，包括省、自治区、直辖市人民检察院分院，自治州和省、自治区辖市人民检察院；

（3）基层人民检察院，包括县、不设区的市、自治县和市辖区人民检察院。

省级人民检察院和设区的市级人民检察院，根据检察工作需要，经最高人民检察院和省级有关部门同意，并提请本级人民代表大会常务委员会批准，可以在辖区内特定区域设人民检察院，作为其派出机构。人民检察院根据检察工作需要，可以在监狱、看守所等场所设立检察室，行使其被派出的人民检察院的部分职权，也可以对上述场所进行巡回检察。省级人民检察院设立检察室，应当经最高人民检察院和省级有关部门同意。设区的市级人民检察院、基层人民检察院设立检察室，应当经省级人民检察院和省级有关部门同意。

3. 专门人民检察院

根据《人民检察院组织法》的规定，设军事检察院等专门人民检察院。专门人民检察院的设置、组织和职权，由全国人民代表大会常务委员会另行规定。在实践中，凡是设置专门人民法院的地区，就相应地设置专门人民检察院或分院，如各级军事检察院、铁路运输检察院和水上运输检察院等。不过，铁路运输检察院将全部划归地方，实行属地管辖。

（二）人民检察院的职责

根据《人民检察院组织法》第20条的规定，各级人民检察院行使下列职权：

（1）依照法律规定对有关刑事案件行使侦查权；

（2）对刑事案件进行审查，批准或者决定是否逮捕犯罪嫌疑人；

（3）对刑事案件进行审查，决定是否提起公诉，对决定提起公诉的案件支持公诉；

（4）依照法律规定提起公益诉讼；

（5）对诉讼活动实行法律监督；

（6）对判决、裁定等生效法律文书的执行工作实行法律监督；

（7）对监狱、看守所的执法活动实行法律监督；

总之，人民检察院对法律的执行和遵守情况实行监督。

三、律师

（一）律师的执业条件

我国从1988年开始，实行律师资格与律师职务分离的制度。要想成为一位执业律师，首先要取得律师资格，然后通过律师事务所申请，经过国家有关机关批准，取得律师执业证书。仅取得律师资格而没有取得律师执业证书，只是律师的后备力量，还不是律师。没有取得律师执业证书的人员，不得以律师的名义执业,不得为牟取经济利益从事诉讼代理或者辩护业务。

(二) 律师资格的取得

律师资格的获取必须经过一定的法律程序。以前获取律师资格必须通过全国律师资格考试,后来需要通过国家司法考试,2018年开始需要通过国家统一法律职业资格考试,即从所谓的"律考",到"司考",再到"法考",适用于9类法律职业人员,即:检察官、法官、律师、法律类仲裁员、公证员、法律顾问以及政府中从事行政处罚决定审核、行政复议、行政裁决的人员。国家统一法律职业资格考试合格的,由国务院司法行政部门授予法律职业资格,这就是法律职业人员的从业门槛。从事法律职业不仅具有统一的资格考试,还有统一的职前培训制度,具体可以参见中组部、最高人民法院、最高人民检察院、司法部2022年印发的《关于建立法律职业人员统一职前培训制度的指导意见》的通知。法律职业人员的"共同体"制度建构,可谓日益完善。

根据我国2017年修正的《律师法》第8条的规定,具有高等院校本科以上学历,在法律服务人员紧缺领域从事专业工作满15年,具有高级职称或者同等专业水平并具有相应的专业法律知识的人员,申请专职律师执业的,经国务院司法行政部门考核合格,准予执业。具体办法由国务院规定。

(三) 律师执业证书的取得

律师必须经过一定的法律程序,才能取得律师执业证书,在律师工作机构即律师事务所从事律师工作。律师取得执业证书,要符合下列条件:

(1) 拥护《中华人民共和国宪法》;

(2) 通过全国统一的法律职业资格考试,在此之前取得的"律考""司考"合格证书,在申请律师职业时,具有同等效力;

(3) 在律师事务所实习满1年;

(4) 品行良好。

申请律师执业,应当向设区的市级或者直辖市的区人民政府司法行政部门提出申请,并且提交下列材料:

(1) 国家统一法律职业资格考试合格证书;

(2) 律师协会出具的申请人实习考核合格的证明;

(3) 律师事务所出具的同意接受的证明;

(4) 申请人的身份证明。

申请兼职律师执业的,还需提交申请人所在单位的同意证明。

有下列情形之一的,不予颁发律师执业证书:

(1) 无民事行为能力或者限制行为能力的;

(2) 受过刑事处罚的,但过失犯罪的除外;

(3) 被开除公职或者被吊销律师、公证员执业证书的。

律师只能在一个律师事务所执业,不得同时在两个以上律师事务所执业,但不受地域限制。公务员不得兼任执业律师。律师担任各级人民代表大会常务委员会组成人员的,任职期间不得从事诉讼代理或者辩护业务。

我国面向社会开展律师业务的社会律师,可以分为专职律师和兼职律师两种。专职律师是指取得律师执业证书,经批准在律师事务所专门接受委托或者指定为当事人提供法律服务的执业人员;兼职律师是指取得律师资格和执业证书,在不脱离本职工作的同时,兼职为当事人提供法律服务的执业人员。社会律师是我国律师的主体,是我国律师队伍的主要组成部分,其服务的对象当事人是不特定的,其服务的内容范围是广泛的,其服务的业务工作是有偿的。

值得注意的是,在社会律师之外,我国自1993年提出要建立和发展公职律师和公司律师,2002年司法部全面启动了试点工作。十八届四中全会《中共中央关于全面推进依法治国若干重大问题的决定》提出要积极推行政府法律顾问制度,各级党政机关和人民团体普遍设立公职律师、公司律师。这些公职律师或公司律师,可以为本单位决策提供法律意见和建议,处理具体法律事务,代理本单位参加诉讼、仲裁活动。2017年《律师法》还规定了军队律师,即依法取得法律职业资格并持有律师执业证书,为军队提供法律服务的现役军职人员。公职律师、公司律师、军队律师,依法享有与承担《律师法》规定的权利与义务,其脱离原单位或者转业的,可以申请转为社会律师,其担任公职律师的经历计入社会律师执业年限。但是,其在没有转为社会律师之前,不得从事有偿法律服务,不得在律师事务所等法律服务机构兼职,不得以律师身份办理所在单位以外的诉讼或者非诉讼法律事务等。司法部《2020年度律师、基层法律服务工作统计分析》的数据显示:截至2020年,全国共有执业律师52.2万人;从律师类别看,专职律师42.44万多人,占81.30%;兼职律师1.35万多人,占2.59%;公职律师5.91万多人,占11.32%;公司律师1.61万多人,占3.09%;军队律师1500人,占0.29%。相较于2014年全国执业律师不到26万人的规模,短短6年时间,我国执业律师的总人数翻了一倍还多,公职律师与公司律师的人数也差不多是6年前的10倍。

(四) 我国律师的执业范围

律师执业范围是指律师以担任法律顾问、代理人、辩护人、代理,参加调解、仲裁,提供法律咨询、代书等方式,向国家机关、企事业单位、社会团体和公民提供法律服务的专业工作。依据《律师法》的规定,我国律师可以从事下列业务:

(1) 接受自然人、法人和其他组织的委托,担任法律顾问;

(2) 接受民事案件、行政案件当事人的委托,担任代理人参加诉讼;

(3) 接受刑事案件犯罪嫌疑人、被告人的委托或者依法接受法律援助机构

的指派,担任辩护人,接受自诉案件自诉人、公诉案件被害人或者其近亲属的委托,担任代理人,参加诉讼;

(4) 接受委托,代理各类诉讼案件的申诉;

(5) 接受委托,参加调解、仲裁活动;

(6) 接受委托,提供非诉讼法律服务;

(7) 解答有关法律咨询,代写诉讼文书和有关法律事务的其他文书。

律师与法官、检察官同为法律工作者,均属于法律职业共同体成员,只是分工不同。法官是依法行使国家审判权的审判人员,检察官是依法行使国家检察权的检察人员,而律师则是依法取得律师执业证书、接受委托或者指定、为当事人提供法律服务的人员,三者均负有保障法律的正确实施、维护人民合法权益的职责。

四、诉讼当事人

(一) 民事诉讼当事人

原告、被告是典型的民事诉讼当事人。没有原告的起诉,诉讼就不能开启。同样,没有被告的参与,也就不能形成诉讼。原告和被告的诉讼行为,直接影响着或决定着诉讼的发生、发展和终结。整个民事诉讼过程,就是当事人的诉讼行为与法院的审理裁判行为相互影响和相互作用的过程。没有当事人,就没有民事诉讼。但究竟何谓当事人,究竟什么样的人才有可能成为具体民事诉讼案件中的当事人,是一个基础性的民事诉讼法学理论问题。

民事诉讼当事人的概念,总体上已经经历了,或者说正在经历着,由传统的"实体利害关系当事人说"到现代的"程序当事人说"的演变。

实体利害关系当事人说认为,当事人是指因民事权利义务关系发生纠纷,以自己的名义进行诉讼,并受法院裁判约束的直接利害关系人。① 我国《民事诉讼法》②关于原告、第三人的有关规定,都是从实体法角度来理解和把握当事人的含义的。《民事诉讼法》规定,原告必须是与本案"有直接利害关系"的公民、法人和其他组织;对于无独立请求权的第三人,只有在法院判决承担民事责任时,才具有当事人的诉讼权利义务,才是当事人。换言之,如果没有被判决承担民事责任,无独立请求权的第三人就不具有当事人的诉讼权利义务,就不是当事人。尽管对"利害关系"的理解各有不同,实体利害关系当事人说的观点和立法都是从实体权利义务的角度来理解和把握当事人的。从实体法上的权利义务关系来判断提起诉讼的人是不是真正的当事人,是否有资格提起诉讼,从表面看来,确

---

① 柴发邦主编:《民事诉讼法学新编》,法律出版社 1992 年版,第 147 页。
② 如果没有加书名号,则指广义的民事诉讼法,而非狭义上的《民事诉讼法》法典。

实更有利于实际争议的权利义务纠纷得到解决。但细究之,至少具有以下四个方面的缺陷:

第一,容易形成先入为主的成见。从认识论和审判规律出发,当事人是否与本案具有实体上的利害关系,只有在诉讼进行到一定程度,或者说只有到诉讼结束作出判决之时,才能作出准确的判断。从一开始就要求起诉人和被起诉人都是实体法律关系的真正权利人和真正义务人,显然是不切实际的,有"未审先判"之嫌。

第二,不利于实体权利全面、普遍的救济。在这种实体利害关系当事人说的影响下,许多真正的权利侵害可能得不到救济,许多潜在的当事人可能告状无门,许多实体法律关系的实现和恢复可能受到限制,因而缩小了实体权利全面救济的可能性。

第三,不能科学、合理地解释一些常见的诉讼现象。比如,消极确认之诉(如确认借贷关系不存在)中,当事人没有实体权利却能成为当事人的现象;财产争议的民事诉讼中,财产管理人、破产管理人、遗嘱执行人等不是财产的所有人,却可以作为当事人的现象;等等。

第四,不利于解决诉讼开始时的一系列程序问题。比如当事人概念的不确定带来的管辖权难以确定的问题,等等。

可见,实体利害关系当事人说,实质上是对起诉进行实体审查后,才予以受理的诉讼观念的反映。

从程序上看,只要原告提起诉讼,法院就应当受理。从逻辑上,也只有受理后才能进行各种审查,并发现是否符合起诉的条件。如果在起诉后、立案前就进行审查,极易造成起诉难或受理难的问题。不予受理实际上就是驳回当事人的起诉,而我国现行《民事诉讼法》却用"不予受理"和"驳回起诉"两种不同的裁定形式来加以处理,只是对案件在受理前后的不同处理方式,并无充分的法理基础。换言之,对原告起诉不予受理适用裁定是否妥当,的确是存在疑问的。[1]

而从理论上说,法院不得拒绝裁判,只要当事人认为有纠纷,法院就应当对其进行审理和裁判。至于是否真正具有纠纷、当事人是否合格、当事人在本案中的实体权利义务关系究竟如何,只有等到诉讼进行到一定阶段,或者等到审判结束后的判决作出之时,才能作出判断。所以,在受理起诉阶段,注定只能对当事人的资格条件进行形式审查,不可能也没有必要作实质审查。

程序当事人说认为,当事人是指以自己的名义要求法院保护其民事权利或法律关系的人及其相对方。[2] 这样,程序当事人说就克服了实体利害关系当事

---

[1] 见张卫平:《民事再审:基础置换与制度重建》,载《中国法学》2003年第1期。
[2] 江伟主编:《民事诉讼法学原理》,中国人民大学出版社1999年版,第377页。

人说"先入为主"的局限,并不从正当当事人或曰适格当事人的角度来定义当事人。判断某人是否属于诉讼当事人,只看实际的当事人是谁,无须从实体法上考察其与诉讼标的的关系。在这种学说看来,"诉讼当事人可以不是利害关系人或合格当事人。在诉讼过程中,不合格的当事人可能要败诉,甚至可能从庭审记录中被取消资格。但在此前,他是诉讼中的当事人,并且具有程序法上的地位所生效力"。① 在程序当事人说看来,当事人是一个纯粹的诉讼法上的概念,即所谓形式上的当事人。程序当事人说不仅适应了近现代社会中实体权利义务关系与程序运作相分离的现实,而且为公民的裁判请求权及民事诉权的保护,民事实体权利的普遍性救济,民众接近司法、接近法院、接近诉讼正义,提供了理论基础。

在程序当事人学说的基础上,可将民事诉讼的当事人定义为:以自己的名义,就特定的民事争议要求法院行使民事裁判权的人及相对人。主动向法院提起诉讼,要求法院行使裁判权的人是原告。被起诉的相对人则是被告。按照上述界定,民事诉讼当事人具有以下三个方面的特征:

第一,以自己的名义起诉、应诉,进行诉讼活动。诉讼代理人参加诉讼不是以自己的名义进行诉讼,所以不是当事人。

第二,要求法院就具体案件行使审判权,并就其诉讼请求作出裁判。证人、鉴定人、翻译人等诉讼参与人,虽然也参加诉讼,但他们并不要求法院就具体的案件行使审判权,并不具有诉讼上的利益主张,所以不是当事人。

第三,必须在诉状中明确表示。不管是口头起诉的笔录,还是书面的民事诉状,其中明确表示为原告和被告的人,不问是不是民事权利和法律关系的主体,也不问其对诉讼标的有无实体处分权,都是当事人。原告与被告,在具体诉讼中必须是明确具体的②,否则就不能称其为诉讼。

在理解民事诉讼当事人的含义和特征时,还要注意以下两点:

(1) 并不必然要求与本案真正具有实体上的利害关系。确实,绝大多数民事诉讼当事人都与本案真正具有实体上的利害关系,但在起诉之时尚未审判之前很难从实质上准确审查和判断,只能从形式上大致加以审查和判断。当事人是否与本案真正具有实体上的利害关系,只有审理进行到一定阶段,或者等到作出判决时,才能得出准确的结论。如果从一开始就要求当事人与本案真正具有实体上的利害关系,不仅没有现实可能性,还会使一些表面上看来没有实体利害关系,实质上却与本案真正具有实体利害关系的当事人被拒之门外,不利于诉权

---

① Ernst J. Cohn, *International Encyclo Pedia of Comparative Law*, Volume XVI (Civil Procedure), Chapter V, p.3. 转引自江伟主编:《民事诉讼法学原理》,中国人民大学出版社1999年版,第377—378页。
② 我国《民事诉讼法》规定起诉的条件之一就是"有明确的被告"。

的保护和实体权利的普遍性救济。

(2) 并不必然要求为维护自己的权益进行诉讼。确实,绝大多数民事诉讼当事人是为了维护自己的私人权益而进行诉讼的,但在涉及国家或者社会公共利益的民事诉讼中,就很难说当事人一定要为维护自己的权益而进行诉讼,否则就不利于公共利益的诉讼救济。这样说并不意味着当事人可以打着公益保护的旗号任意提起诉讼。法院在审查起诉时,不仅要对公共利益和私人利益作出判断,而且要对案件是否具有诉的利益作出判断。一般而言,诉的成立必须要有诉的利益,没有利益的诉,只会导致司法资源的浪费和民事生活无端处于不确定的状态。诉的利益的存在与否是诉是否成立和当事人是否拥有诉权的关键。

民事诉讼当事人的诉讼权利,是指法律赋予当事人的在诉讼过程中为自己的合法权益而自行处分的自由。当事人在诉讼中的自由处分,无非围绕实体权益或者有关诉讼本身的权利进行。但不管是对实体权益的维护、处分和实现,还是对当事人进行诉讼本身的保障,都是通过当事人行使诉讼权利来实现的。对当事人诉讼权利的保障,在另外一种意义上,就是对当事人实体权益的维护。当事人通过对诉讼权利的行使,一边处分着自己的民事实体权益,一边决定和推动着诉讼的发生、发展和终结。而其他诉讼参与人,除了经过当事人特别授权的诉讼代理人,是不能对案件的实体权益进行处分,不能对案件的诉讼进程起决定性作用的。这是当事人的诉讼权利区别于诉讼代理人、鉴定人、翻译人、记录人、证人等其他诉讼参与人的诉讼权利的地方。

有独立请求权的第三人,相当于处于原告的地位,因此其享受的权利和承担的义务与原告相同。无独立请求权的第三人,一般不具有实体上的处分权,只有在法院判决其承担民事责任时,才具有当事人的诉讼权利义务,才是当事人。因此其在诉讼过程中的诉讼权利,相对于原告、被告而言是有限的。

(二) 行政诉讼当事人

行政诉讼当事人,是指因具体行政行为发生争议,以自己的名义到法院起诉、应诉和参加诉讼,并受法院裁判约束的公民、法人、其他组织以及行政机关。行政诉讼的当事人有广义和狭义之分。广义的当事人包括原告、被告、共同诉讼人和第三人。狭义的当事人,仅指原告和被告。

(三) 刑事诉讼当事人

刑事诉讼当事人,是指在诉讼中处于追诉(原告)或被追诉(被告)的地位,执行控诉(起诉)或辩护(答辩)职能,并同案件事实和案件处理结果具有切身利害关系的诉讼参与人。根据《刑事诉讼法》的规定,刑事诉讼当事人是指被害人、自诉人、犯罪嫌疑人、被告人、附带民事诉讼的原告人和被告人。

1. 被害人

被害人是指在刑事案件中人身、财产或其他权益遭受犯罪行为侵害的人。

广义上的被害人,既包括刑事自诉案件的被害人,也包括刑事公诉案件的被害人。狭义上的被害人,仅指公诉案件中的被害人。在刑事诉讼中,被害人属于当事人之一。

2. 自诉人

在刑事诉讼案件中,以自己的名义直接向法院提起诉讼,要求追究某人刑事责任的当事人,称为自诉人。通常情况下,自诉人往往就是被害人。在自诉案件中,没有公诉机关的公诉活动,自诉人的告诉会直接引起刑事自诉程序的进行。从这个意义上说,自诉人的地位类似于民事诉讼中的原告,当然也就具有原告的诉讼权利和义务。

3. 被告人

被告人是指涉嫌犯罪而受到正式刑事控诉的人。控诉是指依法拥有起诉权的部门或个人,向法院提出正式控告,要求追究某人刑事责任的法律行为,它是刑事审判程序的启动器。在正式控诉之前,涉嫌犯罪之人称为犯罪嫌疑人。

五、证人和鉴定人

(一) 证人

证人是指通过其自身感觉器官直接了解案件情况并受法院传唤到庭作证的人。此处所称证人是指狭义的证人,即通过其亲身感知而知悉案件事实的诉讼外第三人。两大法系有关国家将鉴定人、专家证人、当事人,均视为广义上的证人。

证人作证应具有证人资格。证人资格是由以下特征决定的:

其一,是了解案件事实的自然人。只有自然人才能凭借感官感知案件事实。但是我国《民事诉讼法》规定的单位证人(见 2021 年《民事诉讼法》第 75 条第 1 款第 1 句:"凡是知道案件情况的单位和个人,都有义务出庭作证"),具有我国传统"单位社会"的历史痕迹,现在也不能说完全没用,虽然在学理上值得探讨,但是实践中如果是单位作为证人,就应当由单位负责人或者其法人代表出庭提供证言。

其二,是就自己所了解的情况向法院进行相关陈述的人。这就要求证人具备一定的语言表达能力,以便真实、清楚地表达自己所感知的案件事实。

其三,是诉讼当事人以外的第三人。

(二) 鉴定人

鉴定人是指具有某种专业资质,具有解决某些专门性问题的知识和技能,任职于特定鉴定机构,为具体案件提供鉴定服务和鉴定意见的自然人。鉴定人应当具备下列条件:第一,必须是具有鉴定权的单位的成员;第二,必须是成年的公民;第三,必须具备较充分的专门知识。

鉴定人与证人存在以下五个方面的主要区别：

其一，证人陈述的是自己耳闻目睹的具体事实，其向法庭提供的是一种感知证据；鉴定人提供的鉴定报告旨在利用其专有知识、学识、经验对案件事实所涉及的专门性问题进行判断与分析，以补充法官在相关专业、学识和经验上的不足。鉴定人向法庭提供的是一种意见证据。

其二，证人因亲身感知过案件事实而有不可替代性，不能任意在主观上决定某一个人具有这种特定资格；鉴定人向法庭所采用的作证方式与一般证人不同，鉴定人资格具有任意性，即凡是具备某种特定专门知识、学识和经验的人，都有可能具备鉴定人资格。并且，具有鉴定人资格的人在人数上也是不确定的，甚至是无法计算的。鉴定人具有可替代性。

其三，证人不存在回避的问题；而鉴定人只要与本案当事人有利害关系或其他法定情况，便应当回避，以保证鉴定的客观、公正。

其四，传唤证人出庭作证只能由当事人向法院提出申请；由于鉴定人对审判上所遇到的专门性问题从事鉴定，除依法由当事人向法庭提出申请外，还可由法院依职权进行委托。

其五，如证人拒不到庭又无正当理由，必要时可拘传证人迫使其到庭；而鉴定人无正当理由拒不到庭的，则不适用拘传，只能更换鉴定人。

第四节 模拟审判的庭审阶段和任务

模拟审判开庭审理的阶段和任务，与真实审判在大体一致的前提下，又具自身的教学特色。"三大诉讼"第一审案件普通程序的模拟审判开庭审理，大致可按照以下顺序进行：模拟审判开庭的准备—开庭—法庭调查—法庭辩论—法庭调解—休庭评议—宣判—签阅庭审笔录和闭庭—即兴问答—统计模拟庭审现场评分和指导教师点评。

一、模拟审判开庭的准备

开庭前的准备是模拟审判中的起点和龙头，开庭审理是否能够成功、教学目标是否能够达到，关键看准备。这些准备工作包括：

（1）实习动员和注意事项讲授；
（2）审判小组的分配和组内审判角色的分工；
（3）案件的选择；
（4）案件资料的教学处理和加工；
（5）相关审前文书的撰写；
（6）问答论辩的预演和配合训练；

(7) 教师答疑和指导。

这些准备工作,有些由教师和学生分别单独完成,有些需要师生共同配合完成,统一服务于每次具体模拟审判教学的需要。尤其要引导学生利用网络时代的信息资源,如司法公开"三大平台"(中国裁判文书网、中国审判流程信息公开网、中国执行信息公开网)及新媒体的人民法院动态信息等。

每次模拟审判庭审开始时,为了让旁听学生了解本次模拟审判案件的大致案情及主要争点,可以要求模拟审判小组予以介绍。具体工作由书记员完成。条件许可的,可以印发简单的资料,或者在模拟法庭室内的教学黑板上写明本次模拟审判的简要案情和主要争点。

二、开庭

书记员宣布当事人及其诉讼代理人入庭,然后宣布法庭纪律。书记员宣布全体起立,请审判长、审判员、人民陪审员入庭。书记员向审判长报告当事人及其诉讼代理人的出庭情况。审判长核对当事人及其诉讼代理人的身份,并询问各方当事人对于对方出庭人员有无异议。

在刑事案件模拟审判中,审判长宣布开庭,传被告人到庭后,应当查明被告人的下列情况:

(1) 姓名、出生年月、民族、出生地、文化程度、职业、住址或单位名称、住所地、辩护人或诉讼代理人的姓名及职务;

(2) 是否曾受过法律处分及处分的种类、时间;

(3) 是否被采取强制措施及强制措施的种类、时间;

(4) 收到人民检察院起诉书副本的日期,附带民事诉讼被告人收到民事诉状的日期。

根据《刑诉法解释》的规定,被告人人数较多的,可以在开庭前查明上述情况,但开庭时审判长应当作出说明。

然后,审判长宣布案由,不公开审理的应当说明理由。

刑事公诉案件中的被害人、诉讼代理人、证人、鉴定人,经人民法院传唤或者通知未到庭,不影响开庭审判的,人民法院可以开庭审理。刑事自诉案件中的自诉人经两次依法传唤,无正当理由拒不到庭的,或者未经法庭许可中途退庭的,按撤诉处理。根据《刑诉法解释》的规定,部分自诉人撤诉或者被裁定按撤诉处理的,不影响案件的继续审理。

审判长宣布合议庭组成人员、书记员、公诉人、辩护人、鉴定人和翻译人员等诉讼参与人的名单。

民事诉讼中的被告经人民法院传票传唤,无正当理由拒不到庭的,审判长可以宣布缺席审理,并说明传票送达合法和缺席审理的依据。无独立请求权的第三人经人民法院传票传唤,无正当理由拒不到庭的,不影响案件的审理。

审判长应当告知当事人、法定代理人,在法庭审理过程中依法享有下列权利:

(1) 可以申请合议庭组成人员、书记员、公诉人、鉴定人和翻译人员回避;

(2) 可以提出证据,申请通知新的证人到庭、调取新的证据、重新鉴定或者勘验、检查;

(3) 被告人可以自行辩护;

(4) 被告人可以在法庭辩论终结后作最后的陈述。

审判长应当分别询问当事人、法定代理人,是否申请回避,申请何人回避,以及申请回避的理由。

当事人、法定代理人申请审判人员、出庭支持公诉的检察人员回避,合议庭认为符合法定情形的,应当宣布休庭;认为不符合法定情形的,应当当庭驳回,继续法庭审理。

如果申请回避人当庭申请复议,合议庭应当宣布休庭,待作出复议决定后,决定是否继续法庭审理。同意或者驳回回避申请的决定及复议决定,由审判长宣布,并说明理由。必要时,也可以由院长到庭宣布。

三、法庭调查

法庭调查的任务,主要是通过宣读起诉书和当事人陈述,证人作证,出示书证、物证和视听资料,宣读鉴定意见和勘验、检查笔录等举证和质证活动,查明案件事实,审查核实证据。

我国《民事诉讼法》第 141 条规定:"法庭调查按照下列顺序进行:(一) 当事人陈述;(二) 告知证人的权利义务,证人作证,宣读未到庭的证人证言;(三) 出示书证、物证、视听资料和电子数据;(四) 宣读鉴定意见;(五) 宣读勘验笔录。"

民事、行政案件模拟审判的法庭调查,可以按照下列顺序进行:

(1) 当事人陈述。陈述的顺序按"原告—被告—第三人"进行。陈述后由对方当事人提出承认、异议或者反驳的意见。

(2) 争点归纳或法庭调查重点提示。审判长或独任审判员归纳本案争议焦点或者法庭调查重点,并征求当事人的意见。原告增加诉讼请求,被告提出反诉,第三人提出与本案有关的诉讼请求,可以合并审理的,人民法院应当合并审理。

(3) 证据出示(含证人作证)和质证。原告出示证据,被告质证;被告出示证据,原告质证;原被告对第三人出示的证据质证,第三人对原告或者被告出示的证据质证;审判人员出示法庭收集的证据,原告、被告和第三人质证。经审判长许可,当事人可以向证人发问,当事人也可以互相发问。证据出示的顺序,按照"告知出庭证人的权利义务—证人作证或者宣读未到庭证人的证言—出示书证、物证、视听资料和电子数据—宣读鉴定意见—宣读勘验笔录"依次进行。

(4) 证据的认定。经过庭审质证的证据能够当即认定的,应当当即认定;不能当即认定的,可以休庭合议后再予以认定;合议后认为需要继续举证或者进行鉴定、勘验的,可以在下次开庭质证后认定。

(5) 法庭调查结束前的归纳和总结。法庭调查结束前或者决定再次开庭的休庭前,审判长或者独任审判员,应当就法庭调查认定的事实和当事人争议的问题,进行归纳和总结。

刑事案件模拟审判的法庭调查,应当先由公诉人宣读起诉书,有附带民事诉讼的,再由附带民事诉讼的原告人或者其法定代理人、诉讼代理人宣读附带民事起诉状。起诉书指控被告人的犯罪事实为两起以上的,法庭调查时,一般应当就每一起犯罪事实分别进行。根据《刑诉法解释》的规定,经审判长许可,被害人及其法定代理人、诉讼代理人可以就公诉人讯问的犯罪事实补充发问;附带民事诉讼原告人及其法定代理人、诉讼代理人可以就附带民事部分的事实向被告人发问;被告人的法定代理人、辩护人、附带民事诉讼被告人及其法定代理人、诉讼代理人,可以在控诉一方就某一问题讯问完毕后,向被告人发问。审判人员可以讯问被告人。必要时,可以向被害人、附带民事诉讼当事人发问。证人作证,审判人员应当告知其如实作证的义务,以及有意作伪证或者隐藏罪证的法律责任。证人、鉴定人作证前,应当保证向法庭如实提供证言,说明鉴定意见,并在保证书上签名。公诉人、当事人和辩护人、诉讼代理人经审判长许可,可以对证人、鉴定人发问。向证人、鉴定人发问,应当先由提请通知的一方进行;发问完毕后,经审判长许可,对方也可以发问。控辩双方的讯问、发问方式不当,或者内容与本案无关的,对方可以提出异议,申请审判长制止,审判长应当判明情况予以支持或者驳回;对方未提出异议的,审判长也可以根据情况予以制止。审判人员认为必要时,可以询问证人、鉴定人、有专门知识的人;公诉人、辩护人应当向法庭出示物证,让当事人辨认,对未到庭证人的证言笔录、鉴定意见、勘验、检查、辨认、侦查实验等笔录和其他作为证据的文书,应当当庭宣读。审判人员应当听取公诉人、当事人和辩护人、诉讼代理人的意见;法庭审理过程中,合议庭对证据有疑问的,可以告知公诉人、当事人及其法定代理人、辩护人、诉讼代理人补充证据,或者作出说明;必要时,可以宣布休庭,对证据进行调查核实。当事人和辩护人、诉讼代理人,有权申请通知新的证人到庭,调取新的物证,申请重新鉴定或者勘验。法庭对于上述申请,应当作出是否同意的决定。

四、法庭辩论

法庭辩论是指在审判人员的主持下,各方当事人或者控辩双方在法庭调查举证、质证的基础上,对案件事实和证据以及法律适用问题,阐明自己的观点,相互之间进行言词辩论的诉讼活动。法庭辩论的主要任务,是通过当事人及其诉讼代理人、辩护人围绕争议焦点进行口头辩论,进一步查明案件事实、分清是非、明确责任。

民事、行政案件审判中的法庭辩论,按照下列顺序进行:

(1) 原告及其诉讼代理人发言;

(2) 被告及其诉讼代理人答辩;

(3) 第三人及其诉讼代理人发言或者答辩;

(4) 互相辩论。

辩论应当以理服人。必要时,审判长可以根据案情,控制当事人及其诉讼代理人发表意见的时间。第一轮辩论结束,审判长应当询问当事人是否还有补充意见。当事人要求继续发言的,应当允许,但要提醒不可重复。当事人没有补充意见的,审判长宣布法庭辩论结束。法庭辩论终结前,审判长按照原告、被告、第三人的先后顺序,征询各方的最后意见。

刑事案件审判中的法庭辩论,按照下列顺序进行:

(1) 公诉人发言;

(2) 被害人及其诉讼代理人发言;

(3) 被告人自行辩护;

(4) 辩护人辩护;

(5) 控辩双方进行辩论。

附带民事诉讼部分的辩论,应当在刑事诉讼部分的辩论结束后进行。先由附带民事诉讼原告人及其诉讼代理人发言,然后由被告人及其诉讼代理人答辩。

被告人当庭拒绝辩护人为其辩护,或者辩护人依照有关规定当庭拒绝继续为被告人进行辩护的,合议庭应当准许,宣布延期审理,由被告人另行委托或者由人民法院为其另行指定辩护律师。

再次开庭后,被告人再次当庭拒绝重新委托的辩护人或者人民法院指定的辩护律师为其辩护的,合议庭应当分别作出处理:如果被告人是成年人,合议庭可以准许,但被告人不得再另行委托辩护人,人民法院也不再另行指定辩护律师,被告人可以自行辩护;如果被告人是盲、聋、哑人或者限制行为能力的人,或者开庭审理时不满18周岁的未成年人,或者可能被判处死刑的人,合议庭不予准许。

上述另行委托或指定辩护人的准备时间从案件宣布延期审理之日起至第10日止,准备辩护时间不计入审限。

在法庭辩论活动中,还应注意以下几个问题:

(1)审判人员应当引导当事人围绕争议的事实和法律焦点问题进行辩论。具体来说,对被告人认罪的案件,法庭辩论时,可以引导控辩双方主要围绕量刑和其他有争议的问题进行。对被告人不认罪,或者辩护人作无罪辩护的案件,法庭辩论时,可以引导控辩双方先辩论定罪问题,后辩论量刑问题。对于当事人或控辩双方与案件无关、重复或者互相指责的发言应当制止。

(2)各方当事人在法庭辩论中依次发言,一轮辩论结束后当事人要求继续辩论的,可以进行下一轮辩论,但下一轮辩论不得重复上一轮辩论的内容。

(3)法庭辩论时,审判人员不得对案件性质、是非责任发表意见,不得与当事人进行辩论。

(4)在法庭辩论过程中,合议庭发现新的事实,认为有必要进行调查时,审判长可以宣布暂停辩论,恢复法庭调查,待事实查清后再继续法庭辩论。

五、法庭调解

对于民事案件或者刑事案件的附带民事诉讼部分,或者告诉才处理和被害人有证据证明的轻微刑事自诉案件,人民法院可以进行调解。

根据我国《民事诉讼法》的规定,对于适宜调解的民事纠纷,当事人不予拒绝的,应当先行调解。但行政诉讼案件(行政赔偿案件、行政机关行使法律法规规定的自由裁量权的案件除外),刑事公诉案件,以及被害人有证据证明对被告人侵犯自己人身、财产权利的行为应当依法追究刑事责任,而公安机关或者人民检察院不予追究被告人刑事责任的刑事自诉案件,不适用调解。

法庭调解的具体程序和方法如下:

(1)调解所处的阶段和场合。法庭辩论终结至判决以前可以进行调解,可以当庭调解,也可以休庭后进行调解。

(2)调解所需的前提保证。应当在自愿、合法,不损害国家、集体和其他公民利益的前提下进行。

(3)调解方案的提出。调解时,可以先由各方当事人提出调解方案。必要时,合议庭可以根据双方当事人的请求提出调解方案,仅供各方当事人参考;也可以先分别征询各方当事人意见,而后进行调解。

(4)调解结果的准许与生效。经过调解达成协议的,合议庭应当宣布调解结果。各方当事人应当在调解协议上签字盖章,人民法院据此制作调解书送达当事人,并经各方当事人签字后即发生法律效力。当即履行完毕的,可以记入笔录而不制作调解书,各方当事人、合议庭成员、书记员签名盖章后即发生法律效力。

调解没有达成协议或者调解书签收前当事人反悔的,人民法院应当进行判决。刑事自诉案件中,人民法院裁定准许自诉人撤诉或者当事人自行和解的案件,被告人被采取强制措施的,应当立即予以解除。

六、休庭评议

在民事案件或者刑事案件的附带民事诉讼部分中,当事人不愿意调解或者调解不成的,合议庭应当休庭进行评议。刑事案件审理经过被告人最后陈述后,应当宣布休庭,合议庭进行评议。

休庭评议主要围绕案件的性质、认定的事实、适用的法律、是非责任和处理结果等方面进行。

具体就刑事案件而言,合议庭评议案件,应当根据已经查明的事实、证据和有关法律规定,在充分考虑控辩双方意见的基础上,确定被告人是否有罪、构成何罪,有无从重、从轻、减轻或者免除处罚的情节,应否处以刑罚、判处何种刑罚,附带民事诉讼如何解决,查封、扣押、冻结的财物及其孳息如何处理等,并依法作出判决、裁定。

合议庭评议案件应当秘密进行,并实行少数服从多数的原则。评议应当制作笔录,由合议庭成员在笔录上签名。对于评议中的不同意见,书记员也必须如实记入笔录。评议笔录不得对外公开。

评议中发现案件事实尚未查清,需要当事人补充证据或者由人民法院自行调查收集证据的,可以决定延期审理,由审判长在继续开庭时宣布延期审理的理由和时间,以及当事人提供补充证据的期限。

七、宣判

宣告判决,一律公开进行。

宣告判决时,法庭内全体人员应当起立。

公诉人、辩护人、被害人、自诉人或者附带民事诉讼的原告人未到庭的,不影响宣判的进行。

宣判的方式分为当庭宣判和定期宣判。

当庭宣判是指在合议庭评议后,由审判长宣布继续开庭并宣读裁判结果。民事、行政案件当庭宣判的,应当在10日内发送判决书。刑事案件当庭宣判的,应当在5日以内将判决书送达当事人和提起公诉的人民检察院。

定期宣判又称另定期日宣判,即在开庭审理之日以后的期日公开宣告判决。定期宣判的,宣判后立即发送判决书。

宣判的内容包括:认定的事实、适用的法律、判决的结果和理由、诉讼费用的负担、当事人的上诉权利、上诉期限和上诉的法院。

宣告离婚判决,还必须告诉当事人在判决发生法律效力之前不得另行结婚。

八、签阅庭审笔录和闭庭

法庭审理的全部活动记入笔录后,由审判人员和书记员签名。

法庭笔录可以当庭宣读,也可以告知当事人和其他诉讼参与人当庭或者在闭庭后5日内阅读。当事人和其他诉讼参与人认为自己的陈述记录有遗漏或者有差错的,有权申请补正。如果不予补正,应当将申请记录在案。

法庭笔录由当事人和其他诉讼参与人签名或者盖章。拒绝签名盖章的,记明情况附卷。

履行了庭审笔录的必要手续后,审判长宣布闭庭。书记员宣布全体起立,合议庭成员等退庭。然后,再由书记员宣布当事人和旁听人员退庭。刑事公诉案件的审理中,要注意先将被告人押出法庭重新羁押,然后再宣布闭庭。

九、即兴问答

模拟审判闭庭后,整个审理活动已经告一段落。但作为一种法律教学形式,指导教师可以设计"即兴问答"项目。即由旁听学生或群众向参加模拟审判的审判人员、公诉人员、书记员、当事人等提出自己对本次模拟审判的观感和疑问,被问的相关人员应当作出回答和解释。

提出的问题也不必局限于模拟审判中出现的情况,一些本案未曾涉及的问题也可以提问。如管辖、回避、延期审理、诉讼中止、撤诉、反诉、缺席判决等程序法问题以及相关的实体法问题,等等。

即只问答既解开了问者的疑惑,也检验了被问者的法学功底和临场反应能力。对于其他旁听群众或学生,也开阔了法学知识的视野。指导教师也可以从中发现教学中存在的问题,甚或完善法律制度的研究课题和方向,引导和培育学生日后从事法律实务或研究的责任感和使命感。

即兴问答将模拟审判与书本知识、司法实务有机地结合起来,避免了"只想不做"或者"只做不想",或者以往只审理不总结、只模仿不创新的做法。

十、统计模拟庭审现场评分和指导教师点评

即兴问答后,可以由指导教师(含临时外聘的司法实务工作者)和事先指定的旁听学生组成评委,对本次模拟审判中担任角色的人员,分别比照角色的要求,从仪表、表达能力、法律运用技巧、回答问题情况、模拟审判小组的整体表现,以及所选案件的典型性、难易度、新颖性、现实性等方面,进行现场评分,并当场公布和统计现场评分,使同学们找到自己的差距和以后需要努力的方向。指导

教师可以在这个时候现场点评,指出不足和肯定优点,并对即兴问答中未能解决的问题给出明确的结论或观点。值得注意的是,对于法律并未明文规定或者尚未形成共识的问题,一味追求所谓"标准答案"的法律教学是不可取的,指导教师在阐明自己观点的基础上,切忌武断地下结论,而应引导学生进行思考和研究。

第五节 模拟审判的举证、质证、认证

一、模拟审判的举证

模拟审判中所有的证据都必须当庭出示,负有举证证明责任的当事人如果不能提出证据证明自己的诉讼主张,就要承担败诉的风险。

民事诉讼证据收集提供的主体,主要是当事人及其诉讼代理人。民事诉讼中的绝大多数证据都应当由当事人及其诉讼代理人负责收集和提供。但人民法院应当调查收集当事人及其代理人因客观原因不能自行收集的证据,以及人民法院认为审理案件需要的证据。根据现行《民事诉讼法》和有关的司法解释,当事人对自己提出的主张,有责任而且应当及时提供证据。人民法院应当在审理前的准备阶段确定当事人的举证期限,或者由当事人协商举证期限并经人民法院准许,但不得少于法定的期限。当事人在确定期限内提供证据确有困难的,人民法院可以根据其申请,予以适当延长。当事人逾期提供证据的,应当向人民法院说明理由。对当事人故意或者因重大过失逾期提供的证据,人民法院不予采纳,或者对与案件基本事实有关的证据予以采纳但对当事人予以训诫、罚款。当事人向人民法院提供证据,应当提供原件或原物。如需自己保存证据原件、原物或者提供原件、原物确有困难的,可以提供经人民法院核对无异的复制件或者复制品。当事人向人民法院提供的证据如果是在中华人民共和国领域外形成的,该证据还应当经所在国的公证机关证明,并经中华人民共和国驻该国使领馆认证,或者履行中华人民共和国与该国有关条约中规定的证明手续。当事人向人民法院提供的证据如果是在我国香港、澳门、台湾地区形成的,也应当履行相关的证明手续。根据我国《民事诉讼法》的规定,人民法院收到当事人提交的证据材料后,应当出具由经办人员签名或者盖章的收据,写明证据名称、页数、份数、原件或者复印件以及收到时间等。同时,人民法院有权向有关单位和个人调查取证,有关单位和个人不得拒绝。

行政诉讼证据的收集提供,除了自身的特性外,其他原理与民事诉讼证据收集提供基本相同。其中,作为被告的行政机关是主要的举证主体,应当向人民法院提供证据证明被诉具体行政行为的合法性。由于行政诉讼的原告不负举证证

明责任,所以一般情况下原告是"可以"提供证据。原告只在两种情形下"应当"提供证据:一是在起诉被告不作为的案件中,除非"被告应当依职权主动履行法定职责"或"原告因被告受理申请的登记制度不完善等正当事由不能提供相关证据材料并能够作出合理说明",原告应当提供其在行政程序中曾经提出申请的证据材料;二是在行政赔偿诉讼中,原告应当对被诉具体行政行为造成损害的事实提供证据。值得注意的是,根据行政诉讼的基本原理,一般情况下,人民法院只能根据原告或者第三人的申请调取证据,而不能根据被告的申请调取证据。被告申请人民法院调取的证据,应当仅限于行政机关在行政程序中已经取得复印件、复制件而无法收集证据原件、原物等情形。即人民法院调取证据,只限于印证行政机关原有证据的真实性。①

刑事诉讼证据收集提供的主体,主要是公安机关、检察机关、人民法院和自诉案件中的自诉人。根据我国《刑事诉讼法》的规定,被告人有罪的举证责任,由公诉案件中的人民检察院,或者自诉案件中的自诉人承担。不得强迫任何人"自证其罪"。审判人员、检察人员、侦查人员必须依照法定程序,收集能够证实犯罪嫌疑人、被告人有罪或者无罪、犯罪情节轻重的各种证据。严禁刑讯逼供和以威胁、引诱、欺骗以及其他非法方法收集证据。必须保证有关公民,有客观、充分地提供证据的条件。犯罪嫌疑人、被告人及其辩护人,有提供证据的权利,他们可以向公安司法机关提供证据,证明其无罪、罪轻或者符合减轻、免除刑事处罚的条件。辩护人有权申请人民检察院和人民法院调取,其认为在侦查、起诉期间,公安机关、人民检察院收集但未提交的,证明犯罪嫌疑人、被告人无罪或者罪轻的证据材料。辩护人也应当将其收集的有关犯罪嫌疑人不在犯罪现场、属于依法不负刑事责任的精神病人、未达到刑事责任年龄的证据等,及时告知公安机关和人民检察院。辩护律师经证人或者其他有关单位和个人同意,可以向他们收集与本案有关的材料,也可以申请人民检察院、人民法院收集、调取证据,或者申请人民法院通知证人出庭作证。辩护律师经人民检察院或者人民法院许可,并且经被害人或者其近亲属、被害人提供的证人同意,可以向他们收集与本案有关的材料。人民法院、人民检察院和公安机关,有权向有关单位和个人收集、调取证据,有关单位和个人应当如实提供。对涉及国家秘密、商业秘密和个人隐私的证据,应当保密。无论何方,伪造、隐瞒或者毁灭证据的,都必须受到法律追究。

二、模拟审判的质证

模拟审判的质证,是指在审判人员的主持下,当事人双方就法庭审理中提出

---

① 参见李国光主编,最高人民法院行政审判庭编著:《最高人民法院〈关于行政诉讼证据若干问题的规定〉释义与适用》,人民法院出版社 2002 年版,第 257 页。

的证据材料,围绕其真实性、关联性、合法性以及证明力等问题进行辨认和质对的诉讼活动。

质证的程序主要涉及证据出示,发问或讯问的顺序、方式和内容等。质证主要围绕证据的客观真实性、程序合法性、与案件的关联性以及与其他证据的关系等方面进行。

(1) 关于证据的真实性。真实性包括"形式真实性"与"内容真实性"两个维度。形式真实性是指证据的形式,或者证据内容的载体是真实的,而不论其是否客观如实地反映了案件事实。内容的真实性是指证据所显示的内容是真实的,能够反映案件的客观事实。①

(2) 关于证据的关联性。关联性是证据与案件之间的逻辑关系,即证据所要证明的问题是否属于本案之待证事实,证据对于证明对象是否具有证明力。

(3) 关于证据的合法性。合法性包括两个维度:一是证据是否符合法定的形式要求;二是证据是否以合法方式取得。

民事案件模拟审判中的质证,按下列顺序进行:① 原告出示证据,被告、第三人与原告进行质证;② 被告出示证据,原告、第三人与被告进行质证;③ 第三人出示证据,原告、被告与第三人进行质证。

行政案件模拟审判中的质证,可参照上述民事诉讼的质证顺序进行。

掌握民事、行政诉讼的质证顺序时,还应当注意:① 人民法院依照当事人申请调查收集的证据,作为提出申请的一方当事人提供的证据,由该方当事人在庭审中出示,并由对方当事人质证;② 人民法院依职权调查收集的证据应当在庭审时出示,听取当事人意见,并可就调查收集该证据的情况予以说明;③ 案件有两个以上独立的诉讼请求的,当事人可以逐个出示证据进行质证。

刑事诉讼中的质证,根据现行《刑事诉讼法》和有关的司法解释规定,一般按以下顺序进行:控诉方出示证据—辩控双方质证—辩护方出示证据—控辩双方质证。

下面是几种主要证据的质证方法和程序:

(一) 对书证、物证、视听资料的质证

1. 质证的原物、原件优先规则

对物证、书证、视听资料进行质证时,当事人应当出示证据的原件或原物,而

---

① 我国学界传统观点认为,证据的"三性"包括:客观性、关联性、合法性。但2015年最高人民法院颁布的《民诉法解释》将证据三性确定为"真实性、合法性以及与待证事实的关联性"。有论者认为,以"真实性"取代"客观性"不只是提法上的变化,更重要的是从内涵和逻辑上对本项质证内容进行合理的校正。一方面,证据的收集或形成过程必然夹杂个人的主观意志,因而证据本身很难完全达到客观性的要求。另一方面,案件事实在客观性上是绝对的,但人们对案件事实的认识总是相对的,要求质证主体在一定的时空条件下以其现有的认识能力去甄别和判断对方证据是否符合绝对的客观事实,有违认识规律。参见刘晓兵:《民事庭审质证的基本要素研究》,载《证据科学》2015年第3期。

且有权要求对方当事人出示原件或原物。视听资料应当当庭播放或者显示,并由当事人进行质证。但在下列两种情况中,可以出示复制件或复制品:① 出示原件或原物确有困难并经法庭准许的;② 原件或者原物已不存在,但可以出示其他证据证明复制件、复制品与原件或者原物一致的。

2. 质证的具体内容和范围

对书证、物证、视听资料的质证,当事人双方或控辩双方应当围绕下列问题进行:① 真伪、来源及是否为原件,视听资料的形成及时间、地点和周围的环境。② 与本案的联系及与其他证据的联系。③ 物证的属性或书证、视听资料的内容以及所要证明的问题。④ 取得证据的程序是否合法。⑤ 播放视听资料的设备是否可靠,视听资料是否被伪造、变造。⑥ 在民事、行政诉讼中出示的,是否在举证时限内提出,是否按照法律规定和人民法院的指定进行了证据交换。如果超过举证时限提出,就不能进行质证。在庭前的证据交换中,对于双方都没有争议的书证、物证、视听资料,经审判人员在庭审中说明后,也没有必要质证。⑦ 对于在刑事诉讼中出示的证据目录以外的书证、物证、视听资料,辩护方有权建议法庭不予采信,或者要求延期审理。

(二) 对证人和证人证言的质证

1. 证人的条件和范围

凡是知道案件情况的人,除不能正确表达意思的人以外,都可以作为证人。不能正确表达意思的人,不能作为证人。待证事实与其年龄、智力状况或者精神健康状况相适应的无民事行为能力人和限制民事行为能力人,可以作为证人。

2. 证人出庭作证的义务和可以不出庭的情况

证人有出庭作证的义务,但须经人民法院通知。

根据我国2021年《民事诉讼法》第76条与2002年《最高人民法院关于行政诉讼证据若干问题的规定》(以下简称《行政证据规定》)第41条的规定,民事、行政诉讼中的证人,存在下列不能出庭的特殊情况,经人民法院许可,可以通过书面证言、视听传播技术或者视听资料等方式作证:① 因健康原因不能出庭的;② 因路途遥远,交通不便不能出庭的;③ 因自然灾害等不可抗力不能出庭的;④ 其他有正当理由不能出庭的。

下列两种例外情况,证人不必再出庭作证:① 民事诉讼中的证人在人民法院组织双方当事人交换证据时出席陈述证言的,可视为出庭作证,因而不必再出庭作证;② 行政诉讼中的当事人在行政程序或者庭前证据交换中,对证言无异议的,经人民法院许可,庭审时证人也可以提交书面证言,因而也不必再出庭作证。

刑事诉讼中,证人符合下列情形时,经人民法院许可,可以不出庭作证:① 在庭审期间身患严重疾病或者行动极为不便的;② 居所远离开庭地点且交通极为不便的;③ 身处国外短期无法回国的;④ 有其他客观原因,确实无法出庭的。具有上述规定情形的,可以通过视频等方式作证。①

3. 申请和通知证人出庭作证的程序和条件

民事诉讼中,当事人申请证人出庭作证的,应当在举证期限届满前提出,并经人民法院许可。人民法院对当事人的申请予以准许的,应当通知申请人预缴证人出庭作证的费用,并在开庭审理前通知证人出庭作证,告知其应当如实作证及作伪证的法律后果,并责令其签署保证书。

行政诉讼中,当事人申请证人出庭作证的,应当在举证期限届满前提出,并经人民法院许可。人民法院许可证人出庭作证的,应当在开庭审理前通知证人出庭作证。当事人在庭审中要求证人出庭作证的,法庭可以根据审理案件的具体情况,决定是否准许以及是否延期审理。有下列情形之一的,原告或者第三人可以要求相关行政执法人员出庭说明②:① 对现场笔录的合法性或者真实性有异议的;② 对扣押财产的品种或者数量有异议的;③ 对检验的物品取样或者保管有异议的;④ 对行政执法人员身份的合法性有异议的;⑤ 需要出庭作证的其他情形。

刑事庭审过程中,控辩双方都可以提请审判长传唤证人出庭作证。

4. 证人出庭作证的要求

证人出庭作证,应当出示证明其身份的证件。出庭作证的证人不得旁听案件的审理。法庭询问证人时,其他证人不得在场,但组织证人对质的除外。证人出庭作证,应当客观陈述其亲身感知的事实,不得使用猜测、推断或者评论性的语言,不得以宣读事先准备的书面材料的方式陈述证言。证人言词表达有障碍的,可以用其他表达方式作证。证人拒绝签署或者宣读保证书的,不得作证,并自行承担相关费用。

5. 对出庭的"证人"以及不出庭证人的"书面证言"的质证方法和范围

审判人员以及经过人民法院许可的当事人,都可以对出庭的证人进行询问。询问证人时,不得使用威胁、侮辱及不适当引导证人的语言和方式,发问的内容应当与案件的事实有关。

对出庭证人进行质证时,可以从以下几个方面进行:① 证人本身的健康状况、心智水平以及案发时的外界环境和条件是否影响对案件的真实感知和陈述;② 证人是否与本案或者本案的当事人有利害关系;③ 证人作证是否受到外界的干扰或影响;④ 证人对案件的了解是否原始和直接;⑤ 证人的证言是否前后矛盾;⑥ 证人的证言能否被其他证据所推翻。

---

① 薄熙来案件审判时,其妻薄谷开来就是通过视频方式作证的。
② 值得注意的是,这里的行政执法人员不是证人,其人格被所属行政主体吸收。换言之,执法人员在执法时是被告行政机关的工作人员,所以其出庭说明相当于当事人的陈述。

对于未出庭证人提供的书面证言,除了可以从上述几个方面进行质证外,还可以从以下方面进行质证:① 证人不能出庭作证的原因及对本案的影响;② 证人证言的形式和来源是否合法,内容是否完整、准确。

(三) 对鉴定人和鉴定意见的质证

当事人要求鉴定人出庭接受询问的,鉴定人应当出庭。鉴定人因正当事由不能出庭的,经法庭准许,可以不出庭,由当事人对其书面鉴定意见进行质证。鉴定人不能出庭的正当事由与证人不出庭的情形相同。当事人对鉴定人的询问方式也与询问证人相同。当事人也可以根据 2021 年《民事诉讼法》第 82 条与 2022 年《民诉法解释》第 122 条的规定,申请 1 至 2 名具有专门知识的人出庭,代表其对鉴定意见进行质证,或对案件事实所涉专门问题提出意见,其在法庭上就专业问题提出的意见,视为当事人的陈述,其相关费用由提出申请的当事人承担。

对出庭的鉴定人和鉴定意见,可以从以下几个方面进行质证:① 鉴定人是否具有鉴定资格;② 鉴定人与案件本身或者案件的当事人是否具有利害关系;③ 鉴定的设备是否先进、方法是否科学,以及得出意见的推理过程是否符合逻辑;④ 作出鉴定意见的依据和材料是否可靠;⑤ 鉴定程序是否符合法律、有关规定;⑥ 鉴定意见是否明确;⑦ 鉴定意见与案件待证事实有无关联;⑧ 鉴定意见能否被其他证据推翻;等等。

对未出庭的鉴定人出具的鉴定意见,除了从上述方面进行质证外,还可以参照未出庭证人的书面证言的质证方式进行质证,也可以对当事人申请出庭的具有专门知识的人进行询问和对质。

(四) 对被告人供述和辩解的质证

刑事诉讼中,对被告人供述和辩解的质证,先由控诉方对被告人进行讯问或者询问,再由辩护人对被告人进行发问。被害人及其诉讼代理人、附带民事诉讼的原告人、辩护人的发问,必须经审判长的同意。对于控辩双方认为对方讯问或者发问的方式不当,或者内容与本案无关并提出异议的,审判长应当判明情况,予以支持或者驳回。公诉人向被告人提出威逼性、诱导性或者与本案无关的问题的,辩护律师有权提出反对意见。审判长对使用不正当的方式或者内容与本案无关的讯问、发问,可以根据情况予以制止。审判人员认为有必要时,也可以对被告人进行讯问。

对被告人的质证,可以从以下几个方面进行:① 进行供述和辩解的心理动机,是否有避重就轻或者包庇、隐瞒等情况;② 被告人供述和辩解的收集程序是否合法,是否有刑讯逼供或诱供、骗供等情况;③ 供述和辩解的内容本身是否有矛盾;④ 被告人的供述和辩解与其他证据的关系,是否有串供的可能。

三、模拟审判的认证

模拟审判的认证,是指审判人员对于当事人或者控辩双方经过举证和质证的证据材料,进行分析、研究和鉴别,决定证据的取舍和证明力的大小,并对案件事实作出认定的诉讼活动。它既包括对单个证据材料的个别认证,也包括对全案证据的综合审查判断和对案件事实的认定。

根据案件的性质不同,模拟审判中的具体认证规则各有不同:

(一) 民事案件模拟审判认证的具体规则

根据《民事诉讼法》和有关的司法解释,尤其是 2019 年《最高人民法院关于民事诉讼证据的若干规定》(以下简称《民事证据规定》)以及 2022 年《民诉法解释》的内容和精神,民事案件审判认证的具体规则包括:

1. 证据排除规则

根据 2022 年《民诉法解释》的规定,以严重侵害他人合法权益、违反法律禁止性规定,或者以严重违背公序良俗的方法形成或获取的证据,不能作为认定案件事实的依据。

2. 补强证据规则

根据 2019 年《民事证据规定》,下列证据不能单独作为认定案件事实的依据:① 当事人的陈述;② 无民事行为能力人或者限制民事行为能力人所作的与其年龄、智力状况或者精神健康状况不相当的证言;③ 与一方当事人或者其代理人有利害关系的证人陈述的证言;④ 存有疑点的视听资料、电子数据;⑤ 无法与原件、原物核对的复制件、复制品。根据 2019 年《民事证据规定》第 89 条,当事人在诉讼过程中认可的证据,人民法院应当予以确认,但是法律、司法解释另有规定的除外。当事人对认可的证据反悔的,人民法院应当责令其说明理由,必要时可以责令提供相应证据,人民法院应当结合当事人的诉讼行为能力、证据和案件的具体情况进行审查,理由成立的,可以列入争议焦点进行审理。

3. 适格证据的确认规则

对适格证据的确认分为对单一证据的审核认定与对案件全部证据的综合审查判断。前者可以从以下 5 个方面进行:① 证据是否为原件、原物,复制件、复制品与原件、原物是否相符;② 证据与本案事实是否相关;③ 证据的形式、来源是否符合法律规定;④ 证据的内容是否真实;⑤ 证人或者提供证据的人与当事人有无利害关系。后者应当从各证据与案件事实的关联程度、各证据之间的联系等角度对案件的全部证据进行综合审查判断。比如关于证人证言的认定,人民法院可以通过对证人的智力状况、品德、知识、经验、法律意识和专业技能等的综合分析作出判断。

4. 自认及排除自认的规则

根据2022年《民诉法解释》与2019年《民事证据规定》的规定，诉讼过程中，当事人在证据交换、询问、调查过程中，或者在起诉状、答辩状、代理词等书面材料中，明确承认对己方不利的事实即为自认，人民法院应当予以确认，另一方当事人无须举证证明。2019年《民事证据规定》还对拟制自认、委托诉讼代理人在诉讼中的自认、共同诉讼人的自认、限制自认、自认的限制、自认的撤销等作出了规定。其中，限制自认是指一方当事人对另一方当事人主张的于己不利的事实有所限制或者附加条件予以承认的，由人民法院综合案件情况决定是否构成自认（第7条）。自认的限制，一方面是指对于有可能损害国家利益、社会公共利益的事实，涉及身份关系的事实，涉及民事公益诉讼的事实，当事人有可能恶意串通损害他人合法权益的事实，涉及依职权追加当事人、中止诉讼、终结诉讼、回避等程序性事项的事实等，不适用自认的规定；另一方面是指自认的事实与已经查明的事实不符的，人民法院不予确认（第8条）。根据2022年《民诉法解释》第107条的规定，在诉讼中，当事人为达成调解协议或者和解协议作出妥协而认可的事实，不得在后续的诉讼中作为对其不利的根据，但是法律另有规定或者当事人均同意的除外。

5. 当事人拒不提供证据时的推定规则或曰证明妨害规则

根据2019年《民事证据规定》第95条，一方当事人控制证据无正当理由拒不提交，对待证事实负有举证责任的当事人主张该证据的内容不利于控制人的，人民法院可以认定该主张成立。

另外，根据2022年《民诉法解释》的规定，持有书证的一方当事人在人民法院依对方当事人申请责令其提交的情况下，无正当理由拒不提交的，人民法院可以认定申请人所主张的书证内容为真实；国家机关或者其他依法具有社会管理职能的组织，在其职权范围内制作的文书所记载的事项推定为真实，但有相反证据足以推翻的除外。

6. 证据采纳理由的说明规则

这个规则即心证公开的规定。根据2019年《民事证据规定》第97条，人民法院应当在裁判文书中阐明是否采纳证据的理由；对当事人无争议的证据，是否采纳的理由可以不在裁判文书中表述。另外，根据2022年《民诉法解释》第105条的规定，人民法院应当按照法定程序，全面、客观地审核证据，依照法律规定，运用逻辑推理和日常生活经验法则，对证据有无证明力和证明力大小进行判断，并公开判断的理由和结果。

(二) 行政案件模拟审判认证的具体规则

根据《行政诉讼法》和有关的司法解释,尤其是 2002 年《行政证据规定》[①]的内容和精神,行政案件审判认证不仅应当对未采纳的证据在裁判文书中说明理由,而且不得将非法手段取得的证据作为认定案件事实的根据,还包括以下具体规则:

1. 证据排除规则

根据 2002 年《行政证据规定》第 57 条、第 58 条、第 59 条,下列证据材料不能作为定案依据:

(1) 严重违反法定程序收集的证据材料;
(2) 以偷拍、偷录、窃听等手段获取的侵害他人合法权益的证据材料;
(3) 以利诱、欺诈、胁迫、暴力等不正当手段获取的证据材料;
(4) 当事人无正当事由超出举证期限提供的证据材料;
(5) 在中华人民共和国领域外或者在中华人民共和国香港特别行政区、澳门特别行政区和台湾地区形成的未办理法定证明手续的证据材料;
(6) 当事人无正当理由拒不提供原件、原物,又无其他证据印证,且对方当事人不予认可的证据的复制件或者复制品;
(7) 被当事人或者他人进行技术处理而无法辨明真伪的证据材料;
(8) 不能正确表达意志的证人提供的证言;
(9) 以违反法律禁止性规定或者侵犯他人合法权益的方法取得的证据材料;
(10) 被告在行政程序中依照法定程序要求原告提供证据,原告当时依法应当提供而拒不提供,却在诉讼程序中提供的证据;
(11) 不具备合法性和真实性的其他证据材料。

2. 被诉行政行为合法性证据排除规则

根据 2002 年《行政证据规定》第 60 条、第 61 条、第 62 条,下列证据不能作为认定被诉行政行为合法的依据:

(1) 被告及其诉讼代理人在作出具体行政行为后或者在诉讼程序中自行收集的证据;
(2) 被告在行政程序中非法剥夺公民、法人或者其他组织依法享有的陈述、申辩或者听证权利所采用的证据;
(3) 原告或者第三人在诉讼程序中提供的、被告在行政程序中未作为具体

[①] 2002 年最高人民法院根据 1989 年《行政诉讼法》制定《行政证据规定》,2014 年《行政诉讼法》通过实施后,最高人民法院并未对此规定进行修正,因此法条中仍留有 1989 年《行政诉讼法》的痕迹。如仅规定了认定"具体行政行为"合法的依据,将鉴定程序形成的文件称为"鉴定结论"等。

行政行为依据的证据；

（4）复议机关在复议程序中收集和补充的证据，或者作出原具体行政行为的行政机关在复议程序中未向复议机关提交的证据，不能作为人民法院认定原具体行政行为合法的依据；

（5）对被告在行政程序中采纳的鉴定结论，原告或者第三人提出证据证明有下列情形之一的，人民法院不予采纳：其一，鉴定人不具备鉴定资格；其二，鉴定程序严重违法；其三，鉴定结论错误、不明确或者内容不完整。

另外，根据2018年2月8日起施行的《行诉法解释》第141条的规定，当事人在调解中对民事权益的处分，不得作为审查被诉行政行为合法性的根据。

3. 补强证据规则

根据2002年《行政证据规定》第71条，下列证据不能单独作为定案依据：

（1）未成年人所作的与其年龄和智力状况不相适应的证言；

（2）与一方当事人有亲属关系或者其他密切关系的证人所作的对该当事人有利的证言，或者与一方当事人有不利关系的证人所作的对该当事人不利的证言；

（3）应当出庭作证而无正当理由不出庭作证的证人证言；

（4）难以识别是否经过修改的视听资料；

（5）无法与原件、原物核对的复制件或者复制品；

（6）经一方当事人或者他人改动，对方当事人不予认可的证据材料；

（7）其他不能单独作为定案依据的证据材料。

4. 最佳证据规则

根据2002年《行政证据规定》第63条，证明同一事实的数个证据，其证明效力一般可以按照下列情形分别认定：

（1）国家机关以及其他职能部门依职权制作的公文文书优于其他书证；

（2）鉴定结论、现场笔录、勘验笔录、档案材料以及经过公证或者登记的书证优于其他书证、视听资料和证人证言；

（3）原件、原物优于复制件、复制品；

（4）法定鉴定部门的鉴定结论优于其他鉴定部门的鉴定结论；

（5）法庭主持勘验所制作的勘验笔录优于其他部门主持勘验所制作的勘验笔录；

（6）原始证据优于传来证据；

（7）其他证人证言优于与当事人有亲属关系或者其他密切关系的证人提供的对该当事人有利的证言；

（8）出庭作证的证人证言优于未出庭作证的证人证言；

（9）数个种类不同、内容一致的证据优于一个孤立的证据。

5. 自认及排除自认的规则

根据2002年《行政证据规定》第65条,庭审中一方当事人或者其代理人在代理权限范围内对另一方当事人陈述的案件事实明确表示认可的,人民法院可以对该事实予以认定。但有相反证据足以推翻的除外。根据《行政证据规定》第66条,在行政赔偿诉讼中,人民法院主持调解时当事人为达成调解协议而对案件事实的认可,不得在其后的诉讼中作为对其不利的证据。

6. 电子证据规则

根据2002年《行政证据规定》第64条,以有形载体固定或者显示的电子数据交换、电子邮件以及其他数据资料,其制作情况和真实性,经对方当事人确认,或者以公证等其他有效方式予以证明的,与原件具有同等的证明效力。

7. 被告拒不提供证据时的推定规则

根据2002年《行政证据规定》第69条,原告确有证据证明被告持有的证据对原告有利,被告无正当事由拒不提供的,可以推定原告的主张成立。

(三) 刑事案件模拟审判认证的具体规则

我国现行刑事案件审判认证的具体规则,主要参见2018年《刑事诉讼法》和2021年《刑诉法解释》,还要注意2010年7月1日施行的"两院三部"(最高人民法院、最高人民检察院、公安部、国家安全部、司法部)的两个司法解释:《关于办理刑事案件排除非法证据若干问题的规定》和《关于办理死刑案件审查判断证据若干问题的规定》。大致归纳如下:

1. 非法证据排除规则

根据2018年《刑事诉讼法》第56条至第60条的规定,严禁刑讯逼供和以暴力、威胁等非法方法收集证据。凡经查证确属上述非法方法取得的证人证言、被害人陈述、犯罪嫌疑人和被告人供述,应当予以排除;对于不符合法定程序收集的物证、书证,可能严重影响司法公正的,应当予以补正或者作出合理解释,否则,对该证据应当予以排除。

2. 不轻信口供的规则

2018年《刑事诉讼法》第55条规定:"对一切案件的判处都要重证据,重调查研究,不轻信口供。只有被告人供述,没有其他证据的,不能认定被告人有罪和处以刑罚。没有被告人供述,证据确实、充分的,可以认定被告人有罪和处以刑罚。证据确实、充分,应当符合以下条件:(一)定罪量刑的事实都有证据证明;(二)据以定案的证据均经法定程序查证属实;(三)综合全案证据,对所认定事实已排除合理怀疑。"

3. 原始证据优先规则

2021年《刑诉法解释》第83条、第84条规定:

(1) 据以定案的物证应当是原物。原物不便搬运、不易保存,依法应当返还或者依法应当由有关部门保管、处理的,可以拍摄、制作足以反映原物外形和特征的照片、录像、复制品。必要时,审判人员可以前往保管场所查看原物。物证的照片、录像、复制品,不能反映原物的外形和特征的,不得作为定案的根据。物证的照片、录像、复制品,经与原物核对无误、经鉴定或者以其他方式确认真实的,可以作为定案的根据。

(2) 据以定案的书证应当是原件。取得原件确有困难的,可以使用副本、复制件。对书证有更改或者更改迹象不能作出合理解释,或者书证的副本、复制件不能反映原件及其内容的,不得作为定案的根据。书证的副本、复制件,经与原件核对无误、经鉴定为真实或者以其他方式确认为真实的,可以作为定案的根据。

4. 定案证据必须当庭出示、辨认和质证的规则

根据2018年《刑事诉讼法》第50条第2款、第61条的规定,证据必须经过当庭出示、辨认、质证等法庭调查程序查证属实,否则不能作为定案的根据;证人证言必须经公诉人、被害人和被告人、辩护人双方质证,并且查证属实后,才能作为定案的根据。如果证人有意作伪证,或者隐匿罪证,一经法庭查明,应当依法处理。

第六节 模拟审判的基础建设

一、模拟法庭的场所建设

模拟审判是法学教育不可缺少的一个环节,要使这一环节达到教学目的,模拟法庭的场所建设是必不可少的。模拟法庭就好比理工科的实验室,现在在开设法学专业的院校,不少是把模拟法庭列入实验室来进行建设和日常管理的。模拟审判活动基本上是在模拟法庭进行的,模拟法庭的建设是模拟审判的前提和物质保障,应当从"硬件"和"软件"两个方面进行。

(一) 模拟法庭的"硬件建设":场所建设和设施建设

模拟法庭的"硬件建设"包括两个方面:场所建设和设施建设。

场所建设是指场所的选定和装修。模拟法庭以面积为150—200平方米、能容纳200—300人旁听的专门场所为宜。具体装修可以参照人民法院的真实中型法庭实行,可以考虑在法庭的正面标明"模拟法庭"的字样。有条件的法学院系,可以将模拟法庭装修成为集法律讲座、案例讨论、学术沙龙和英美法系陪审团制模拟法庭等诸多功能于一体的"多功能模拟法庭"。

模拟法庭的设施建设是指模拟法庭里的配套设备建设和正规的法庭有些不同。模拟法庭不仅要配备正规法庭的基本设施,如法袍和法槌等,还要为公诉人、律师、法警等角色配备相应的服饰。

模拟法庭的硬件建设一定要正规,这不仅可以让学生有一个标准的模拟审判场所,渲染庭审气氛,促使学生角色到位,而且可以作为正式法庭邀请人民法院来模拟法庭审理真实案件,让学生能在校内观摩人民法院的审判活动,创造"请进来"的基本条件。

(二) 模拟法庭的"软件建设":审判规则的拟定

对于常规的模拟审判实习而言,模拟审判规则的拟定其实属于模拟法庭基地的"软件建设"范围,不是每个案件都必须进行,但这是模拟法庭作为法学实验得以正常运转必不可少的。拟定模拟审判的规则,主要是为了让大家了解模拟审判的基本知识和注意事项。固定的模拟法庭应该将这些简要的规则悬挂在显眼的位置,使旁听的群众和学生能够一目了然。主要包括模拟法庭简介、法庭纪律、举证和质证规则、模拟审判操作规则和模拟审判考评规则等。

1. 模拟法庭简介

应该对该模拟法庭的历史沿革、实习接待能力、固定资产、师资力量、社会资源,以及该模拟法庭的教学宗旨、教学特色等,予以介绍。突出模拟法庭功能的研究开发和实施,改革传统高校模拟法庭"重形式轻内容、重表演轻习练、重模仿轻创新"的弊端,真正做到模拟法庭进课堂、进头脑,充分发挥模拟法庭示范、习练、评价和创新功能,成为联系理论学习和实践操作的桥梁。并在某种程度上弥补司法实习耗时、面窄的局限,增强学生综合运用法律的能力。

2. 模拟审判的法庭纪律

诉讼参与人应当遵守法庭纪律,不得喧哗、吵闹;发言、陈述和辩论,须经审判长许可。公开审理的案件,允许公民旁听。

根据2016年修订的《中华人民共和国人民法院法庭规则》(以下简称《人民法院法庭规则》)第9条的规定:公开的庭审活动,公民可以旁听。旁听席位不能满足需要时,人民法院可以根据申请的先后顺序或者通过抽签、摇号等方式发放旁听证,但是应当优先安排当事人的近亲属或者其他与案件有利害关系的人旁听。下列人员不得参加旁听:① 证人、鉴定人以及准备出庭提出意见的有专门知识的人;② 未获得人民法院批准的未成年人;③ 拒绝接受安全检查的人;④ 醉酒的人、精神病人或者其他精神状态异常的人;⑤ 其他有可能危害法庭安全或者妨碍法庭秩序的人。依法有可能封存犯罪记录的公开庭审活动,任何单位或个人不得组织人员旁听。依法不公开的庭审活动,除法律另有规定外,任何人不得旁听。

全体人员在庭审活动中,应当服从审判长或者独任审判员的指挥,尊重司法礼仪,遵守法庭纪律,不得实施下列行为:① 鼓掌、喧哗;② 吸烟、进食;③ 拨打或接听电话;④ 对庭审活动进行录音、录像、拍照或使用移动通信工具传播庭审活动;⑤ 其他危害法庭安全或妨害法庭秩序的行为。检察人员、诉讼参与人发言或提问,应当经审判长或独任审判员许可。旁听人员不得进入审判区,不得随意站立、走动,不得发言和提问。媒体记者经许可对庭审进行录音、录像、拍照或使用移动通信工具传播庭审活动的,应当在指定的时间及区域进行,不得影响或干扰庭审活动。

对违反法庭纪律的人,人民法院可以予以训诫、责令退出法庭或者予以罚款、拘留。对严重扰乱法庭秩序的,可以依法追究刑事责任。

3. 模拟审判的举证和质证规则

(1) 模拟审判的举证规则。当事人或律师的扮演者在举证时,应向法庭说明证据的形式、内容、来源以及所要证明的问题,并特别注意根据案件的性质突出证据来源与取得证据的程序的合法性、证据内容的真实性、证据与案件以及证据与证据之间的关联性。对本方举证,如果对方提出异议的,应当有针对性地进行辩论,维护本方证据的可信性。

(2) 模拟审判的质证规则。任何当事人有争议的证据必须经过当庭质证,否则不予认证。法庭调查应根据案件的性质(刑事、民事或行政案件)和不同证据形式的特点进行,注意从证据的真实性、关联性和合法性进行质证。

(3) 模拟审判的主要证据形式。① 刑事诉讼证据(2018 年《刑事诉讼法》第 50 条第 2 款)共 8 种:物证;书证;证人证言;被害人陈述;犯罪嫌疑人、被告人的供述和辩解;鉴定意见;勘验、检查、辨认、侦查实验等笔录;视听资料、电子数据。② 民事诉讼证据(2021 年《民事诉讼法》第 66 条第 1 款)共 8 种:当事人的陈述;书证;物证;视听资料;电子数据;证人证言;鉴定意见;勘验笔录。③ 行政诉讼证据(2017 年《行政诉讼法》第 33 条第 1 款)共 8 种:书证;物证;视听资料;电子数据;证人证言;当事人的陈述;鉴定意见;勘验笔录、现场笔录。

4. 模拟审判的操作规则

(1) 设施维护和管理。所有师生必须爱护法庭的一切设施。每次开庭前由当庭小组长负责组织 3—4 人提前一天清扫,务求几净窗明。提前一天到系办领取服装,注意保护,损坏照赔。每次庭审后,务必在当天下班以前交还服装。领送服装必须经过有关老师验收,如有破损问题,必须当场声明并记录。

(2) 庭前准备。每次开庭的模拟审判小组务必在前两天将本组的案情简介及案由、人员分工等情况书面汇报指导教师并将此内容写在法庭的黑板上,此项工作由小组长负责。

(3) 庭审课堂。每次 2 个课时,分准备、庭审、即兴问答、统计分数和案例讨论等五个阶段。庭审阶段根据案件的性质分开庭、法庭调查、法庭辩论、合议庭评议、宣告判决等。

(4) 其他事宜。班长、学习委员应配合任课教师或辅导员请送校外专家及负责有关的接待工作。

5. 模拟审判的考评规则

（1）考评内容。① 模拟法庭现场表现情况;② 本组文书制作情况;③ 出勤情况;④ 模拟审判实习心得和实习小结的情况。

（2）考评重点。模拟审判实习的中心是模拟开庭。因此学生模拟法庭中的表现是考评重点,对该部分的考评应有一套比较科学和详细的方案,各院校可根据自身具体情况制作具体方案。

可将所有同学均分为若干审判小组,每组大约11—15人;各组推选1名小组长,由各组长(被评组的组长除外)与老师或校外兼任指导教师的法官、检察官或者律师组成评委。按标准分项积分,然后将所有评定的最终得分进行平均,即为各人的模拟法庭现场成绩分数。模拟法庭现场评分表可由被评同学事先填好姓名、学号、本组案由和扮演角色等,并贴上照片或提供其他身份识别信息,然后由各评委在7大板块中勾选,再在右下角统计最终得分并签名。具体考察因素及评分标准可参见表1。

（3）考评办法。具体考评办法可用百分制或等级制。

表1 模拟法庭现场评分表

被评同学姓名		学号		照片（身份识别）
本组案由		扮演角色		

序号	板块名称	板块分值	考察因素	板块等级	等级分值	得分勾选项
1	本组选题	10	本组所选案例的典型性、难易度、新颖性以及与社会现实联系的紧密程度等	优	10	
				良	8	
				中	6	
				差	4	
2	实体法知识	20	实体法基本知识点的掌握情况,有无常识性错误,是否能将部门法知识融会贯通	优	20	
				良	16	
				中	12	
				差	8	
3	仪表形象	10	个人的仪表是否端庄、严肃,是否与本人所扮演角色的精神气质相符	优	10	
				良	8	
				中	6	
				差	4	

（续表）

序号	板块名称	板块分值	考察因素	板块等级	等级分值	得分勾选项
4	语言表达	10	是否使用普通话，声音洪亮，语速掌握恰当，表述准确等	优	10	
				良	8	
				中	6	
				差	4	
5	庭审技巧	20	语言是否具有说服力、艺术性、理论性，能否把握举证、质证以及认证、论辩等庭审技巧	优	20	
				良	16	
				中	12	
				差	8	
6	现场回答	10	相关知识的掌握以及临机应断的能力，回答较好的为优或良，错误为差、没有被提问的为中	优	10	
				良	8	
				中	6	
				差	4	
7	本组表现	20	本组角色分工合作的协调性，庭审气氛、程序、手续、方法是否得当，角色精神面貌、裁判结果是否体现程序和实体公正等	优	20	
				良	16	
				中	12	
				差	8	
所有板块的总分值		100	评委签名：	最终得分		

二、观摩基地建设

观摩是模拟审判一个重要环节，建立一个稳定的观摩基地，可以使模拟审判事半功倍。有条件的学校可以分别在基层人民法院、中级人民法院、高级人民法院建立观摩基地。至少应在基层人民法院和中级人民法院建立观摩基地，以保证学生有机会观摩到第一审和第二审案件，了解第一审程序和第二审程序的实际运作情况。为了观摩基地的稳定性，应注意与人民法院保持良好的联系与沟通。有时也可以邀请人民法院到模拟法庭审理真实案件，由学生在校观摩人民法院的审判活动。

三、案例库建设

案例库的建设包括两个方面：一是典型案件的收集；二是模拟审判案件档案归档建设。

典型案件的收集是指通过各种途径收集国内外有代表性的案例，以备学生模拟实习时选用。模拟审判案件档案归档建设是让学生将其模拟审判的案件按人民法院真实的建档要求建档归档，以锻炼学生的案卷建档归档能力，同时方便下一届学生借用、学习、参考。

案例库的建设不仅是模拟法庭建设的需要,也是案例教学的基本条件,因此加强案例库的建设是一举两得之事。

第七节　模拟审判的组织实施

一、现场观摩

现场观摩是指组织学生到真实的审判现场,去旁听、观摩人民法院审理真实的案件。这是模拟审判不可缺少的一个环节,却往往被忽视。被忽视的重要原因是对现场观摩在模拟审判中的作用认识不够。

现场观摩具有以下重要作用:其一,有利于学生了解现实的审判活动,对审判工作形成感性认识;其二,有利于学生创新与思考。学生观摩了真实审判或示范性的模拟审判之后,会主动地把自己所学与书本知识进行比较,会发现许多问题或疑惑,对这些问题或疑惑的思考,会促使学生认识司法实践的问题,深化学生对书本知识的认识和研究,有利于知识的创新。

值得注意的是,现场观摩可灵活选择时间,并非一定要等到模拟审判的实习时间,可在模拟审判之前根据实情,特别是观摩基地的审判情况,予以合理的安排。

二、模拟审判案例的选取

模拟审判案例的选取,应该根据本次模拟审判实习的任务,有针对性地进行。案件可以是国内外已经公布的成案,也可以是正在诉讼过程中的疑案和新案。可以每个审判小组选取互不相同的案件,比如民事模拟审判实习,可以分别选取知识产权、房地产、人身侵权、婚姻财产继承、合同纠纷等不同案件;也可以每两个审判小组选取一个相同的案件,以便相互比较、参照和借鉴。具体案件由每个审判小组先自行确定,然后报指导教师最后确定。这样不仅可以调动学生的积极性,也可以避免重复,让同学们在同一次模拟审判实习中接触到同类诉讼性质的不同案件,互相指正、互相学习,不仅做"当局者",而且做"旁观者"。

在案例选取时,要给予必要的咨询和引导,对选定的案件可以进行适当的技术处理,如对真实案件的当事人和人民法院改用化名等。案件难易要适度,而且要注意典型性,尽量选取可辩性较强的案件。如果案件是指导教师亲自承办或者从附近的人民法院查阅复印的案卷,切忌对审判结果先入为主,除了依照法定程序进行必要的庭前证据交换外,庭审前控辩双方的诉讼意见必须相互保密,千万不能"联合办案"或者"未审先定",这样才能保证公正审判结果的"自然得出"。

三、模拟审判的角色分工

每次模拟审判实习在分组后,各小组内部要进行角色分工。每个同学在明确了自己的角色分工后,要学习角色的职业道德、行业规范,尽快地进入角色:

扮演审判人员的同学,要明确合议庭中审判长的职责范围,根据情况决定是否确立主审法官,其他审判人员到底是审判员,还是人民陪审员。合议庭成员之间要对庭审的指挥过程有一个内部分工,要共同学习法官职业道德、法槌的使用规定和法官袍的穿着规定等。

扮演检察人员的同学,要明确案件审理中检察机关的公诉和法律监督双重任务,内部也要进行分工合作,要共同学习检察官职业道德和检察官着装规定等。

扮演辩护人或代理人的同学,要明确律师的权利义务和职业道德,如果是公民辩护或代理,要注意与律师辩护或代理的区别。

扮演当事人的同学,要使自己融入案件的利害关系中去,从当事人的角度来看待和处理问题。

扮演证人、鉴定人的同学,也要注意自身的诉讼权利和义务,诚实客观地作证或者鉴定。

模拟审判的角色分工,要尽可能做到每个学生在各次模拟审判中承担不同的角色,这样才能保证每个同学得到全面的法律训练。

四、模拟审判庭审前准备

模拟审判的审前准备,是在短时间内将庭审前的准备工作模拟一次。主要包括模拟法庭庭审材料的准备,送达起诉状副本和举证通知书,进行必要的庭前证据交换,公告开庭的时间、地点和案由等。

(一) 模拟法庭庭审材料的准备

参加模拟审判的学生进行分组和诉讼角色分工后,就应当根据各自的角色准备相应的材料。在刑事案件中,公诉人应当准备起诉书、公诉意见书,辩护人应当准备辩护词,被告人应当准备法庭上的发言,被害人应当准备法庭上陈述的内容,附带民事诉讼当事人应当准备起诉状和答辩词。

在民事案件和行政案件中,原告应当准备起诉状,被告应当准备答辩状;双方代理人应当准备代理词。

在各类案件中担任合议庭组成人员的同学,应当准备庭审提纲;担任证人、鉴定人的同学,应当准备好证人证言和鉴定意见等。

(二) 送达起诉状副本和举证通知书

模拟审判选定的案例经过指导教师的审查同意后,控(原告)方按照法定程序提交起诉书(状)。扮演合议庭成员和书记员的同学,要将起诉书(状)副本和举证通知书送达对方当事人。举证通知书要载明举证责任的分担、举证的时限和逾期举证的法律后果,等等。

(三) 进行必要的庭前证据交换

为了使当事人的扮演者能够彼此了解对方持有的证据,防止证据突袭,应尽快确定双方的争议焦点,为开庭审理的顺利进行做准备。

在民事、行政案件的开庭审理之前,可以由选定的审判人员主持,诉讼双方当事人彼此交换已方持有的证据。庭前证据交换可以依当事人的申请进行。对于证据较多或者复杂疑难的案件,合议庭应当组织当事人在答辩期届满后、开庭审理前交换证据。

证据交换的具体时间,可以由当事人协商一致并经合议庭认可,也可以由合议庭指定;合议庭组织当事人交换证据的,交换证据之日举证期限届满。当事人申请延期举证经合议庭准许的,证据交换日期相应顺延;当事人收到对方交换的证据后提出反驳并提出新证据的,合议庭应当通知当事人在指定时间进行交换。在证据交换的过程中,审判人员对当事人无异议的事实、证据,应当记录在卷;对有异议的证据,按照需要证明的事实分类记录在卷,并记载异议的理由。

证据交换一般不超过两次。但重大、疑难和案情特别复杂的案件,合议庭认为确有必要再次进行证据交换的除外。模拟审判可据此设计相应环节。

(四) 公告开庭的时间、地点和案由

这种公告可以用海报形式在校园内张贴,也可以利用微信、QQ、网络公告等方式,欢迎其他院系的同学旁听,尽量做到庭审气氛与真实审判一样。

五、模拟审判的排练、演出与点评、总结

(一) 模拟审判的排练、演出

模拟审判的排练是学生自我熟悉案件和审判程序的重要环节,也是学生自我发现问题的重要过程。学生拿到案例之后,应当根据角色分工,积极进入角色,自行排练。排练的地点可以在模拟法庭,也可以在教室,但不管在何处排练,都应按正式场景进行,排练的目的就是对正式开庭进行预演,以便发现问题,对各种庭审程序和角色加深理解。在排练过程中,应当主动邀请指导老师现场指导,及时发现问题予以纠正。排练可多次进行,直到满意为止。

演出是在正式的模拟法庭公开会演,就像人民法院真实审理案件一样,要营造一种在场的每一个人都能感受到的真实开庭的氛围。

(二) 对整个模拟审判的过程和结果进行讨论和点评

这种讨论和点评,可以由指导教师组织学生在模拟法庭现场进行,也可以在模拟审判实习结束后,由指导教师根据学生提交的实习作业和实习心得,加上各组的临场表现,组织集中讨论并进行点评。这样不仅可以加深学生对实体法和程序法知识的理解和把握,而且还可以使学生得到法学理论上的提升。

(三) 对模拟审判教学文件的整理和归档

整理每次模拟审判后的学生作业和案卷材料,以及教师撰写的实习大纲、实习总结分析等材料,将其装订成册并且归档,不仅可以为以后的教学提供借鉴,而且可以提高学生的总结分析能力。这是模拟法庭软件建设中最常规、最关键的一环。

第二章 剧本(一):民事第一审案件普通程序①

第一节 案情简介及争议焦点

一、案情简介

原告:宋阿珍,女,1967年1月5日出生,住海北省滨海市滨江区×小区×栋×号房。

被告:胡小芳,女,1980年1月11日出生,住海北省滨海市滨江区×小区×栋×号房。

被告:王阿平,男,1962年11月26日出生,住海北省滨海市滨江区×小区×栋×号房。

案由:财产损害赔偿纠纷。②

王阿平与宋阿珍是一对结婚三十年的夫妻,两人育有一个女儿。随着年龄渐长,王阿平还想再要一个男孩子。胡小芳经朋友介绍认识王阿平,闲谈中知道王阿平有生子意愿,两人协商一致后,共同前往国外制作试管婴儿,由王阿平提供精子,筛选国外卵子库中的优质卵子合成受精卵植入胡小芳腹中。经过多次的试验,最终胡小芳生下了孩子,王阿平是他们的生物学父亲。

从怀孕至产后,王阿平在妻子宋阿珍不知情的情况下,多次向胡小芳转账或购置房产,总额高达1000万元,甚至还向胡小芳出具了条据,载明:"我愿意将以前所给予或借支给胡小芳的1000万元,作为孩子的抚养费、教育费(0—18周

---

① 本剧本系根据真实案例改编。原剧本系根据最高人民法院1997年的庭审示范片《走向法庭:民事经济案件庭审示范》改编而成。本书前三版都在保留该剧本的基础上根据法律修改情况进行了微调。本次再版考虑原剧本所发生的真实案件距今较为久远,已不具备当初的"典型意义"。在这种情况下,本次再版更换了当前民事审判中的热点案例,并在保留原有程序架构基础上进行了新的编排与演绎。

② 民事案件案由是民事诉讼案件的名称,反映案件所涉及民事法律关系的性质,是人民法院对诉讼争议所包含的法律关系的概括,是人民法院进行案件管理的重要手段。值得注意的是,当事人起诉的法律关系与实际诉争的法律关系不一致的,人民法院结案时应当根据法庭查明的当事人之间实际存在的法律关系的性质,相应变更案件的案由。最高人民法院于2000年10月30日首次制发《民事案件案由规定(试行)》(法发〔2000〕26号);2008年2月4日,最高人民法院对《民事案件案由规定(试行)》进行了修改,发布《民事案件案由规定》(法发〔2008〕11号);2011年2月18日,最高人民法院发布《关于修改〈民事案件案由规定〉的决定》(法〔2011〕41号),对2008年2月4日制发的《民事案件案由规定》进行了第一次修改;2020年12月29日,最高人民法院印发《关于修改〈民事案件案由规定〉的决定》(法〔2020〕346号),对《民事案件案由规定》进行了第二次修正。关于民事案由功能的探讨,可参见曹建军:《民事案由的功能:演变、划分与定位》,载《法律科学》2018年第5期。

岁),孩子由胡小芳抚养,永不反悔。如果我老婆提出异议,该笔钱即为夫妻共同财产的个人财产,系我个人自愿。"

此事件被宋阿珍发现后,以王阿平和胡小芳为被告向第一审人民法院起诉并请求:确认王阿平支付给胡小芳1000万元的处分行为无效;判令被告胡小芳返还财产1000万元。

二、争议焦点

(1) 夫妻一方在婚姻关系存续期间未经配偶同意处置夫妻共同财产的法律效力。

(2) 代孕行为的法律效力。

第二节 本案的真实开庭审理

序幕 审理前的准备

根据现行的民事诉讼法律规定及本案的实际情况,审理前的准备工作主要如下:

(1) 登记立案并发送诉讼文书。人民法院接到原告的起诉状后,应当予以登记立案,并在法定期限内分别向其他当事人(包括被告和第三人)发送应诉通知书、举证通知书和起诉书、答辩状副本。

(2) 追加当事人。决定是否追加原告、被告或第三人,并通知被追加的当事人参加诉讼。

(3) 组成合议庭。确定合议庭组成人员名单并告知当事人申请回避等诉讼权利。

(4) 调查收集必要的证据,或者委托鉴定,要求当事人提供证据,进行勘验和证据保全。人民法院调查取证一般依当事人申请,必要时也可以依照法律规定的职权范围主动进行。

(5) 组织庭前证据交换。可以依当事人申请或者依照法律规定主动进行。

(6) 财产保全、证据保全或者先予执行。这些庭前的活动都只能依当事人申请进行。

(7) 召开庭前会议。以明确诉讼请求和答辩意见,归纳争议焦点,进行调解等。准备庭审提纲。合议庭成员在明确分工的前提下,对开庭审理分别进行针对性的准备。

(8) 公告和通知开庭。在法定期限内进行开庭公告、送达传票和开庭通知书。

第一幕　开庭准备

时间:2022年3月25日上午9时。

地点:滨江区人民法院第一审判庭。

法庭内。审判台中央上方,鲜艳的国徽格外引人注目。

黑里透红的审判台,比原告和被告席位高30到60厘米,显得庄严、沉稳;审判台中央审判长的法椅比两旁的审判员法椅略高。

审判台正中下边是书记员席位。

原告、被告及其诉讼代理人席位分列审判台两边相对而设;第三人及其诉讼代理人席位在被告及其代理人席位一侧。

与审判台相对而设的是证人、鉴定人席位。

书记员在开庭前查明当事人及其他诉讼参与人到庭情况,核查要点提示:

(1)书记员核查顺序为:原告、被告、第三人及其法定代表人或主要负责人;诉讼代表人;委托代理人;其他诉讼参与人。如有诉讼参与人未到庭的,应立即报告审判长处理。原告经传票传唤,无正当理由拒不到庭的,或者未经法庭许可中途退庭的,可以按撤诉处理;被告经传票传唤无正当理由拒不到庭的,或者未经法庭许可中途退庭的,可以缺席判决。如果当事人和其他诉讼参与人有正当理由没有到庭的,人民法院可以延期开庭审理。

(2)自然人出庭的,应提交居民身份证;法人或其他组织出庭的,应提交组织机构代码证、营业执照副本、法定代表人(或负责人)身份证明;诉讼代表人出庭的,应提交本人居民身份证、共同诉讼的当事人推选其为代表人的证明。

(3)诉讼代理人出庭的,除应提交授权委托书外,还应当向法庭提交下列材料:① 律师应当提交律师执业证、律师事务所所函;② 基层法律服务工作者应当提交法律服务工作者执业证、基层法律服务所出具的介绍信以及当事人一方位于本辖区内的证明材料;③ 当事人的近亲属应当提交身份证件和与委托人有近亲属关系的证明材料;④ 当事人的工作人员应当提交身份证件和与当事人有合法劳动人事关系的证明材料,主要是社保证明与劳动合同;⑤ 当事人所在社区、单位推荐的公民应当提交身份证件、推荐材料和当事人属于该社区、单位的证明材料;⑥ 有关社会团体推荐的公民应当提交身份证件和符合《民诉法解释》第87条规定条件的证明材料。

(4)有证人、鉴定人、勘验人、检查人、具有专门知识的人员出庭的,书记员在核对其身份后,应请其退席,等候传唤。

(5)对于公开开庭审理的案件,书记员应当检查参加旁听的人员是否适合,是否有现场采访的记者。发现未成年人(经批准的除外)、精神病人和醉酒的人以及其他不宜旁听的人旁听开庭的,应当请其退出法庭。发现有记者到庭采访的,应当确认其是否办理了审批手续,如未经批准,则告知其不得录音、录像和摄影,但应当允许记者作为旁听人员参加旁听和记录。

(旁听席里座无虚席。人们一边等待,一边窃窃私语。)

双方当事人及其诉讼代理人进入法庭,在各自的席位上就座。书记员入座。

书记员:核对双方当事人及其委托诉讼代理人的基本情况。

原告:宋阿珍,女,1967年1月5日出生,汉族,住海北省滨海市滨江区×小区×栋×号房。(到庭)

委托诉讼代理人(以下称"原告代"):王均平,上海众合律师事务所律师。(到庭,特别授权)

被告(以下称"被告一"):胡小芳,女,1980年1月11日出生,汉族,住海北省滨海市滨江区×小区×栋×号房。(到庭)

委托诉讼代理人(以下称"被告一代"):马季奇,北京华田律师事务所律师。(到庭,一般授权)

被告(以下称"被告二"):王阿平,男,1962年11月26日出生,汉族,住海北省滨海市滨江区×小区×栋×号房。(未到庭)

委托诉讼代理人(以下称"被告二代"):陈自立,广东正大律师事务所律师。(到庭,特别授权)

书记员:(对着话筒)请大家安静!(嗡嗡的窃窃私语声渐渐消失)

书记员:现在宣布法庭纪律。(略停一下)当事人、其他诉讼参与人、旁听人员必须遵守下列纪律:

(1)到庭的所有人员,一律听从审判长统一指挥,遵守法庭秩序;

(2)不得录音、录像和摄影;

(3)不得随意走动,旁听人员不得进入审判区;

(4)当事人和诉讼参与人发言、陈述和辩论须经审判长许可,不允许采用辱骂、讽刺、中伤、诽谤等不文明语言,旁听人员不得发言、提问;

(5)不得鼓掌、喧哗、哄闹和实施其他妨害审判活动的行动;

(6)进入法庭必须关闭移动通信工具;

(7)不得抽烟,不得吃槟榔、口香糖和其他食物;

(8)新闻记者旁听时,应遵守法庭纪律,未经审判长许可,不得在庭审过程中录音、录像和摄影。

对于违反法庭纪律的人,审判长、值庭人员、司法警察应当劝告制止、口头警告、训诫。不听劝告的,可以没收录音、录像和摄影器材,责令退出法庭。或者经院长批准予以罚款、拘留。①

书记员:(略停一下)全体起立,请审判长、审判员入庭就座。

审判长:(与两位审判员站着面对旁听席。略停一下,然后清晰而严肃地吐出两个字)坐下。

(法庭内人声宁息、气氛庄严。只有书记员清脆的声音在法庭内回荡。)

书记员:报告审判长,原告宋阿珍诉被告胡小芳、王阿平财产损害赔偿纠纷一案的当事人及诉讼代理人已到庭,其身份均已核实无误。法庭准备工作就绪,可以开庭。报告完毕。

(审判长向书记员点点头。书记员入座,坐下。)

审判长:(先用力敲击一下法槌,然后大声地宣布)滨江区人民法院公开审理原告宋阿珍诉被告王阿平、胡小芳财产损害赔偿纠纷一案,现在开庭。

审判长:在开庭准备阶段,书记员已经核对了双方当事人及其诉讼代理人的身份情况以及委托诉讼代理人的代理权限,各方当事人对对方出庭人员身份是否有异议?

原告:无异议。

被告一:无异议。

被告二代:无异议。

审判长:经核对,双方当事人及其诉讼代理人的身份和资格均符合《中华人民共和国民事诉讼法》的规定,可以参加本案诉讼。

审判长:(略停一下)现在宣布合议庭组成人员。本案由滨江区人民法院审判员唐德化、王涛和李丽娟依法组成合议庭对本案进行审理,由审判员唐德化担任审判长并主审本案;由刘志韦担任书记员。

审判长:(略停一下)现在告知当事人诉讼权利和诉讼义务。

审判长:根据《中华人民共和国民事诉讼法》的相关规定,当事人享有以下诉讼权利:

(1)申请回避的权利。当事人如认为合议庭组成人员、书记员、鉴定人、勘验人、翻译人与本案有利害关系,或者与本案当事人及其诉讼代理人有其他关系,可能影响本案的公正审理,有权申请回避,但申请回避应当说明理由。

(2)提供证据的权利。当事人有权提供证据证明自己陈述的事实和主张。

(3)经法庭许可,当事人可以向证人、鉴定人、勘验人提问,可以依法申请重新调查取证、组织勘验和鉴定。

---

① 此处的法庭纪律,内容主要根据《人民法院法庭规则》,以及《民事诉讼法》及其司法解释等相关规定编订而成。司法实践中,也一般由各人民法院根据《人民法院法庭规则》和《民事诉讼法》及其司法解释自行编订实行,三大诉讼(民事、刑事和行政诉讼)案件审判的法庭纪律,基本上大同小异。

(4) 进行法庭辩论及请求法庭主持调解的权利。

(5) 原告有放弃、变更、增加诉讼请求的权利,被告有反驳和反诉的权利。

(6) 陈述最后意见的权利。

审判长:当事人必须自觉履行以下诉讼义务:

(1) 依法正确行使诉讼权利。

(2) 遵守法庭纪律和诉讼秩序,听从审判长指挥。

(3) 对自己提出的诉讼主张有责任提供证据。

(4) 如实陈述案件事实,不得歪曲事实,不得提供虚假证据,更不得伪造证据。否则,应当依法承担法律责任。

(5) 自觉履行发生法律效力的判决书、调解书、裁定书。

审判长:原告是否听清法庭告知诉讼权利和诉讼义务?是否申请本案合议庭成员和书记员回避?

原告:听清楚了,不申请回避。

审判长:被告是否听清法庭告知诉讼权利和诉讼义务?是否申请本案合议庭成员和书记员回避?

被告一:听清楚了,不申请回避。

被告二代:听清楚了,不申请回避。

第二幕 法庭调查

[法律提示:法庭调查的重点是当事人争议的事实以及法庭认为应当查明的事实。根据《民事诉讼法》的有关规定,法庭调查开始后,先由原告宣读起诉书或者诉讼请求要点及其简要理由;再由被告宣读答辩状或者答辩状要点及其理由;由第三人宣读诉讼请求要点及其理由或者宣读答辩状要点及其答辩理由。]

审判长:(大声而十分清楚地)现在进行法庭调查。先由原告宣读起诉状或者诉讼请求要点及其理由。

原告代:请求法院依法判决:① 确认被告王阿平支付给被告胡小芳的1000万元的财产处分行为无效;② 判令被告胡小芳返还财产1000万元;③ 判令胡小芳承担本案诉讼费。事实和理由:原告与被告王阿平于1987年2月28日登记结婚,婚后共同生育一女,感情很好。2018年7月至2021年5月期间,被告王阿平未经原告同意,通过银行转账陆续向被告胡小芳总共支付了1000万元,该笔款项胡小芳主要用于购置两处房产并登记在其名下。2021年5月月底,原告方知晓此事,多次找胡小芳沟通,要求返还上述财产未果。根据我国相关法律规定夫妻因非日常生活需要处理共同财产时,应当平等协商,取得一致意见。被告王阿平擅自处置夫妻共同财产,该行为应当认定为无效,原告为维护自身合法权益,故诉至法院,请求法院判如所请。

审判长:原告对诉讼请求是否有增加或者变更?

原告代:没有。

审判长:现在由被告答辩。

被告一代:原告所述的事实不存在,王阿平给予胡小芳的1000万元是给其共同生育子女的生活费、抚养费,未损害原告宋阿珍的财产权;胡小芳将王阿平所给予的1000万元依照王阿平的意愿用于购置共同生活所需的房产、车辆及抚养小孩的费用、共同生活的费用。只因小孩年幼不能贷款,为了方便向银行贷款,只好以胡小芳名义向银行贷款并将房产登记在胡小芳的名下。王阿平自愿为其非婚生子女提供生活费,是赠与小孩的,未影响到原告的正常生活需要。综上,本案不存在财产损害的事实,是王阿平个人的赠与行为,与原告无关。答辩完毕。

被告二代:原告诉求属实。被告王阿平瞒着原告找被告胡小芳代孕小孩,两被告于2018年经朋友介绍认识,当时王阿平也没有说自己离异。后来,被告胡小芳知道被告王阿平求子心切,便提出到美国做试管婴儿,前提为帮她哥哥还清几十万元债务。首次到美国,没有做成功,后来被告胡小芳多次单独前往,最终做成试管婴儿。做试管婴儿的所有费用均由被告王阿平支付。小孩出生前后,被告胡小芳不断向被告王阿平索要钱财,被告王阿平迫于无奈才向被告胡小芳转账付款1000万元,两被告仅仅是非法代孕生子关系。答辩完毕。

[法律提示:在原告宣读诉讼请求及其理由、被告答辩和第三人陈述以后,法庭应该对在庭前证据交换时,当事人没有争议的证据,在诉讼当事人认可后给予认定。本案中,因双方当事人证据较少,故法庭未组织庭前证据交换。]

审判长:现在进行法庭举证。

审判长:原告在举证期限内向法院提交了6份证据,首先由原告举证,被告质证。

原告代:证据1. 结婚证,证明原告与被告王阿平于1987年2月28日登记为夫妻,两人财产属于夫妻共有财产,未经另一方同意非因日常生活需要擅自处置夫妻共同财产的行为无效。

证据2. 滨海市商品房买卖合同,证明被告胡小芳用被告王阿平支付的款项购买了阳光小区大平层住宅房屋一套。

证据3. 滨海市房屋买卖合同,证明被告胡小芳用王阿平支付的款项购买滨江金融中心188号的商业房屋一套。

证据4. 房屋产权证,证明胡小芳购置的滨江金融中心188号的商业房屋登记在胡小芳名下。

证据5. 滨海市房屋产权登记管理中心缴款通知单及完税证明,证明被告胡小芳用王阿平支付的款项支付了滨江金融中心188号的商业房屋购房款580万元及税款130万元。

证据6. 王阿平汇款给胡小芳的款项往来明细及银行流水单据,证明自2018年7月至2021年5月期间,被告王阿平共计向被告胡小芳支付1000万元。胡小芳名下两处住房的购房款项均来自被告王阿平的汇款资金。

举证完毕。

审判长:上述证据书记员已经在庭前送达给被告,请被告发表质证意见。

被告一代:对证据1的真实性无异议,对证明目的有异议,本案不是将财产给被告胡小芳。

对证据2的真实性无异议,关联性有异议,购买房屋的目的是生育小孩。

对证据3的真实性无异议,关联性有异议,该套房屋的买卖王阿平只提供了部分资金,其他费用是由胡小芳付的,且购买房屋是为了小孩。因为房子要办理按揭贷款,不能用小孩的名义,所以才登记在胡小芳的名下。王阿平所付的钱不能满足小孩的生活需要,因此原告证据的证明目的不能达到。

对证据4、证据5的真实性无异议,关联性有异议,不能达到其证明目的。

对证据6的意见需要核对原件后发表。如果原告所出具的原件与复印件无异,对收到款项无异议。

被告二代:对证据1—6的真实性、合法性、关联性无异议。

审判长:请法警将原告提供的证据原件交给被告核对。(法警将该合同文本送被告辨认。)被告,你方对原告提交的转账流水凭证有无异议?

被告一代:(认真地核对完证据原件,抬起头)对证据的原件无异议,对上述6份证据的真实性无异议。

审判长:被告一在举证期限内向法庭提交了6份证据,下面由被告一举证。

被告一代:证据1. 出生医学证明、《司法鉴定意见书》、照片,证明胡小芳与王阿平同居生育双胞胎儿子胡亚、胡扬的事实。

证据2. 房屋买卖合同及部分付款流水、王阿平情况说明,证明被告胡小芳按照被告王阿平的意愿,为与王阿平所生的儿子购买房屋并支付相关款项。

证据3.《房地产抵押估价报告》,证明被告胡小芳所购买房屋评估价值为1000万元的事实。

证据4. 条据,证明被告王阿平自愿将给予胡小芳的1000万元作为胡小芳所生子女的教育费、抚养费的事实。

证据5. 房屋产权登记资料、工商登记资料,证明王阿平名下的资产状况,赠与小孩不影响其生活。

证据6. 银行流水,证明胡小芳于2021年6月通过银行转账向王阿平汇付了100万元,证明双方共同生活。

审判长:下面由原告、被告二质证。

原告代:对证据1的三性不予认可,《司法鉴定意见书》与出生医学证明相矛盾,小孩的父亲在出生医学证明上另有其人,出生医学证明是合法的有效证明;《司法鉴定意见书》违背法律法规的规定,不属于合法资料,从内容上看,委托单位是王阿平,但是鉴定书上记载的小孩是否就是出生医学证明书上的小孩,不能印证。对于照片的意见,照片不代表小孩就是王阿平与胡小芳的小孩,且据王阿平代理人所述,小孩的生物学上的母亲并非胡小芳,原告认为应该以《出生医学证明》为依据,因此不能达到胡小芳的证明目的,也不能证明胡小芳与王阿平存在同居关系。

对证据2,房屋买卖合同及付款流水的真实性、合法性予以认可,对王阿平的情况说明原告不知情,三性不予认可。胡小芳购房的款项来源于原告与王阿平的夫妻共同财产;该证据也不能证明房屋是为小孩所买。

对证据3的三性不予认可,与本案无关。

对证据4,原告不知情,真实性不予认可,该条据的内容违背法律的规定,合法性不予认可,王阿平的赠与违背了公序良俗原则且未经过原告的同意,代孕行为也违背了法律规定。

对证据5,与本案无关,王阿平擅自处分夫妻共同财产违背了法律规定,损害了原告的财产权益。

对证据6予以认可,属实。

被告二代:对证据1的三性无异议,对证明目的有异议,该组证据只能证明被告王阿平系胡小芳所生双胞胎的生物学父亲,不能证明胡小芳与王阿平存在同居的事实,双胞胎是通过试管技术由胡小芳代孕所生,双胞胎的生物学母亲是美国的女大学生,王阿平仅是探望小孩,与胡小芳无婚外情关系。

对证据2中买卖合同及付款流水无异议,对情况说明有异议。情况说明中书写的内容不真实,书写的时间背景是胡小芳提出要购买商铺,需要支付600多万元,王阿平没有那么多钱,是向亲朋好友借的,这笔钱银行审查需要知道巨额金额的来源,因此才写了这个情况说明,情况说明中表述的不属实。王阿平并不是自愿支付了购房款,是在胡小芳的多次要求下,迫于无奈才给的。根据胡小芳所述,是因为方便贷款才将房屋登记在自己名下,但是王阿平给了购买住房的全款,完全可以将住房登记在小孩名下。

对证据3的三性无异议,不清楚被告一的证明目的是什么。

对证据4的关联性无异议,真实性、合法性有异议,条据是在原告知道此事之后大吵大闹,胡小芳找到王阿平,逼迫王阿平写下的。那天是胡小芳约了王阿平出去吃饭,王阿平一个人去的,胡小芳带了律师去,后来胡小芳以死相逼,王阿平报警了但是未出警,王阿平迫于无奈才写下了这个条据。

对证据 5 的三性无异议，证明目的有异议，无法证明是王阿平赠与与其有生物血缘关系的小孩的。

对证据 6 的真实性无异议，对其证明目的有异议。

审判长：被告一是否还有其他证据提交？

被告一代：报告审判长，我还要当庭补充提交一份新证据作为证据 7，是对胡小芳家中的保姆张洲的调查笔录，证明王阿平与胡小芳是自由恋爱，以夫妻名义共同生活。

审判长：被告一，你为什么没有在本院举证通知书指定的举证期限内提交该份证据。

被告一代：因为保姆张洲前一时间回乡下了，新冠疫情管控结束后现在才回来。

审判长：被告一，你方陈述的上述事实有无证据证明？

被告一代：现在向法庭提交张洲的往返家乡的火车票予以佐证上述事实。

审判长：被告一，该证据材料是否构成新的证据，由合议庭进一步审查后予以认定；在法庭认定新证据是否构成之前，先请原告和被告二发表质证意见，若法院认为不是新证据，则不作为本案证据采用，现在发表意见并不表明已放弃对新证据的抗辩；若法院认为是新证据，双方今天发表的意见将作为对新证据的质证意见。对上述告知内容，双方是否有异议？

原告代：无异议，对证据 7 的三性不予认可，该调查笔录是胡小芳委托的律师对张洲的调查，该证据实际上属于证人证言，证人应当出庭接受法庭质证，形式不符合法律的规定，所记载的均为日常内容，组合到一起达不到被告一的证明目的。被告一也是已婚人士，两人的代孕行为与同居行为是两码事情。

被告二代：有异议，被告一的该份举证超过举证期限，不属于新证据，应不予质证。证人未出庭接受法庭询问，应不予采信。根据王阿平自己陈述的事实，其与被告一并不是同居关系，是代孕行为。

被告一代：报告审判长，我方还在举证期限内提出了申请书，向法院申请证人胡菲菲出庭作证，胡菲菲是胡小芳住在同一小区同一单元同层对面的邻居，可以证明被告一与被告二存在同居关系。

审判长：准许，传证人胡菲菲出庭。

（证人胡菲菲在法警的带领下走进法庭，来到证人席。）

[法律提示：根据《民事诉讼法》和《民事证据规定》的有关规定，经人民法院通知，证人应当出庭作证，接受当事人的质询。证人确有困难不能出庭，经人民法院许可，证人可以通过书面证言、视听资料或者视听传输技术等方式作证。证人作证时，不得使用猜测、推断或者评论性的语言，不得以宣读事先准备的书面材料的方式陈述证言。证人不得旁听法庭审理；询问证人时，其他证人不得在

场。人民法院认为有必要的,可以让证人进行对质。证人出庭时,法庭应当查明证人身份,告知其如实作证的义务以及作伪证的法律后果,并责令其签署保证书,但无民事行为能力人和限制行为能力人除外。证人拒绝签署保证书的,不得作证,并自行承担相关费用。证人应向法庭宣读保证书;如果证人是文盲,可由书记员领读。保证书宣读完毕,证人应该在保证书上签字;如果证人是文盲,可以在保证书上打手模。]

审判长:证人,请陈述你的姓名,职业,现在哪里工作,住址在何处。

胡菲菲:我叫胡菲菲,职业是服装店老板,就在本地工作,家庭住址和胡小芳住同小区同单元同层楼,我住在她对面。

审判长:证人胡菲菲,根据我国法律规定,公民有作证的义务。你应该如实将你知道的情况向法庭陈述。对于与本案无关的问题,你有权拒绝回答。但如果作伪证,你将受到法律制裁。对此,你听清楚了吗?

胡菲菲:听清楚了。

审判长:现在你向法庭宣读作证保证书。

胡菲菲:(拿着保证书,面对法庭。十分严肃地宣读)我,证人胡菲菲以我个人的人格向庄严的法庭保证:我将坚决履行法律规定的公民作证的义务,保证我以下所作证言是真实的;如有谎言,愿受法律制裁和道德的谴责。保证人,胡菲菲,2022年3月25日。

(保证书宣读完毕,胡菲菲在保证书上签字。)

审判长:证人胡菲菲,现在你将所知道的胡小芳与王阿平的情况向法庭作如实陈述。

胡菲菲:我和胡小芳是邻居,我住她对面,有一段时间我看到胡小芳与王阿平经常成双入对地进出,我还好奇八卦过,因为胡小芳离婚单身有很久了,我就问胡小芳,胡小芳说这是她男朋友,后来就看到胡小芳怀孕了,王阿平来的次数更多了。

审判长:还有没有其他内容?

胡菲菲:没有了。

审判长:原告对证人有什么需要问的吗?

原告代:有。(面向胡菲菲)你和胡小芳是怎么认识的?

胡菲菲:我们是邻居,经常串门。

原告代:你每天都看到王阿平住在胡小芳家,是吗?

胡菲菲:经常看到。

原告代:你是怎么知道他们的关系的?

胡菲菲:是胡小芳告诉我的。

原告代:胡小芳之前有没有结过婚?

胡菲菲:听她说结过,但又离婚了。
原告代:审判长,我的话问完了。
审判长:被告一,你方现在可以向证人提问。
被告一代:我没有问题要发问。
审判长:被告二,你方现在可以向证人提问。
被告二代:你和王阿平认识吗?
胡菲菲:见过。
被告二代:你知道王阿平的基本情况吗?
胡菲菲:不了解。
被告二代:你说王阿平经常出入胡菲菲家,具体频率是怎样?
胡菲菲:大概一周两次。
被告二代:你知道胡小芳是干什么职业吗?
胡菲菲:不知道。
被告二代:你知道胡小芳代孕的事实吗?
胡菲菲:不知道。
被告二代:你和胡小芳关系怎么样?
胡菲菲:就是普通的邻居关系认识而已。
被告二代:审判长,我的提问完毕。
审判长:现在证人胡菲菲退庭,庭后再回到法庭核对陈述内容后签字。
(胡菲菲在法警的带领下离开法庭。)
(旁听席听众十分认真地注视着法庭审理发展。不时有人相互低声评价。)
审判长:请原告、被告二分别对该份证言发表质证意见。
原告代:我方对证人证言的真实性、合法性、关联性均不予认可,证人胡菲菲的证言大多是从胡小芳那里转述,属于传闻证据。且她们是邻居关系,证言可信度低。
被告二代:我方对证人证言的真实性、合法性、关联性均不予认可,而且胡小芳向王阿平介绍过,这是她闺蜜。她们之间关系亲密,证人证言存在利害关系,且不能达到证明目的。
审判长:下面由被告二举证。
被告二代:我提交一份王阿平朋友石钢的书面证人证言,该证言拟证实王阿平是2018年经石钢介绍认识的胡小芳,当时石钢了解到王阿平一直想要一个儿子的想法,但因为老婆年龄大了且身体不好,不能生育。胡小芳正好和前夫离婚了,家里哥哥也对外负债,她主动提出了可以帮王阿平生男孩子。王阿平担心生出来又是女孩子,就没有同意。胡小芳说在国外可以通过试管生双胞胎,前提是希望王阿平帮她哥哥还债。

审判长：请原告发表质证意见。

原告：对该证人证言的真实性、合法性、关联性均予以认可，说明他们是代孕关系。

被告一代：对该证据的真实性、合法性、关联性均不予认可，因为石钢无正当理由未出庭作证，证言不合法，且石钢是王阿平的多年好友，该证言明显是主观偏向王阿平。

被告二代：石钢之所以不愿意出庭，是碍于情面，他和王阿平、胡小芳均是好友。

[法律提示：在当事人举证和质证后，法庭应该及时认证。对证据材料的审查和采信，应该从证据的来源、内容、形式、种类以及证据与证据之间的联系等入手进行。认证应当尽量当庭进行。至于认证具体在哪一阶段进行，根据法庭调查的具体情况决定，但都必须说明认证的具体理由。需要指出的是，司法实践中，审判人员因顾虑当庭认证出错，以及适用普通程序的案件当庭认证还需评议较为麻烦等因素，很少当庭认证。]

审判长：（与其他两位审判员交换评议意见后）双方当事人已经充分发表举证质证意见，合议庭将在休庭后对提交的证据进行评议并作出认证。

审判长：现在继续进行法庭调查。（向审判员王示意应由其进行法庭调查。）

审判员王：（领会审判长的示意。环视一下法庭后，语调缓慢而清晰地问）原告，你所提出的财产损害的事实依据和具体范围是什么？

原告代：主要是夫妻共同银行存款1000万元，支付给了被告胡小芳。

审判员王：原告，请明确你方的请求权基础？

原告代：《中华人民共和国民法典》第157条规定的基于无效民事行为的赔偿请求权。即民事法律行为无效、被撤销或者确定不发生效力后，行为人因该行为取得的财产，应当予以返还；不能返还或者没有必要返还的，应当折价补偿。有过错的一方应当赔偿对方由此所受到的损失；各方都有过错的，应当各自承担相应的责任。法律另有规定的，依照其规定。

审判员王：这些钱是怎么给的？

原告代：王阿平的账户转给胡小芳，都是通过银行转款。

审判员王：胡小芳，王阿平转款给你是否属实？

被告一：认可转账的事实，具体的数额需要核实，应该相差不大。

审判员王：王阿平，这个钱是你向胡小芳转的吗？

被告二代：是的。

审判员王：王阿平，你转钱给胡小芳的原因是什么？

被告二代：是胡小芳要求的，因为胡小芳代孕，生下了王阿平的两个儿子。

审判员王：胡小芳，王阿平为什么要向你付款？

被告一：因为我们共同生活，自由恋爱有感情。他说要给我一个稳定的家，每一分钱都是他主动、心甘情愿给我的，是给小孩生活用的。

审判员王：王阿平给你的钱是做什么用的？

被告一：最开始是用于去美国做试管婴儿及生活用，后来转钱是为了买学位房、商铺。生小孩是基于我们双方的感情基础，共同自愿生的小孩。

审判员王：你的婚姻状况如何？

被告一：结过两次婚，现在离异了。我结婚是2015年1月的时候，是跟肖永福。2015年10月离婚，后来2020年1月跟胡迪打了结婚证。

审判员王：现在的婚姻状况？

被告一：已婚状态。

审判员王：你跟被告王阿平共同生活的时间是什么时候？

被告一：2018年我们就认识了。

审判员王：你跟王阿平生了小孩吗？

被告一：2020年9月11日生下了胡亚、胡扬。

审判员王：为什么小孩登记的父亲名字是胡迪？

被告一：因为王阿平怕他的小孩上不了户口，就找了胡迪跟我打结婚证，为了给小孩上户口。

审判员王：小孩是怎么出生的？

被告一：在美国做的试管婴儿，在国内生的小孩。

审判员王：精子、卵子来源于谁？

被告一：精子来源于王阿平，卵子来源于美国器官捐赠者。

审判员王：试管婴儿培植成功后植入你的子宫，是这样吗？

被告一：是的。

审判员王：你们去美国的情况如何？

被告一：王阿平陪我去过两次，后来我单独去了十来次。

审判员王：王阿平，胚胎培植及以后的情况你是否知情、是否同意？

被告二代：知情，同意。

（审判员王向审判长示意，自己的询问完毕。审判长转向审判员李，示意审判员李是否有问题需要发问，审判员李表示有，审判长示意由审判员李发问。）

审判员李：胡小芳，你与王阿平认识是哪一年？

被告一：2018年上半年，认识两三个月我们就开始谈恋爱。我们恋爱期间的短信我都没有保留，法庭如果认为有必要，可以去调取。我们当时还同居在一起。

审判员李：胡小芳，你主张与王阿平同居的依据是什么？

被告一：家里请了保姆，看到我们一起睡觉，有性生活。

审判员李：那为什么还要去美国做试管婴儿？

被告一：我们在一起后就发生了男女关系，但因为我们年龄都大了，自然原因没办法怀上，我和王阿平去医院做过检查，精子存活率低，而我也是40岁的人，卵子不够活跃，因此才想到去国外做试管婴儿的。在美国，我们是以夫妻名义去的，医院才同意给我们做的手术。该医院现在还有我的胚胎，但是女儿，王阿平想要儿子，所以才接受了捐卵手术。

审判员李：代孕的费用是谁支付的？

被告一：是我支付的，是王阿平给我，我再支付的。

审判员李：王阿平与胡小芳的感情状况如何？

被告二代：胡小芳的陈述不属实，王阿平和胡小芳没有恋爱关系，就是代孕关系，王阿平本人告诉我，没有与胡小芳发生过性关系。这就是一笔交易，胡小芳没有正当职业。

被告一：我有正当职业，在公司做过销售，有社保可以查询，我还开过奶粉店。我跟王阿平谈恋爱时不知道被告二已经结婚，我是怀孕五六个月才知道王阿平是已婚。

审判员李：王阿平，你和胡小芳之间有没有书面的代孕协议？就代孕报酬作出具体约定？

被告二代：没有书面协议，只有口头协议，只需要帮胡小芳哥哥还债。之所以转给胡小芳这么多钱，是因为胡小芳一直在提要求。

审判员李：承诺书条据是在什么情况下出具的？

被告一：因为王阿平到我家里来告诉我，说他老婆已经知道这件事情了，可能要打官司了，所以他就说要给自己的儿子留下抚养费、生活费。出具条据时我还有一个亲戚在场。

被告二代：据王阿平对我陈述，之所以打这个条据，是因为当时王阿平的老婆知道了这件事，非常震怒。之后，胡小芳找到王阿平说，既然他老婆知道这件事了，可能会把钱要回去，所以要王阿平写个条据。王阿平不同意，胡小芳就找人把王阿平围起来威胁他出具，当时是在人身自由受到限制的情况下写的。写完王阿平就报警了。

被告一：我没有威胁他，实际情况是，他自愿出具的承诺，原告知道这件事后就来我家里闹，我也报警了。

审判员李：王阿平向胡小芳转款，原告是否知情？

原告：开始并不知情。王阿平也从未向原告提出过离婚，双方感情很好，共同生育一个女儿。

审判员李：什么时候知道的？

原告:2021年5月27日。

审判员李:是怎么发现的?

原告:先发现钱少了,才追问王阿平的。

审判员李:原告,王阿平转出的1000万元是怎么来的?

原告:我与王阿平做生意,这些钱都是夫妻二人辛辛苦苦几十年攒下来的。现在都被这个女人骗走了,现在家里欠了一屁股债,还有女儿要抚养。(原告说着说着声泪俱下)

原告:(猛地站起来,愤怒地向被告一喊道)你无耻!你明明知道王阿平有妻儿,你还勾引我老公,你就是小三,破坏别人家庭,不知道廉耻,以孩子作为交易,诈骗财产。

审判长:(猛地敲击一下法槌,对原告大声地制止道)安静!

(法警上前用手势示意宋阿珍坐下,原告律师按住宋阿珍的肩头低声劝阻。审判长与两位合议庭成员交换意见。骚动的旁听席也渐渐安静。)

[法律提示:根据我国《民事诉讼法》的相关规定,对于违反法庭规则的人,人民法院可以予以训诫、责令退出法庭或者予以罚款、拘留;对司法工作人员、诉讼参加人、证人、翻译人员、鉴定人、勘验人等进行侮辱、诽谤、诬陷、殴打或者打击报复的,人民法院可以根据情节轻重予以罚款、拘留;构成犯罪的,依法追究刑事责任。]

审判长:(非常严肃地对原告)原告宋阿珍,起立!

(宋阿珍极不情愿地站起来,但已经开始冷静。她面向法庭站着。)

审判长:(站起来,极严肃地对宋阿珍说)鉴于你刚才公然辱骂其他诉讼当事人的行为,本法庭根据我国《民事诉讼法》的相关规定,决定对你进行训诫。原告宋阿珍,你刚才公然辱骂其他当事人的行为,破坏了法庭的正常秩序,侵害了他人的人格权,是一种违法行为。对于你刚才行为的违法性,你必须要有正确的认识;请你冷静下来,对被你辱骂的对方当事人,你必须当庭道歉。

审判长:原告,刚才本法庭的话听清楚了吗?

原告:(虽然还余气未消,但已经冷静下来了)听清楚了。(停了一下,然后慢慢地说)审判长,通过刚才法庭的训诫,我明白了我刚才错误行为的性质。对我刚才的粗鲁、冲动行为,我向法庭表示歉意,以后保证决不再发生类似行为。(转身对被告一,胡小芳流下眼泪)胡小芳女士,我对我刚才的过激反应向你道歉。(说完,又面对法庭)

审判长:(面容严肃,大声地)原告,如果你以后再出现违反法庭纪律的行为,本法庭将给予更严厉的处理。听清楚了吗?

原告:听清楚了。

审判长:你坐下。(原告坐下)

审判长:双方当事人对本案事实部分还有要向对方提问的吗?

原告代:没有。

被告一代:没有。

被告二代:没有。

审判长:(与另外两名合议庭成员交换意见,环视一下整个法庭)我宣布:法庭调查结束,现在开始进行法庭辩论。

[法律提示:事实调查结束前,审判长应征询其他成员意见,在确定已无需要提问调查的事实后,再宣布庭审调查结束;审判长或主审审判人员归纳审理焦点前,应征询其他成员意见。]

第三幕　法庭辩论

[法律提示:法庭辩论主要围绕未被法庭认证的争议事实和根据事实应该如何适用法律的问题进行辩论。辩论顺序为原告及其诉讼代理人发言,被告及其诉讼代理人答辩,第三人及其诉讼代理人发言或者答辩。]

审判长:(征询另外两名合议庭成员意见后)根据法庭调查阶段的情况,本案的争议焦点如下:① 王阿平与胡小芳之间是存在代孕关系还是非法同居关系;② 王阿平向胡小芳转账1000万元的性质和效力;③ 宋阿珍是否有权向胡小芳主张返还上述款项。双方当事人对法庭归纳的争议焦点有无异议,是否需要补充?

原告代:没有异议,无补充。

被告一代:没有异议,无补充。

被告二代:没有异议,无补充。

[注:司法实践中,合议庭在归纳之后,应尊重当事人的意思表示,及时征询各方当事人有无异议;若当事人提出异议的,审判人员应对已归纳的内容进行修整补充,在当事人明确无异议后再记明笔录。]

审判长:现在由原告方发表辩论意见。

原告代:审判长、审判员,我接受原告宋阿珍的委托,担任本案的诉讼代理人。根据我们的调查和法庭调查核实的事实,特提出以下代理意见:① 胡小芳与王阿平只是代孕关系,卵子并不是取自胡小芳本人,而是来自捐赠卵子库。王阿平与宋阿珍夫妻感情一直很好,王阿平与宋阿珍从未提起离婚事项,两人携手共进,至今仍然是夫妻关系。② 王阿平所转1000万元属于夫妻共同财产,宋阿珍之前并不知道代孕事项,也不同意代孕,转款并未经过宋阿珍同意,给宋阿珍及其家庭造成伤害。除原告起诉的款项之外,王阿平在2019年7月份之前还支付了20万元给胡小芳作为代孕费用,这20万元我方并未主张。③ 宋阿珍对于王阿平转账的1000多万元享有所有权,属于夫妻共同财产,宋阿珍不同意转账给胡小芳巨额财产,王阿平无权转账支付与夫妻共同生活无关的款项。④ 宋阿珍不同意代孕,代孕是违法的,违反民法上的公序良俗原则,代孕行为无效,取得财产应全部予以返还。代理意见发表完毕,请求合议庭予以采纳。

被告一代:① 本案诉争的财产是按照王阿平的意愿处置的,王阿平与胡小芳之间感情融洽才生育小孩,基于各自的身体状况才选择去境外做试管婴儿,生小孩是双方的意愿,不是代孕。② 生育小孩后,小孩生活费、抚养费、共同生活的费用都是按照被告二的安排,这些钱并非由胡小芳独自占用,胡小芳只是代小孩管理财产,胡小芳不是本案适格的被告。③ 王阿平将财产给自己的亲生儿子,并不违背公序良俗原则,法律应当保护未成年人的权利,原告所述生物学上的父亲不负有抚养义务没有法律依据。综上,王阿平因亲生小孩的生活需要处置自己的财产不违反法律规定。

被告二代:① 胡小芳不具有母亲身份,根据中国法律规定,胡小芳不具有生母、养母、继母身份,胡小芳与两个孩子不存在血缘关系,也不存在收养关系。② 被告二支付给胡小芳的钱都用于胡小芳代孕、购买房屋、车辆、商铺及小孩生活费用,还有偿还其哥哥的对外债务。王阿平支出的财产都属于夫妻共同财产,侵犯了宋阿珍的财产权,宋阿珍有权基于夫妻共同共有财产权要求返还财产。以上意见恳请合议庭予以考虑。我的发言完了。谢谢!

审判长:刚才双方当事人都发表了自己的辩论意见。请问双方当事人还有无补充意见,重复的意见请不要再讲。现在由原告方发言。

原告代:补充发表如下意见:① 王阿平支出的涉案财产,根据法律的相关规定属于原告与王阿平的夫妻共同财产。② 王阿平未经原告的许可,擅自处置巨额夫妻共同财产违反法律规定;本案所涉财产是共同共有,擅自处分属于无效处分行为。夫妻一方擅自处分共同财产全部无效。③ 即使本案中胡小芳将其财产用于代孕、生育小孩,王阿平的赠与行为仍然因违背了公序良俗原则而无效,且生育小孩时有法律上的父母,王阿平不负有法定抚养义务;请求法院支持原告的诉讼请求。

审判长:现在由被告一发言。

被告一:王阿平将财产给自己的亲生儿子,并不违背公序良俗原则,法律应当保护未成年人的权利,原告所述生物学上的父亲不负有抚养义务没有法律依据。综上,王阿平因亲生小孩的生活需要处置自己的财产不违反法律规定。

审判长:现在由被告二的代理人发言。

被告二代:王阿平和胡小芳就只是代孕关系,王阿平的行为确实违反了法律规定,侵害了原告的财产权益,原告要求返还财产的诉讼请求应该得到支持。

审判长:(敲击一下法槌,打断被告二律师的话)被告二的诉讼代理人,你应该谈自己的新的观点和看法,不要重复已经说过的看法。

被告二代:好的,我没有新的观点需要发表。
审判长:双方当事人是否还有新的观点需要补充的吗?
原告代:没有。
被告一代:没有。
被告二代:没有。
审判长:(抬起头看一看整个法庭,大声而严肃地)现在我宣布,法庭辩论结束!
审判长:根据《中华人民共和国民事诉讼法》相关规定,应当征询各方当事人的最后意见,下面请各方当事人进行最后陈述。
原告代:请求法院支持原告诉讼请求。
被告一代:请求法院驳回原告的诉讼请求。
被告二代:请求法院查明事实,依法判决。
审判长:根据《中华人民共和国民事诉讼法》相关规定,在判决前能够调解的可以进行调解。调解遵循自愿原则和合法原则。请问各方当事人是否愿意在法庭的组织下调解。
原告代:同意调解。
被告一:同意调解。
被告二代:同意调解。
审判长:调解分为两种方式,一种是"背靠背"调解,一种是"面对面"调解。考虑到本案争议较大,法庭将在休庭后组织双方当事人进行"背靠背"调解。

第四幕 休庭评议

审判长:现在我宣布:本法庭休庭1小时,对本案进行评议!(用力敲击一下法槌)

(审判长在休庭期间听取了双方的调解意见,因分歧较大,调解未果)

[法律提示:法庭辩论结束后,法庭应该询问当事人的最后意见,然后应当进行合议庭评议。其询问的顺序是:原告、被告、诉讼第三人。合议庭评议的主要内容包括:① 对尚未认证的证据决定是否认证;② 查明证据与案件事实之间的关系;③ 讨论决定如何适用法律。如果案件是重大疑难复杂案件,合议庭在层报院长审批同意后可以将案件提交本院审判委员会讨论决定,然后根据审判委员会的决定进行判决。除上述案件之外,合议庭应根据合议的决定进行判决。]

第五幕 当庭宣判

[法律提示:根据《民事诉讼法》相关规定,人民法院对公开审理或者不公开

审理的案件,一律公开宣告判决。当庭宣判的,应当在 10 日内发送判决书;定期宣判的,宣判后立即发给判决书。当庭宣判,是指在法庭辩论终结、休庭合议之后由审判人员将人民法院的判决向当事人及旁听公众宣读,即将判决内容向包括当事人在内的社会公众宣示。当庭宣判最重要的特征是融合了直接言词原则和集中审理原则。司法实践中,由于法官担心当庭宣判出现错误、造成当事人过激反应、案件尚有可调解余地、当庭宣判不利于化解矛盾等复杂因素,除适用简易程序审理的部分简单民事案件外,绝大多数案件都是采用定期宣判方式。]

(1 小时后,审判长与两位审判员回到法庭。继续开庭。)

(旁听席上议论纷纷,对案件的结果做着各种猜测。)

审判长:(大声地向旁听席喊道)安静!(略停一下,待旁听席逐渐安静后,先用力敲击一下法槌,然后大声地宣布)滨江区人民法院现在继续开庭!

审判长:(继续)本法庭经过休庭评议,现对双方当事人在法庭调查阶段所举证据进行综合认证:

(1) 对原告提交的证据认证如下:胡小芳和王阿平对原告提交的证据 1—证据 6 的真实性均无异议,本庭经过审查对其真实性、合法性、关联性均予以确认,对其证明目的本庭综合全案事实作出认定。

(2) 对被告胡小芳提交的证据认证如下:胡小芳提交的证据 1—证据 6 的真实性、合法性、关联性予以采信,但不能实现其证明目的,上述证据只能证明胡小芳与王阿平通过试管婴儿技术生育双胞胎子女胡亚、胡扬。关于胡小芳当庭提交的律师调查笔录,该证据实际上是纠纷发生后,胡小芳的律师向胡小芳的保姆张洲所作的询问笔录,该笔录在性质上属于书面证人证言,且张洲无正当理由未到庭作证,故对该证据的真实性、合法性均不予采信,且胡小芳未在举证期限内提交,该证据与本案基本事实无关,故本庭不予采信。关于证人胡菲菲证言的效力,本庭经审查认为,因胡菲菲与胡小芳关系亲密,且胡菲菲的证言都是听胡小芳所转述,王阿平并不承认对外与胡小芳以夫妻相称,故对该证言的真实性及证明目的不予采信。

(3) 对被告王阿平提交的证据认证如下:王阿平提交的证人证言因证人石钢无正当理由未出庭接受双方质询,其证人证言的真实性、合法性均不予采信。

审判长:(停顿一下)根据本院采信的证据以及当事人的陈述,本院确认以下法律事实:原告宋阿珍与被告王阿平于 1987 年 2 月 28 日登记结婚,婚后育有一女。2018 年,两被告经朋友介绍相识。被告王阿平有生子之想,被告胡小芳有配合之愿,故共同前往美国制作试管婴儿,由被告王阿平提供精子、选取美国卵子库中的优质卵子合成受精卵植入被告胡小芳腹中,经过多次试验,被告胡小芳成功怀孕,并于 2020 年 9 月 11 日在滨海市生下了双胞胎儿子胡亚和胡扬。经海北省天普司法鉴定中心鉴定,王阿平系小孩胡亚和胡扬的生物学父亲。

2018年7月4日至2021年5月20日期间,被告王阿平通过银行转账,多次向被告胡小芳付款,共计1000万元。被告胡小芳用以上款项购置了位于滨海市阳光小区大平层住宅房屋一套和金融中心188号的商业房屋一套,并登记在自己名下。

2021年6月2日,被告王阿平向被告胡小芳出具条据一份,其上载明:"我愿意将以前所给予或借支给胡小芳的1000万元,作为我儿子胡亚和胡扬的抚养费、教育费(0—18周岁),两个儿子由胡小芳抚养,永不反悔。如果我老婆提出异议,该笔钱即为夫妻共同财产的个人财产,系我个人自愿。"另查明,2021年6月23日,被告胡小芳通过银行转账向被告王阿平转账100万元。

本院认为:在夫妻关系存续期间,夫妻共有财产应作为一个不可分割的整体,夫妻对全部共同财产不分份额地共同享有所有权和平等的处理权,夫或妻非因日常生活需要对夫妻共同财产作重要处理决定,应当经双方平等协商,取得一致意见……被告王阿平与原告宋阿珍已育有婚生女,仅因想生育儿子,通过试管婴儿技术合成受精卵,由被告胡小芳进行生育的行为有违道德和伦理,被告王阿平基于前述生育行为给付被告胡小芳巨额款项违背了公序良俗原则,故被告王阿平将其与原告宋阿珍的共同财产给付被告胡小芳的行为应属无效,被告胡小芳应将其取得的财产予以返还。被告王阿平将其与原告宋阿珍的共同财产1000万元支付给被告胡小芳属实,扣除被告胡小芳已自行返还100万元,剩余900万元被告胡小芳应予返还。

综上所述,依照《中华人民共和国民法典》第153条第2款、第157条、第1065条、第1066条之规定,判决如下:

(1)确认被告王阿平支付给被告胡小芳1000万元的处分行为无效;

(2)限被告胡小芳于本判决书生效之日起10日内返还原告宋阿珍900万元。

(在宣读完判决主文和本案的诉讼费用的分担决定和询问各位当事人是否听清楚后,审判长继续说)

审判长:(继续)本判决正本将在10日内发送各诉讼当事人。

本案诉讼当事人如不服从本院上述判决,在接到判决书正本15日内有权向上一级人民法院提起上诉。

本案庭审笔录,本案诉讼当事人和其他诉讼参与人有权在5日内到本院阅读。

(宣读完判决后,审判长用力地敲击一下法槌。)

审判长:(对诉讼当事人)各位当事人都听清楚了吗?

各位诉讼当事人:听清楚了。

审判长:(停一下,然后大声地宣布)滨江区人民法院,原告宋阿珍诉被告胡

小芳、王阿平财产损害赔偿纠纷一案,现在审理完毕。现在我宣布:闭庭!(用力地敲击一下法槌)

尾声　退庭和庭审笔录的签名

书记员在合议庭成员退庭后,再宣布当事人和旁听人员退庭。

闭庭以后,审判人员和书记员应该在庭审笔录上签名。当事人和其他诉讼参与人认为对自己的陈述记录有遗漏或者差错的,有权申请补正。如果不予补正,应当将申请记录在案。

法庭笔录由当事人和其他诉讼参与人签名或者盖章。拒绝签名盖章的,记明情况附卷。

第三节　本案的"诉、辩、审"法律文书

一、本案的民事起诉状

民事起诉状

原告:宋阿珍,女,1967年1月5日出生,汉族,住海北省滨海市滨江区×小区×栋×号房,联系电话:×××。

被告:胡小芳,女,1980年1月11日出生,汉族,住海北省滨海市滨江区×小区×栋×号房,联系电话:×××。

被告:王阿平,男,1962年11月26日出生,汉族,住海北省滨海市滨江区×小区×栋×号房,联系电话:×××。

诉讼请求:

1. 确认被告王阿平支付给被告胡小芳1000万元的处分行为无效;2. 判令被告胡小芳返还财产1000万元;3. 判令被告承担本案诉讼费。

事实和理由:

原告与被告王阿平于1987年2月28日登记结婚,婚后共同生育一女,感情很好。2018年7月至2021年5月期间,被告王阿平未经原告同意,通过银行转账陆续向被告胡小芳支付了1000万元,该笔款项被胡小芳用于购置两处房产并登记在其名下。2021年5月底,原告知晓此事后遂向被告王阿平追问,被告王阿平承认擅自处分财产的行为,原告一直找被告胡小芳协商返还财产未果。根据我国《民法典》及其司法解释相关法律规定,夫妻因非日常生活需要处理共同财产时,应当平等协商,取得一致意见。被告王阿平擅自处置夫妻共同财产,该行为应当认定为无效,原告为维护自身合法权益,故诉至法院。

证据清单：
证据 1. 原告方与被告王阿平的结婚证；
证据 2. 滨海市商品房买卖合同，来自王阿平；
证据 3. 滨海市房屋买卖合同，来自王阿平；
证据 4. 房屋产权证，来自王阿平；
证据 5. 滨海市房屋产权登记管理中心缴款通知单及完税证明；
证据 6. 王阿平汇款给胡小芳的款项往来明细及银行流水单据。

此致
滨江区人民法院

起诉人：宋阿珍（签名或盖章）
二〇二二年三月十日

附：本起诉状副本 2 份

二、本案的民事答辩状

民事答辩状

答辩人：胡小芳，女，1980 年 1 月 11 日出生，住海北省滨海市滨江区×小区×栋×号房。

因原告宋阿珍诉被告胡小芳、王阿平财产损害赔偿纠纷一案，特提出答辩如下：

首先，原告所述的事实不存在。在本案原告找到答辩人之前，答辩人一直不知道王阿平已婚，王阿平在与答辩人交往时陈述自己是离异单身。王阿平与答辩人是自由恋爱同居，共同决定生育。王阿平给予胡小芳的 1000 万元是给其共同子女的生活费、抚养费，未损害原告宋阿珍的财产权；胡小芳将王阿平所给予的 1000 万元依照王阿平的意愿用于购置共同生活所需的房产、车辆及支付抚养小孩的费用、共同生活的费用。只因小孩年幼不能贷款，为了方便向银行贷款，只好以胡小芳名义向银行贷款并将房产登记在胡小芳的名下。

其次，王阿平自愿向答辩人出具了条据，其承诺支付 1000 万元是王阿平自愿为其非婚生子女花费生活费，是赠与小孩的，与原告宋阿珍无关，未影响到原告的正常生活需要。综上，本案不存在财产损害的事实，是王阿平个人的赠与行为，与原告无关。

此致
滨江区人民法院

答辩人：胡小芳
二〇二二年三月十五日

附：本答辩状副本 2 份

民事答辩状

答辩人：王阿平，男，1962 年 11 月 26 日出生，住海北省滨海市滨江区×小区×栋×号房。

因原告宋阿珍诉被告胡小芳、王阿平财产损害赔偿纠纷一案，特提出答辩如下：

一、答辩人王阿平与胡小芳之间没有任何感情，也没有非法同居，我们之间只是普通的代孕关系。答辩人与妻子宋阿珍共同生活，夫妻感情和谐，只是因为妻子年龄和身体原因不能生育，而答辩人随着年龄日益增长，一直希望能生个儿子继承家业，遂瞒着原告找胡小芳代孕小孩，两被告于 2018 年经朋友介绍认识，当时也没有说自己离异。后来，被告胡小芳知道答辩人求子心切，便提出到美国做试管婴儿，前提为帮她哥哥还清几十万元债务。首次到美国，没有做成功，后来被告胡小芳多次单独前往，最终做成试管婴儿。做试管婴儿的所有费用均由被告王阿平支付。小孩出生前后，被告胡小芳不断向被告王阿平索要钱财，被告王阿平迫于无奈才向被告胡小芳转账付款 1000 万元，答辩人与胡小芳仅仅是非法代孕生子关系。

二、答辩人出具的条据并非本人真实意思表示。在国外胚胎移植成功以后，胡小芳以"保胎""养胎"为由多次向答辩人索要巨额财产，甚至以割腕自杀为威胁，要求答辩人给钱。在成功利用这种伎俩后，又多次以小孩相威胁，以养育小孩为名，多次向答辩人索要财产，甚至带律师和她哥哥一起让答辩人出具条据，作出财产处分承诺。上述行为严重损害了原告宋阿珍的财产权利，答辩人和宋阿珍相濡以沫，共同经营方才积累了这些财产，答辩人因为法律意识淡薄，伤害了妻子对答辩人的信任和感情，违法处分夫妻共同财产，应当认定为无效。请求法院依法判决。

此致
滨江区人民法院

答辩人：王阿平
二〇二二年三月十八日

附：本答辩状副本 2 份

三、本案的民事判决书

海北省滨海市滨江区人民法院
民事判决书

(2022)滨民一初字第1098号

原告：宋阿珍，女，1967年1月5日出生，汉族，住海北省滨海市滨江区×小区×栋×号房。

委托诉讼代理人：王均平，上海众合律师事务所律师。

被告：胡小芳，女，1980年1月11日出生，汉族，住海北省滨海市滨江区×小区×栋×号房。

委托诉讼代理人：马季奇，北京华田律师事务所律师。

被告：王阿平，男，1962年11月26日出生，汉族，住海北省滨海市滨江区×小区×栋×号房。

委托诉讼代理人：陈自立，广东正大律师事务所律师。

原告宋阿珍诉被告胡小芳、王阿平财产损害赔偿纠纷一案，本院依法适用普通程序由审判员唐德化担任审判长，与审判员王涛、李丽娟组成合议庭，公开开庭进行了审理。原告宋阿珍及其委托诉讼代理人王均平、被告胡小芳及其委托诉讼代理人马季奇、被告王阿平的委托诉讼代理人陈自立到庭参加了诉讼，本案现已审理终结。

原告向本院提出诉讼请求：(1) 确认被告王阿平支付给胡小芳1000万元的处分行为无效；(2) 判令被告胡小芳返还财产1000万元；(3) 判令被告承担本案诉讼费。事实及理由：原告与被告王阿平于1987年2月28日登记结婚，婚后共同生育一女，感情很好。2018年7月至2021年5月期间，被告王阿平未经原告同意，通过银行转账陆续向被告胡小芳支付了1000万元，该笔款项胡小芳用于购置两处房产并登记在其名下。2021年5月月底，原告方知晓此事，根据我国相关法律的规定，夫妻因非日常生活需要处理共同财产时，应当平等协商，取得一致意见。被告王阿平擅自处置夫妻共同财产，该行为应当认定为无效，原告为维护自身合法权益，故诉至法院。

被告胡小芳辩称：原告所述的事实不存在，王阿平给予胡小芳的1000万元是给其共同子女的生活费、抚养费，未损害原告宋阿珍的财产权；胡小芳将王阿平所给予的1000万元依照王阿平的意愿用于购置共同生活所需的房产、车辆及抚养小孩的费用、共同生活的费用。只因小孩年幼不能贷款，为了方便向银行贷款，只好以胡小芳名义向银行贷款并将房产登记在胡小芳的名下。王阿平自愿为其非婚生子女花费生活费，是赠与小孩的，未影响到原告的正常生活需要。综上,本案不存在财产损害的事实,是王阿平个人的赠与行为,与原告无关。

被告王阿平辩称:原告诉求属实。被告王阿平瞒着原告找被告胡小芳代孕小孩,两被告于2018年年初经朋友介绍认识,当时也没有说自己离异。后来,被告胡小芳知道被告王阿平求子心切,便提出到美国做试管婴儿,前提为帮她哥哥还清几十万元债务。首次到美国,没有做成功,后来被告胡小芳多次单独前往,最终做成试管婴儿。做试管婴儿的所有费用均由被告王阿平支付。小孩出生前后,被告胡小芳不断向被告王阿平索要钱财,被告王阿平迫于无奈才向被告胡小芳转账付款1000万元,两被告仅仅是非法代孕生子关系。

双方围绕诉讼请求依法提交了证据,本院组织双方进行了质证,对原告与被告真实性无异议的证据,本院予以确认并在卷佐证。根据本院采信的证据以及当事人的陈述,本院确认以下法律事实:

原告与被告王阿平于1987年2月28日登记结婚,婚后育有一女。2018年年初,两被告经朋友介绍相识。被告王阿平有生子之想,被告胡小芳有配合之愿,故共同前往美国制作试管婴儿,由被告王阿平提供精子、选取美国卵子库中的优质卵子合成受精卵植入被告胡小芳腹中,经过多次试验,被告胡小芳成功怀孕,并于2020年9月11日在滨海市生下了双胞胎儿子胡亚和胡扬。经海北省天普司法鉴定中心鉴定,王阿平系小孩胡亚和胡扬的生物学父亲。

2018年7月至2021年5月期间,被告王阿平通过银行转账,多次向被告胡小芳付款,共计1000万元。被告胡小芳用以上款项购置了位于滨海市阳光小区大平层住宅房屋一套和金融中心188号的商业房屋一套,并登记在自己名下。

2021年6月2日,被告王阿平向被告胡小芳出具条据一份,其上载明:"我愿意将以前所给予或借支给胡小芳的1000万元,作为我儿子胡亚和胡扬的抚养费、教育费(0—18周岁),两个儿子由胡小芳抚养,永不反悔。如果我老婆提出异议,该笔钱即为夫妻共同财产的个人财产,系我个人自愿"。2021年6月23日,被告胡小芳通过银行转账向被告王阿平转账100万元。

本院认为:本案争议焦点为胡小芳是否应返还宋阿珍款项及返还金额问题。具体分析如下:

(一)关于涉案财产属于个人财产还是夫妻共有财产的问题

夫妻共有财产是夫妻共同生活的必要物质基础,夫妻共有财产应作为一个不可分割的整体,夫妻对全部共同财产不分份额地共同享有所有权和平等的处理权,夫或妻非因日常生活需要对夫妻共同财产做重要处理决定,应当经双方平等协商,取得一致意见。在夫妻关系存续期间,不允许分割共有财产为基本原则,只有在特定情况下才允许分割夫妻共同财产,这是法律保障夫妻共同财产存续、安全的体现,确保夫妻财产成为婚姻家庭生活得以正常运转的基本保障。本案中,宋阿珍、王阿平之间并未有关于夫妻财产分别所有的约定,则双方应共同共有夫妻财产,宋阿珍行使的权利及于整个共有财产。根据已查明的事实,王阿平未经宋阿珍同意,在婚姻关系存续期间向胡小芳给付款项共计1000万元,侵犯宋阿珍的共有财产权,故被告王阿平擅自向被告胡小芳转账,并向被告胡小芳出具条据,声明其给付被告胡小芳的涉案款项系其在夫妻共同财产中的个人所有部分,该行为应属无效。被告胡小芳主张王阿平给付的财产是王阿平个人所有的财产,无法律依据,本院不予支持。

(二)关于代孕行为的违法性问题

原卫生部于2001年颁布的《人类辅助生殖技术管理办法》明确禁止医疗机构和医务人员实施任何形式的代孕技术。人类辅助生殖技术应该用于符合一定医学和法律规定的不孕不育夫妻繁衍后代。原卫生部颁布的《实施人类辅助生殖技术的伦理原则》规定:"一、知情同意的原则……医务人员对要求实施辅助生殖技术且符合适应证的夫妇,须让其了解实施该技术的程序、成功的可能性和风险以及接受随访的必要性等事宜,并签署知情同意书……"该原则表明,我国法律允许的实施人类辅助生殖技术的受众为"夫妇",即具有合法婚姻关系的夫妻。本案中,王阿平、胡小芳不具有合法婚姻关系,虽然双方系去美国接受辅助生殖技术,但小孩确系在国内出生。王阿平、胡小芳的行为违背《人类辅助生殖技术管理办法》《实施人类辅助生殖技术的伦理原则》等规定,被告王阿平基于"借腹生子"向被告胡小芳支付巨额财产,严重违背社会公序良俗和社会主义道德规范,严重侵犯了宋阿珍作为配偶一方的权利,故被告王阿平将其与原告宋阿珍的共同财产给付被告胡小芳的行为应属无效,被告胡小芳应将其取得的财产予以返还。另,胡小芳辩称其并非"配合生子"而是恋爱生子,且生育过程极为艰辛。本院认为,胡小芳生育过程艰辛的事实并不能否定其行为的违法性,且胡小芳生育过程的复杂性等系王阿平、胡小芳自身身体原因、胡小芳与王阿平共同生育男孩的意愿等因素决定的,并不能因此证明行为的合法性。

(三)关于涉案款项是否由被告胡小芳占有的问题

被告胡小芳辩称涉案款项用于购买商品房、商铺及车辆,系替两个小孩保管,因相关财产并未登记在小孩名下而是登记在被告胡小芳名下,其辩称理由不成立,本院不予采信。关于被告胡小芳辩称部分涉案款项系被告王阿平支付的小孩抚养费、教育费,因事涉权利主体为俩小孩,可由权利人另行主张权利,故该项抗辩意见本院不予采纳。被告王阿平将其与原告宋阿珍的共同财产1000万元支付给被告胡小芳属实,扣除被告胡小芳已自行返还的100万元,剩余900万元被告胡小芳应予返还。

综上所述,依照《中华人民共和国民法典》第一百五十三条第二款、第一百五十七条、第一千零六十五条、第一千零六十六条之规定,判决如下:

一、确认被告王阿平支付给被告胡小芳1000万元的处分行为无效；

二、限被告胡小芳于本判决书生效之日起10日内返还原告宋阿珍900万元；

三、驳回原告宋阿珍的其他诉讼请求。

如未按本判决指定的期间履行给付金钱义务，应当依照《中华人民共和国民事诉讼法》第二百六十条之规定，加倍支付迟延履行期间的债务利息。

本案受理费88370元，财产保全费5000元，合计93370元，由被告王阿平、被告胡小芳共同承担。

如不服本判决，可在判决书送达之日起15日内，通过本院递交上诉状，并按对方当事人的人数提出副本，上诉于海北省滨海市中级人民法院。

审判长　唐德化

审判员　王涛

审判员　李丽娟

二〇二二年三月二十五日

（滨海市滨江区人民法院院印）

本件与原本核对无误

书记员　刘志韦

第四节　本案的点评与分析

一、实体事实问题

本案的实体事实问题主要涉及两个争议焦点问题：一是代孕协议是否有效，二是夫妻一方擅自处分夫妻共同财产的效力。本案所涉及的这两个问题非常具有典型性，是近年来我国民事司法实践中的热点问题。

关于代孕的合法性问题。人类生殖辅助技术的进步挑战着现有的法律，不断引发关于代孕合法性问题的争论。由于代孕行为直接关涉代孕人核心的物质性人格利益，这类人格利益直接影响人的生命健康，支配这类利益应当以尊重人格尊严为基本前提，因此不宜以有偿的商业化方式进行交易。① 在我国，代孕行为涉及代孕者的生命、身体、健康等多种重大的物质性人格利益，也涉及代孕孕母和委托代孕父母之间关于代孕所生子女的亲属关系的确立、子女抚养的纠纷

---

① 参见李亭慧：《权利正当性视野下代孕合法化的三重条件》，载《财经法学》2022年第1期。

以及履行代孕合同过程中产生的多种不可预知的风险。因此,我国的相关立法已经明确规定,不允许医疗机构和医务人员从事任何形式的代孕技术,也不允许在市场上以任何形式买卖配子、合子、胚胎,在市场交易中,应严禁将相关代孕的行为商业化,并杜绝相关机构从事代孕有关的服务而从中谋取商业利益。我国《民法典》第8条明确规定,民事主体从事民事活动,不得违反法律,不得违背公序良俗。同时,《民法典》第1条开宗明义将"弘扬社会主义核心价值观"作为立法目的。在我国司法实践中,从事代孕有关的行为因与我国传统的社会伦理、社会主义核心价值观以及公序良俗的基本原则明显相违背,故代孕协议一般都被认定为无效合同。本案中,人民法院正是基于上述裁判思路认定被告王阿平向被告胡小芳出具的条据实质上构成了有偿代孕,从而认定该协议无效。

关于夫妻共同财产的处置问题。夫妻共同财产是基于夫妻关系的存在而产生的法定财产制。在夫妻双方未约定分别财产制的情形下,夫妻对共同财产形成共同共有。根据共同共有的一般原理,在婚姻关系存续期间,夫妻共同财产应作为一个不可分割的整体,夫妻对全部共同财产不分份额地共同享有所有权,夫妻双方无法对共同财产划分个人份额,在没有重大理由时也无权于共有期间请求分割共同财产。夫妻对共同财产享有平等的处理权,并不意味着夫妻各自对共同财产享有一半的处分权。只有在共同共有关系终止时,才可对共同财产进行分割,确定各自份额。超出日常生活需要对夫妻共同财产进行处分时,双方应当协商一致。因此夫妻一方擅自将共同财产赠与他人的行为应为全部无效,而非部分无效。本案中王阿平赠与胡小芳大额财产,显然不是因日常生活需要而处理夫妻共同财产的行为,其未经妻子宋阿珍同意,侵犯了宋阿珍的财产权益,该赠与行为应被认定为无效。

值得注意的是,胡小芳在本案中抗辩自己并非代孕,而是在不知道王阿平已婚已育的情况下,与王阿平自由恋爱同居并通过试管技术生育小孩。由于胡小芳未提交充分证据证实该主张,人民法院未予采信。事实上,即便该主张成立,胡小芳不知道对方有配偶,也并不影响裁判结果的正确性。因为我国《民法典》禁止有配偶者与他人同居,王阿平如果在婚姻关系存续期间与"第三者"同居也属于严重违背公序良俗的行为,其财产处置行为仍然无效。而且感情逻辑不同于市场交易,在当事人双方均为成年人的情况下,其应当明确预知自己行为的法律后果。

通过上述角度的分析可见,滨江区人民法院对本案实体事实问题的认证和分析是非常正确的,体现了我国司法裁判对社会主义核心价值观的弘扬。

当然,本案中还留下一个悬而未决的问题,即代孕生育的双胞胎子女的法律地位。由于胡小芳并未代双胞子女提出独立诉讼请求,故人民法院的判决回避了这一问题,而是在判决说理时释明其可以就子女抚养问题另行提起诉讼。我国现行法律对代孕关系下的亲子关系认定未作出具体规定,司法实践中对生母的认定根据出生事实一般遵循"分娩者为母"原则,生父一般根据血缘关系确定。关于本案中代孕所生的两名孩子的亲子关系,由于精子是由王阿平提供,故王阿平应该构成生物学上和法律上的父亲,孩子由胡小芳生育,法律上的生母应根据"分娩者为母"原则认定为胡小芳。这些问题都需要在胡小芳与王阿平之间围绕子女监护权和抚养费的另案诉讼中予以解决。有兴趣的读者可以进一步对此展开思考。①

二、庭审程序问题

庭审是诉讼程序的中心,也是司法判决吸收当事人不满、赢得社会尊重的重要基础。十八届四中全会《中共中央关于全面推进依法治国若干重大问题的决定》提出,要"保证庭审在查明事实、认定证据、保证诉权、公正裁判中发挥决定性作用"。也就是说,要举证、质证、认证在法庭,诉讼权利保护在法庭,辩论交锋在法庭,裁判说理在法庭,尤其是在适用普通程序审理案件的第一审庭审。第一审庭审是最完备的庭审程序,是整个事实审的核心和基石,直接关系到裁判的服判息诉率。本案完整呈现了民事第一审普通程序,整个庭审过程有条不紊、公开透明,从开庭、法庭调查、法庭辩论、休庭评议到当庭宣判,整个案件的审判节奏明快、衔接恰当,体现了较高的审判技巧和审判艺术,使案件的公正实现过程成为"看得见的正义"。本案的庭审有如下几个问题在模拟审判实践中值得重视:

(一) 注重庭审仪式性

现代庭审是一项充满象征意义的"剧场化"活动,庭审活动高度仪式化,无论是法官袍服、法台法椅、法槌响声,还是法庭布置,这些仪式符号体现了司法的庄重与威严。对于书记员来说,开庭仪式尤其重要,清点当事人是否到齐,核对当事人身份信息,宣读法庭纪律,安排出场顺序,都必须严格到位。对于法官来说,法槌敲响宣布开庭的那一瞬间,意味着整个庭审程序的开启,法官必须正确运用诉讼指挥权,按部就班地引导双方当事人在对抗中展示案件真相。本案的整个审理过程充分体现了庭审的仪式规范性,尤其是在原告宋阿珍在庭审过程中情绪激动时,审判长及时地制止了宋阿珍,并对其进行严厉的口头训诫,避免了矛盾升级。

(二) 聚焦争点整理

司法裁判离不开对规范要件与案件事实的比对照看。庭审最重要的任务

---

① 类似案例可参考广东省深圳市中级人民法院(2018)粤03民终9212号民事判决;江苏省无锡市中级人民法院(2014)锡民终字第01235号民事判决;广州市中级人民法院(2012)穗中法少民终字第168号民事判决;上海市第一中级人民法院(2015)沪一中少民终字第56号民事判决。

是,围绕诉讼请求对要件事实进行证明。法官在庭审过程中要根据双方当事人的诉辩意见,及时归纳整理争点(包括事实上、法律上的争点),然后集中于争点展开法院调查和法庭辩论。在本案中,法官在庭审中及时引导当事人宋阿珍明确请求权基础,即《民法典》第 157 条规定的基于无效民事行为的赔偿请求权,并围绕其对应的要件事实诸如婚姻关系状态、夫妻共同财产的处分事实、处分的依据等逐一进行调查,并在此基础上展开法庭辩论。

(三)庭审质证程序问题

本案遵循目前我国民商事庭审实践中最常见的举证质证结构,即由质证方围绕"证据三性"逐一发表意见,之后则结束质证环节。傅郁林教授将其称之为"围绕证据进行事实调查"[1],在这种模式下,证据虽已一一审核,但无法围绕要查明的某项事实进行综合性的对抗攻防,庭后裁判时法官只能凭直觉和经验从这些零碎的、空洞的、缺乏交锋的质证意见中去寻找和建构事实,由此导致庭审与裁判之间严重脱节。[2] 为此,她主张,庭审质证应当仅就证据的真实性发表意见,因为证明力问题须围绕待证事实并综合运用证据展开辩论,无关联性的证据则在事实证明中自然淘汰。在法庭调查开始时,由双方当事人对照证据目录逐一确认,真实性没有异议的往下继续,有异议的放在双方质证完毕后以辩论方式解决。庭审重心放在事实证明过程:当事人依次就诉讼请求、权利依据、事实、证据四个层次的问题提出主张、反驳和辩论。[3] 由此形成"围绕证据进行事实调查"及"围绕事实调查来使用证据"的新型的举证质证模式。[4] 这种庭审质证模式改革对于提高裁判质量和裁判效率具有重要意义,值得在司法实践中进行推广。

(四)法庭调查与法庭辩论的合一或分立

本案采取了当前司法实践中通行的法庭调查与辩论分立的庭审结构。而与"围绕事实调查来使用证据"的质证模式相配套的是,大陆法系与英美法系国家均未作法庭调查与法庭辩论的区分,采取的是将当事人陈述、提出证据、对争点的辩论交融在一起的庭审模式。[5] 由于质证不仅是关于证据的"三性"认可与否的问题,其实质是从双方当事人围绕事实争点的正反证据交锋中来判断证据效力及证明力问题,将质证程序与法庭辩论划入截然不同的阶段,会在相当程度上影响质证程序功能的正常发挥。对此,《民诉法解释》第 230 条已规定:人民法

---

[1] 参见傅郁林:《"审"与"判"的逻辑和相应技巧》,载《人民法院报》2011 年 1 月 29 日,第 7 版。
[2] 参见傅郁林:《判决书说理中的民事裁判逻辑——围绕〈民事诉讼法〉第 155 条展开》,载《中国应用法学》2022 年第 1 期。
[3] 参见刘娜:《民商事审判方法:从经验到自觉》,载《人民法院报》2010 年 12 月 8 日,第 7 版。
[4] 参见厦门市集美区人民法院课题组:《民商事庭审质证环节问题样态与技术完善——以集美区法院 100 个案件为分析样本》,载《东南司法评论》2019 年卷。
[5] 参见张卫平:《法庭调查与辩论:分与合之探究》,载《法学》2001 年第 4 期。

院根据案件具体情况并征得当事人同意,可以将法庭调查和法庭辩论合并进行。目前,法庭调查与法庭辩论合并进行的新型模式正在北京等地的一些人民法院积极试点。① 关于我国民事庭审阶段化构造的改革已经提上日程。②

(五)强化合议庭职责

2015年9月,《最高人民法院关于完善人民法院司法责任制的若干意见》出台,明确裁判文书由办案法官自行签发,院长、副院长、庭长对未直接参加审理案件的裁判文书不再进行审核签发。由此,"让审理者裁判,由裁判者负责"的司法责任制改革全面推开。这一司法改革的显著变化是,避免了"审者不判、判者不审"所带来的负面效果。这使得合议庭能够在法庭辩论结束后的休庭评议中讨论决定如何适用法律。本案中,正是由于取消了报请院庭长签发文书的程序,合议庭才能够在法庭辩论结束后及时评议,并当庭作出宣判,但是上述意见所规定的"四类案件"因为涉及院庭长监督,不宜当庭宣判。

第五节 思考辨析、趣味纠错与案例拓展训练

一、思考辨析

1. 通过法庭审理,你对我国民事诉讼举证(证明)责任制度有何体会和感想?
2. 如何协调和区别质证过程中的辩论和法庭辩论过程中的辩论?
3. 本案的级别管辖应如何确定?
4. 如何理解审判公开的完整内涵?
5. 本案的诉讼费应该如何计算?
6. 如何确定庭审中合议庭成员的内部分工和合作?
7. 法庭审理中使用法槌的主体、程序和意义如何?
8. 如何对待法庭调查和法庭辩论的"分"与"合"?
9. 如何看待简易程序中的效率与公正之间的冲突与协调?
10. 如何归纳案件争议焦点?

二、趣味纠错

1. 在上述案件审理过程中,被告胡小芳申请合议庭其中一人回避,理由是

---

① 参见北京市第二中级人民法院民一庭课题组:《论民事庭审去阶段化——围绕法庭调查与法庭辩论合并的新型模式展开》,载《人民司法》2019年第13期。
② 参见段文波:《我国民事庭审阶段化构造再认识》,载《中国法学》2015年第2期。

该法官对其说话语气过于严厉,审判长以回避理由不成立为由当庭驳回。该做法错在哪里?①

2. 在上述案件审理过程中,原告宋阿珍申请其未成年女儿作为证人出庭作证,人民法院以其无民事行为能力为由不予准许。该做法错在哪里?②

3. 在上述案件法庭调查过程中,审判长询问被告王阿平,"被告胡小芳陈述你和她之间存在同居关系,你是否认可?",被告王阿平在法庭上沉默不语。法官未予追问,随即询问其他问题。该做法错在哪里?③

4. 当事人本人与代理律师共同出庭,当法庭向当事人本人调查事实时,当事人本人表示,需要与代理律师商量后再回答,遂当即与律师商量后进行回答。该做法错在哪里?④

三、典型案例拓展训练

(一) 要点提示

本部分提供司法实践中真实发生的典型案例供师生进行拓展训练,以巩固学生对民事第一审普通诉讼程序的理解与运用。在模拟审判训练中应注意以下几个方面的内容:

第一,训练前指导教师根据本书提供的时案背景材料,给出必要的起诉答辩文书和有关的证据材料,供各审判小组演练使用。

第二,各审判小组在审判结束之前,尽量不浏览该案的媒体报道,在一个"封闭"的环境中进行模拟和习练,各审判角色之间,不能私下交流,严格按照各自的角色要求进行准备和演练。

第三,每次小组演练时,可以设观察员(或者请理论和实务的指导老师出席),把观看模拟演练的心得和演练者的不足记录下来,演练完后进行分享和点评,直到最后一次开庭演练结束。

---

① 参考答案:根据《民事诉讼法》的相关规定,审判人员的回避,由院长决定,当事人申请回避时,应暂时休庭,再以口头或书面形式作出决定。

② 参考答案:凡是知道案件情况的单位和个人,都有义务出庭作证。待证事实与其年龄、智力状况或者精神健康状况相适应的无民事行为能力人和限制民事行为能力人,可以作为证人。

③ 参考答案:当事人对另一方当事人主张的于己不利的事实既不承认也不否认,审判人员应进行说明并询问,法官应询问不回答的原因,若当事人无正当理由,法官应释明不回答的后果。

④ 参考答案:当法庭调查需当事人本人陈述的,除非该当事人本人先向审判人员说明,有需要与律师交换意见的合理原因并经审判人员准许,否则,不应允许当事人本人询问律师也不应允许律师作指点性的提示行为。因为当事人本人对案件事实应当了解最清楚,在审判人员要求其直接向法庭陈述事实时,该当事人若不直接回答却欲与律师商量或律师有指点行为的,当事人有可能裁剪或修整事实,故审判人员对此应及时制止,明确告知其如实陈述事实的义务,并再次要求该当事人本人直接回答法庭的调查询问。告知可参照如下内容:"原告(被告)××,法庭现在向你本人调查事实,你本人对事实应当最清楚,请你本人如实地直接回答法庭提问。"

第四，整个模拟审判实验结束后，再上网浏览有关时案的所有信息，与指导老师一起将本组的模拟审判表现与时案审判进行对比、归纳和总结，最后填写实验报告，并进行实验文书资料的归档。案例1着重引导学生查明彭宇是否撞人这一事实，案例2着重引导学生掌握公共场所"安全保障义务"的适用条件及公平原则的严格限缩。

（二）典型案例

1."南京彭宇案"

2006年11月20日上午，南京青年彭宇在下公交车时，发现正欲上公交车的年长妇女徐寿兰倒地受伤，遂将其扶至旁边，后又与徐寿兰的亲属一起将其送至医院，并给付两百多元，日后也未曾要求偿还。伤者徐寿兰将彭宇告上法庭，要求其赔偿撞人摔伤的医药费、残疾金、精神损害赔偿等共计13万余元，南京市鼓楼区人民法院受理并审理了该人身损害赔偿纠纷一案，并于2007年判决彭宇补偿徐寿兰损失共计4.5万余元。

在该案中，第一审法官在裁判说理时作出了一个经验法则推定："如果被告是见义勇为做好事，更符合实际的做法应是抓住撞倒原告的人，而不仅仅是好心相扶；如果被告是做好事，根据社会情理，在原告的家人到达后，其完全可以言明事实经过并让原告的家人将原告送往医院，然后自行离开，但被告未作此等选择，其行为显然与情理相悖。"

正是该说理使得该案在社会上引起轩然大波，成为"史上最受争议的民事诉讼案件"。舆论几乎一边倒地认为彭宇是做好人好事反受了冤枉，"老人倒地该不该扶"一时成为舆论关注的焦点。该案的第一审判决书被晒在网上后，更是引来骂声一片，甚至被指责"让道德倒退了50年"。后来发生的"天津彭宇案""郑州彭宇案"，以及小孩被车撞后遭路人漠视的"小悦悦事件"等，更是使该案成了一个公共话题。

时隔5年后的2012年1月，媒体正式曝光该案"真相"，彭宇承认撞倒徐寿兰并同意补偿1万元，第二审时双方达成和解撤诉，且约定不得在媒体上披露相关信息和发表相关言论。此时徐寿兰已逝世，法官已调离，彭宇淡出公众视野，但舆论仍然质疑，使得该案成为一个注定"没有赢家的官司"。

2012年3月5日的"学雷锋纪念日"，民间公益网站"中国好人网"首届"搀扶老人奖"在授予彭宇本人本届"委屈奖"及5000元奖金的同时，另外又对其颁发特别奖奖金20000元。

2."岳麓山景区大学生夜骑死亡索赔案"

2018年6月26日下午6点，湖南某学院学生汪某推行其自有的两轮自行车与室友黄某某从岳麓山东门入口进入岳麓山景区。当晚8点45分，汪某骑两轮自行车搭载黄某某从岳麓山山顶往湖南大学登高路方向下行。当行驶至白鹤泉至穿石坡湖之间下坡左拐弯处时,车辆失控,直接往前冲出有效路面,碰撞道路右侧绿化树木后摔下斜坡,造成自行车受损及汪某、黄某某受伤,后汪某经医院抢救无效于当日死亡。汪某父母认为岳麓山景区管理处未尽到安全保障义务,应承担赔偿责任,向人民法院提起诉讼。

长沙市岳麓区人民法院审理认为,岳麓山景区管理处作为岳麓山景区的管理人,在景区的入口及景区内道路两旁均设置了"请勿骑自行车上山"警示标志及道路指示标志。汪某交通事故事发地点的道路交通状况、设施、设备、标线并无瑕疵。岳麓山景区管理处对汪某因交通事故意外死亡并无过错,尽到了作为岳麓山景区管理人的管理义务,遂判决驳回诉讼请求。汪某父母不服,向长沙市中级人民法院提起上诉。

长沙市中级人民法院第二审认为,并无法律法规或其他规范性文件明确禁止在岳麓山景区骑行自行车,岳麓山景区管理处并无设置禁骑装置、阻止骑车进入景区、警示骑行人群的法定义务。岳麓山景区作为全天候免费向社会公众开放的非封闭型风景名胜区,并不具备营利性质,岳麓山景区管理处并不因此获益,因而,不应苛求其履行安全保障义务的标准和程度高于经营性公共场所。并且,岳麓山景区作为非封闭型景区,实际可供出入的路径众多,加之岳麓山景区管理处也已举证证明在景区的醒目位置设置了禁止骑车进入景区的警示标志,应视为其已经尽到了相应的安全保障义务。岳麓山景区系以原始风貌为基础的景区,景区内路窄、弯急、坡陡属于景区的本身特征,在景区内从事户外活动本身即具备一定的危险性。汪某作为具备完全民事行为能力的成年人,系自身安危的第一责任人,理应预见自身行为的潜在风险和严重后果,仍然自甘风险,因此所产生的损害后果应自行承担。故驳回上诉,维持原判。

无独有偶,近年来景区发生的类似索赔事件很多。家属多以"人死为大"主张高额索赔。人民法院在这类案件中改变了"按闹分配"、适用公平原则、"和稀泥"的做法,旗帜鲜明地传递了法律的价值导向。

2021年7月26日,女大学生刘某进入庐山风景名胜区龙首崖景点,于当天坠亡。刘某坠亡后未被立即发现,直到8月6日,她的父母向庐山公安局报案,警方于8月10日在龙首崖下方约60米处找到一具尸体,经DNA比对确定死者身份为刘某。经警方查实,刘某是通过登山小道进入景区的,并没有购买门票。刘某在高中时曾因学习压力大,患上了轻度抑郁症,在事发前曾与母亲发生争执。综合法医检验报告、父母提供的线索以及其他调查结果,警方确认排除他杀。

对于这起悲剧,庐山景区安全管理部门也积极进行了协调,协调结果是保险公司对刘某父母给予4万余元的补偿。不料签完了调解协议刘父刘母却反悔了——他们未找保险公司理赔,而是将庐山景区的管理部门告上了法庭,要求赔偿 90 多万元。

江西省庐山市人民法院审理认为：龙首崖景点作为开放式户外景点，沿途设有安全警示牌，在临崖观景台设有 1.2 米高的护栏，已经尽到了安全保障义务。在排除他杀的情形下，结合刘某生前患有轻度抑郁症、独自出行、事发前与母亲争执、抛弃行李以及景区安全保障措施齐全等，推定刘某死亡系自身故意造成，驳回原告的诉讼请求。

"南京彭宇案"裁判文书

"岳麓山景区大学生夜骑死亡索赔案"裁判文书

第三章 剧本(二):刑事第一审案件普通程序[①]

第一节 案情简介及争议焦点

一、案情简介

被告人:吴金友,男,1991年3月23日出生,汉族,大学本科文化,无职业,户籍所在地为汉东省金川市金星区×街道×小区38栋112室,现住汉东省金川市金星区×街道×小区1栋102室。

被告人:陈娜,女,1991年1月11日出生,汉族,大学本科文化,无职业,户籍所在地为汉东省金川市金星区×街道×小区20栋309室,现住汉东省金川市金星区×街道×小区1栋102室。

2016年11月份以来,被告人吴金友以汉东省金川市金星区×街道×小区1栋102室为据点,在互联网上下载"夜游神"软件,后在互联网上宣传、在淘宝店铺销售利用该软件干扰"钉钉"智能移动办公平台(以下称"'钉钉'系统")等应用系统的实时定位功能的服务,为客户代为打卡、签到作弊,从中谋取不法利益。

2017年年底,"钉钉"系统等应用系统升级后,"夜游神"软件已不能干扰其实时定位功能。为继续实施违法犯罪行为,被告人吴金友从网上下载了一个名叫"大牛助手"的软件,在互联网上寻找技术人员对该软件进行破解,后更改图标,添加注册机后命名为"神乐科技",同时被告人吴金友利用百度贴吧、今日头条、微信公众号等自媒体以及淘宝店铺对"神乐科技"软件可以对"钉钉"系统等应用系统的实时定位功能进行干扰,可以实现任意位置打卡、签到等功能进行广告宣传,并将植入了"神乐科技"软件的手机在淘宝店铺上销售。该软件通过虚拟定位技术,将虚假的位置传送至"钉钉"系统,以达到"打卡"的效果,主要供上班族和学生使用。该软件为收费软件,年费为89元,月费为25元。

被告人陈娜系吴金友的女友,其明知被告人吴金友对相关软件进行虚拟定位以帮他人考勤作弊,仍以其名义为被告人吴金友设立微信公众号用以宣传"神乐科技"软件的功能,并将以其名义注册的淘宝店铺交予被告人,以供其销售植入"神乐科技"软件的手机以及提供代为签到、打卡的服务。

[①] 本剧改编自真实案例,本案的案情简介和基本的诉讼文书是作者根据原案整理、"模拟"而成。案例原型为长沙市岳麓区人民法院审理的朱某、严某破坏计算机信息系统一案[(2020)湘0104刑初201号]和北京市海淀区人民法院审理的张某破坏计算机信息系统一案[(2020)京0108刑初450号]。

被告人吴金友专门针对"钉钉"系统等应用系统的打卡功能进行定位篡改进而实现考勤作弊,用户给付一定的费用就能使用软件实现在家进行考勤打卡的效果,相关需求客户通过微信将打卡要求告知被告人吴金友,并将费用通过微信红包等方式转给被告人吴金友。自2016年年底至案发,被告人吴金友非法获利约57万元。

2021年8月1日9时许,被告人吴金友、陈娜被公安机关抓获,并在到案后如实供述了其主要犯罪事实。汉东省金川市金星区人民检察院以被告人吴金友、陈娜涉嫌破坏计算机信息系统罪,向汉东省金川市金星区人民法院提起公诉。

二、争议焦点

1. 本案被告人是否构成犯罪。
2. 破坏计算机信息系统犯罪与提供干扰计算机信息系统功能的程序、工具罪之界限。

第二节 本案的真实开庭审理

序幕 开庭前的准备

金星区人民法院对金星区人民检察院提起的被告人吴金友、陈娜破坏计算机信息系统一案进行审查,发现起诉书中有明确的指控犯罪事实并且附有证据目录后,决定开庭审判。

在决定开庭审判后,金星区人民法院依法进行了以下开庭前的准备工作:

(1) 决定由审判员刘加深、万美娟、李长农依法组成合议庭,由刘加深担任审判长;

(2) 在开庭10日以前,将人民检察院的起诉书副本送达了被告人吴金友和陈娜;

(3) 通知被告人、辩护人在开庭5日以前提供证人、鉴定人名单,以及拟当庭出示的证据;申请证人、鉴定人、有专门知识的人出庭的,应当列明有关人员的姓名、性别、年龄、职业、住址、联系方式;

(4) 将开庭的时间、地点在开庭3日以前通知了金星区人民检察院;

(5) 在开庭3日以前,将传唤被告人吴金友和陈娜的传票分别送达,向辩护人、证人、鉴定人送达出庭的通知书;

(6) 在开庭3日以前先期公布案由、被告人姓名、开庭的时间和地点。

上述活动均写入了笔录,由主审法官李长农和书记员肖中南签名。主审法官李长农还拟就了法庭审理提纲。

第一幕　宣布开庭

时间:2022年5月8日9时

地点:金星区人民法院第一刑事审判庭内。

法庭内。审判台中央上方,鲜艳的国徽格外引人注目。

黑里透红的审判台,比控辩双方的席位高30到60厘米,显得庄严、沉稳;审判台中央审判长的法椅比两旁的审判员法椅略高。

审判台正中下边是书记员席位。

公诉人、辩护人的席位分列审判台两边相对而设。

与审判台相对,靠公诉人席位的是证人、鉴定人席位,靠辩护人席位的是被告人席位。

值庭法警进入法庭,引导旁听人员就位,要求审判区无关人员离开,确保法庭秩序良好。待书记员进入法庭后,站立就位。

书记员进入法庭。检查审判区、旁听区是否符合要求,要求法庭记录、录音录像、证据展示等设备正常运转。查明公诉人、辩护人是否已在指定区域等候,被告人是否已押解至候审室,法警是否已经准备就绪。

(前来旁听本案的一般群众,已在法庭内入座。人们一边等待,一边窃窃私语。)

书记员:请肃静!

书记员:请公诉人、辩护人入庭。

(公诉人、辩护人分别进入法庭。)

书记员:(等公诉人、辩护人坐下,依法查明公诉人和辩护人的到庭情况)现在宣读法庭纪律。(略停一下)根据《中华人民共和国法院法庭规则》和《中华人民共和国刑事诉讼法》有关规定,全体人员在庭审活动中应当服从审判长或独任审判员的指挥,尊重司法礼仪,遵守法庭纪律,不得实施下列行为:① 鼓掌、喧哗;② 吸烟、进食;③ 拨打或接听电话;④ 对庭审活动进行录音、录像、拍照或使用移动通信工具等传播庭审活动,违反规定的,人民法院可以暂扣其使用的设备及存储介质,删除相关内容,媒体记者经许可,应当在指定的时间及区域进行,不得影响或干扰庭审活动;⑤ 其他危害法庭安全或妨害法庭秩序的行为。

检察人员、诉讼参与人发言或提问,应当经审判长或独任审判员许可。旁听人员不得进入审判活动区,不得随意站立、走动,不得发言和提问。审判长或独任审判员对违反法庭纪律的人员应当予以警告;对不听警告的,予以训诫;对训诫无效的,责令其退出法庭;对拒不退出法庭的,指令司法警察将其强行带出法庭。

行为人实施下列行为之一,危及法庭安全或扰乱法庭秩序的,根据相关法律规定,予以罚款、拘留;构成犯罪的,依法追究其刑事责任:① 非法携带枪支、弹药、管制刀具或者爆炸性、易燃性、放射性、毒害性、腐蚀性物品以及传染病病原体进入法庭;② 哄闹、冲击法庭;③ 侮辱、诽谤、威胁、殴打司法工作人员或诉讼参与人;④ 毁坏法庭设施,抢夺、损毁诉讼文书、证据;⑤ 其他危害法庭安全或扰乱法庭秩序的行为。

书记员:(环视一下整个法庭,然后大声地)全体起立。

书记员:(略停一下)请审判长、审判员入庭!

书记员:请审判长、审判员入庭。

(以审判长为首的审判人员依次进入法庭。)

审判长:(与两位审判员站着面对旁听席。略停一下,然后清晰而严肃地)全体坐下!(示意全体坐下的同时,审判长、两位审判员坐下)

(法庭内人声宁息、气氛庄严。只有书记员清脆的声音在法庭内回荡。)

书记员:报告审判长,被告人吴金友、陈娜破坏计算机信息系统一案的公诉人和辩护人已到庭。法庭准备工作就绪,可以开庭。报告完毕。

(书记员离席侧半个身位站立,目光注视审判长。)

(审判长向书记员点点头。书记员入座,坐下。)

审判长:(用眼光环顾了一下法庭,用力敲击一下法槌,然后大声地宣布)金星区人民法院,公开审理被告人吴金友、陈娜破坏计算机信息系统一案,现在开庭!

审判长:(略停一下)传本案第一被告人吴金友到庭!

(第一被告人吴金友由两位法警带到被告人席,站着。被告人进入法庭前已解除械具,法警将被告人带到被告人席前站立。带入过程中,法警在被告人身后两侧,与被告人无身体接触,但也不能让被告人脱离可控范围。)

审判长:(看了一下被告人席,然后用十分清晰的声音念)被告人吴金友,陈述你个人的基本情况。

第一被告人:吴金友,男,1991年3月23日出生,汉族,大学本科文化,无职业,户籍所在地为汉东省金川市金星区×街道×小区38栋112室。现住汉东省金川市金星区×街道×小区1栋102室。

审判长:以前受过何处罚?

第一被告人:没有。

审判长:何时何事被抓获,采取何种强制措施?

第一被告人:因涉嫌破坏计算机信息系统罪于2021年8月1日被抓获到案,2021年8月2日被刑事拘留,2021年9月7日被取保候审。

审判长:何时收到起诉书副本?

第一被告人:2022年4月2日。

审判长:坐下。

审判长:(略停一下)传本案第二被告人陈娜到庭!

(第二被告人陈娜由两位女法警带到被告人席,站着。)

审判长:(看了一下被告人席,然后用十分清晰的声音念)被告人陈娜,陈述你个人的基本情况。

第二被告人:陈娜,女,1991年1月11日出生,汉族,大学本科文化,无职业,户籍所在地为汉东省金川市金星区×街道×小区20栋309室,现住汉东省金川市金星区×街道×小区1栋102室。

审判长:被告人陈娜,你是何时收到起诉书副本的?

第二被告人:2022年4月2日。

审判长:以前受过何处罚?

第二被告人:没有。

审判长:何时何事被抓获,采取何种强制措施?

第二被告人:因涉嫌破坏计算机信息系统罪,于2021年8月1日被抓获到案,2021年8月2日被刑事拘留,2021年9月7日被取保候审。

审判长:坐下。

审判长:被告人吴金友、陈娜的身份查证属实。汉东省金川市金星区人民法院刑事审判庭今天在此依法公开开庭审理由金星区人民检察院提起公诉的被告人吴金友、陈娜破坏计算机信息系统一案,本案由本院审判员刘加深、万美娟和李长农依法组成合议庭,由审判员刘加深担任审判长,书记员肖中南担任本庭记录。金川市人民检察院指派检察员刘建华、张并归(以下称"公诉人")出席法庭支持公诉。开庭前已经告知被告人,除被告人自行行使辩护权外,还可以委托律师等辩护人进行辩护。受被告人吴金友家属的委托,汉东省铜牙律师事务所律师马高(以下称"辩护人马")接受委托担任被告人吴金友的辩护人,出庭为被告人吴金友进行辩护。受金星区法律援助中心的指派,金川市天平律师事务所律师刘金柱(以下称"辩护人刘")担任本案被告人陈娜的辩护人,出庭为被告人陈娜进行辩护。

审判长:被告人吴金友,你同意马高律师为你出庭进行辩护吗?

第一被告人:同意。

审判长:被告人陈娜,你同意周刘金柱为你出庭进行辩护吗?

第二被告人:同意。

审判长:(略停一下)下面告知诉讼权利。在庭审过程中,被告人及其辩护人依法享有下列诉讼权利:① 可以申请合议庭组成人员、书记员、公诉人、鉴定人和翻译人员回避;② 可以提出证据,申请通知新的证人到庭、调取新的证据,申请重新鉴定或者勘验、检查;③ 被告人可以自行辩护;④ 被告人可以在法庭辩论终结后作最后陈述。

审判长:以上权利,被告人和辩护人,是否都听清楚了?

(第一被告人、第二被告人及其各自的辩护人都表示听清楚了。)

审判长:被告人吴金友,你是否申请回避?

第一被告人:不申请。

审判长:被告人陈娜,你是否申请回避?

第二被告人:不申请。

审判长:下面进行法庭调查。

第二幕　法庭调查

审判长:现在进行当庭陈述。首先由公诉人宣读起诉书。

公诉人:(站起来,用十分清晰的声音宣读)金星区人民检察院起诉书,金检刑诉(2022)第 308 号。被告人吴金友、陈娜涉嫌破坏计算机信息系统罪一案,由金星区公安局侦查终结,于 2022 年 2 月 16 日移送本院审查起诉。现查明:2016 年 11 月以来,被告人吴金友以汉东省金川市金星区×街道×小区 1 栋 102 室为据点,在互联网上下载"夜游神"软件,后在互联网上宣传、淘宝店铺销售利用该软件干扰"钉钉"系统等应用系统的实时定位功能的服务,为客户代为打卡、签到作弊从中谋取不法利益。

2017 年年底,"钉钉"系统等应用系统升级后,"夜游神"软件已不能干扰其实时定位功能。为继续实施违法犯罪行为,被告人吴金友从网上下载了一个名叫"大牛助手"的软件,在互联网上寻找技术人员对该软件进行破解,后更改图标、添加注册机后命名为"神乐科技",同时被告人吴金友利用百度贴吧、今日头条、微信公众号等自媒体以及淘宝店铺对"神乐科技"这个软件可以对"钉钉"系统等应用系统的实时定位功能进行干扰,可以实现任意位置打卡、签到等功能进行广告宣传,并将植入了"神乐科技"软件的手机在淘宝店铺上销售。

被告人吴金友专门针对"钉钉"系统等应用系统的打卡功能进行定位篡改进而实现考勤作弊,用户给付一定的费用就能使用软件达到在家进行考勤打卡的效果,相关需求客户通过微信将打卡要求告知被告人吴金友,并将费用通过微信红包等方式转给被告人吴金友。自 2016 年年底至案发,被告人吴金友非法获利约 57 万元。

被告人陈娜明知被告人吴金友对相关软件进行虚拟定位以帮他人考勤作弊,仍以其名义为被告人吴金友设立微信公众号用以宣传"神乐科技"软件的功能,并将以其名义注册的淘宝店铺交予被告人以供其销售植入"神乐科技"软件的手机以及提供代为签到、打卡的服务。

2021年8月1日9时许,被告人吴金友、陈娜被公安机关抓获,并在到案后如实供述了其主要犯罪事实。

综上所述,起诉书认定本案被告人吴金友、陈娜破坏计算机信息系统的犯罪事实清楚,证据确实充分,依法应当认定被告人吴金友、陈娜犯破坏计算机信息系统罪,并应从重处罚。

(宣读完起诉书后,公诉人刘建华视了一下法庭,坐下。)

审判长:(目光转向第一被告人席)被告人吴金友对起诉书内容听清楚了吗?对起诉书指控的犯罪事实与罪名有无异议?

第一被告人:听清楚了。有异议。① 我认为"夜游神"软件没有对"钉钉"系统软件进行干扰导致其不能正常运行;② 我的非法获利没有起诉书指控的那么多,非法获利里有一些是我的合法收入;③ "大牛助手"软件我是2018年六七月才去网上找别人破解的,更新又得重新破解,我就没有进行销售了;④ 我不是针对"钉钉"系统进行干扰,只是利用模拟器进行定位,没有对"钉钉"系统内部进行干扰和破坏。

审判长:被告人陈娜对起诉书内容听清楚了吗?对起诉书指控的犯罪事实与罪名有无异议?

第二被告人:听清楚了,我不清楚吴金友拿我的微信公众号和淘宝店的事情,在他做这个事情之前我的公众号和淘宝店就有了,吴金友知道账户名和密码,他什么时候用的及用来干什么,我都不知情。

审判长:请公诉人对被告人进行讯问。

审判长:被告人吴金友留下听审。押被告人陈娜退庭候审。

审判长:请公诉人对被告人吴金友进行讯问。

公诉人:被告人吴金友,公诉人现在对你进行讯问,你要如实回答,你今天在庭上认罪态度的好坏,将直接影响对你的量刑,听清楚了吗?

第一被告人:听清楚了。

公诉人:你以前在公安机关的供述属实吗?

第一被告人:属实,笔录我都看过,字是我签的。

公诉人:办案人员对你有无刑讯逼供等违法行为?

第一被告人:没有。

公诉人:你的支付宝账号收款金额我们经过审计是有57万多元,你说非法获利金额没有这么多,那么其他的是什么?

第一被告人:我很多都是帮别人P图作弊,链接可能都是一样的,2018年"夜游神"软件不能用之后,我是专心在帮别人P图打卡。

公诉人:代人打卡是几块钱一次?

第一被告人:8—12元。

公诉人:P 图的价格呢?

第一被告人:都是一样的。

公诉人:一般是 P 什么图?

第一被告人:考勤作弊的图,我认为这个应该不是违法的。

公诉人:你有段时间为什么用陈娜的支付宝和淘宝店铺?

第一被告人:因为我有段时间刷单比较多,店铺被封了。

公诉人:收费 50 元的项目是什么?

第一被告人:软件包月的费用,还有 P 图一周的价格,都算在软件月费是为了刷单,我在公安机关的时候以为 P 图帮别人作弊也是违法行为。

公诉人:明细表里还有手机收入,真实的销售项目是什么?

第一被告人:有些是植入了"神乐科技"软件,有些没有植入,没有破解软件之前是出售已经 ROOT 的手机,可以通过屏幕进行解锁。

公诉人:你什么时候开始出售安装"神乐科技"软件的手机?

第一被告人:2018 年 7 月。

公诉人:吴金友,我对你讯问的时候,讯问过程中你的讯问是否属实?笔录你都看过吗?

第一被告人:属实。

公诉人:在那次谈话中,你为什么没有谈到今天说的 P 图这些?

第一被告人:时间太久了我没有印象了。

公诉人:讯问完毕。

审判长:辩护人是否需要提问?

辩护人马:吴金友,你的主营范围是什么?

第一被告人:代打卡作弊,主要以 P 图作弊为主。2016 年年底到 2017 年 7 月 7 日我还在上班,P 图作弊我时间相对比较合理。

辩护人马:你帮客户打卡一般是哪些需求?怎么操作?

第一被告人:先是客户联系我,然后把账户密码和验证码、打卡地址发给我,然后我把地址填入"夜游神"软件中帮别人打卡。

辩护人马:实际打卡地点和所在地点是否一致?

第一被告人:客户让我打卡在哪里我就打在哪里。

辩护人马:请你解释一下"纷享销客"等软件是什么?

第一被告人:和"钉钉"系统类似的应用系统,也是考勤打卡的。

辩护人马:在 2018 年 7 月之前的手机收入,是真实手机收入还是植入了其他软件?

第一被告人:价格有些是只含手机,有些是包含手机和软件,有些人可以放一台手机在单位,只要在特定的时候远程点亮手机屏幕,就能完成打卡。

辩护人马：哪些项目你认为不应当计入你的违法所得？

第一被告人：P图的收入，出于引流目的的刷单的收入。刷单的收入有几万块钱，大概七八万块钱，比如本来是A产品，下单在B产品。

辩护人马：你前期使用"夜游神"软件和"大牛助手"软件，你和这些软件的开发公司有什么关系吗？

第一被告人：没有，我都是在网上找的软件。

辩护人马：你在今日头条上打广告说破解了"钉钉"系统的人脸识别系统是否是真实的？

第一被告人：不是，我没有这个技术，我只是为了引流。

辩护人马：你用这些软件有没有对"钉钉"系统内部进行修改和增减？

第一被告人：以我的理解是没有的，只是改变了这台手机的定位，没有对"钉钉"系统造成其他的影响。

辩护人马：你在公安机关的供述是不是完整地记录下来了？

第一被告人：有供述没有记录下来的情况，P图公安说也是作弊，也算入破坏计算机信息系统里，他们说会去核实。我之前还在上班的时候没有那么多时间去处理代打卡这些。

辩护人马：你这个业务有没有一个时间段的限制？

第一被告人：有，大部分公司是要求9点之前打卡。

辩护人马：你帮人代打卡要多久？

第一被告人：一整套的流程下来5—10分钟。

辩护人马：你平均一天可以帮别人打多少卡？

第一被告人：不一定，可能只有几个，因为时间上有限制。

辩护人马：提问完毕。

审判长：被告人吴金友，现在法庭依法讯问你，你要如实回答问题，听清楚了吗？

第一被告人：听清楚了。

审判长：手机收入里是ROOT手机和植入软件的手机这2项吗？

第一被告人：是的。

审判长：ROOT的手机怎么实现点亮解锁打卡的功能？

第一被告人：原理类似于闹钟，我在网上找的软件，叫"按键精灵"，在网上找的免费的。

审判长：你卖了多少个这样的手机？

第一被告人：一两百个。

审判长：你可以区分这2种手机的销售情况吗？

第一被告人：不能，太久了。

审判长:你在公安机关和检察机关为什么没提到这个问题?

第一被告人:当时就统称为"神乐科技"手机,当时就一起带过了。

审判长:你是 2018 年 7 月才销售安装虚拟打卡软件的手机吗?

第一被告人:是的,我是 2018 年 7 月才找人破解的,一个叫"小虎",一个叫"你要开心呀"。"大牛助手"软件过段时间会更新,更新完了我又要找人破解,破解需要 1—2 周,可能找人破解完"钉钉"系统又更新了。

审判长:陈娜在你帮人 P 图、代打卡、销售手机过程中做了什么?

第一被告人:我借了她的微信公众号进行推广,在我的店铺被封期间借了她的淘宝账号发布相关的商品链接。

审判长:请法警将被告人吴金友带出法庭候审,带被告人陈娜到庭。(法警将第一被告人带出法庭)

审判长:请公诉人对被告人陈娜进行讯问。

公诉人:公诉人暂时不对其进行讯问。

审判长:辩护人是否需要提问?

辩护人刘:陈娜,你在案发前是否具有稳定工作?

第二被告人:有,在一个化妆品工厂。

辩护人刘:你的工作时间是?

第二被告人:每天 7 点半左右到公司,晚上有时候 10 点、11 点才下班,周末经常要下班。

辩护人刘:在吴金友做虚拟打卡和 P 图前,你是否就注册了微信公众号和淘宝店铺?

第二被告人:是的。

辩护人刘:他借用的用途是什么?

第二被告人:他用的时候没有说,过了一段时间他说做宣传,没有说具体做什么。

辩护人刘:他赚了多少钱你知道吗?

第二被告人:不知道,我们的钱是分开的。

辩护人刘:提问完毕。

审判长:被告人陈娜,现在法庭依法讯问你,你要如实回答问题,听清楚了吗?

第二被告人:听清楚了。

审判长:你知道吴金友用你的微信公众号和淘宝店铺干什么吗?

第二被告人:我具体不知道他在干什么,可能是宣传。

审判长:你的支付宝打进来钱,你知道吗?

第二被告人:我不知道,我支付宝没有开通知的,我工作很忙我就不会经常登录,他知道我的支付宝密码,有钱他可能就转走了。

审判长:你在公安机关的供述属实吗?

第二被告人:属实,但我还说钱到账吴金友就转走,不会到我这里来。

审判长:你有帮吴金友打卡过吗?

第二被告人:我没有帮他打卡过,他有时候让我点击一下确认。

审判长:办案人员对你有无刑讯逼供等违法行为?

第二被告人:他们就一直在问我,一直要让我说出个所以然来,我就说了一个我觉得,他们就认为我知道这些。

公诉人:陈娜,我之前在金星区人民检察院对你进行讯问,你有印象吗?

第二被告人:有印象。

公诉人:你看下这份笔录,还有你改动的地方,我们检察机关没有对你刑讯逼供的行为吧?

第二被告人:没有。

公诉人:讯问完毕。

审判长:押被告人吴金友入庭听审。

审判长:公诉人是否需要综合讯问?

公诉人:不需要。

审判长:辩护人是否需要进行综合讯问?

辩护人马:不需要。

辩护人刘:不需要。

审判长:法庭讯问结束,下面进行法庭举证。(说完示意审判员李,由他主持当庭举证,审判员李会意。)

审判员李:请公诉人就指控的犯罪事实和量刑情节进行举证。

公诉人:第一组证据,被告人的供述与辩解。

1. 被告人吴金友的供述与辩解

主要内容如下:"2016年10月份左右,那时候我还在上班,我们单位就是用的"钉钉"系统,经常要我们在上面打卡,来实现对员工的实时考勤。有时候我自己要迟到了,来不及打卡,要是没有按公司要求打卡的话要受到公司的批评,所以有时候我就需要修改打卡的位置,但是直接在"钉钉"系统上是修改不了的,所以我就到百度上去找一些能够修改打卡位置的方法,后来我就找到了"夜游神"这个软件,这个软件可以在电脑上模拟一个安卓手机的环境,修改这个环境内的地址,之后就可以要"钉钉"系统获取我修改后的打卡地址,之后再在模拟器环境下使用"钉钉"系统,这个时候"钉钉"系统就会识别修改后的位置,认为修改后的虚拟位置就是客观真实的位置,然后就可以正常打卡,而不会被"钉钉"系统拦截,进而达到修改位置的目的。后来我就在网上发现很多人也需要这种代为在虚拟位置上打卡、签到的服务,2016年年底我就在我自己开的淘宝店铺上销售这种服务……以上就是我作案的整个过程。"

2. 被告人陈娜的供述与辩解

主要内容如下:"2016年上半年,我男朋友吴金友开始利用作弊设备帮助别人进行考勤打卡,针对的客户有'钉钉'系统、'纷享销客'、'微办公'。他最初就是用自己的一台电脑操作,直到2017年7月才购买电脑和手机大力经营这个代打卡的业务。他最初告诉我是2017年年初,说他会利用软件更改地图,想在哪里打卡考勤都可以,我也比较好奇,就让他在电脑上现场给我演示了一下,我感到很惊讶。我是2017年12月才开始帮吴金友打卡的,都是周末或者晚上我在家时,他要上厕所或者忙不过来的时候,偶尔帮他的,到今天为止大约打过六七个人,20次左右。另外就是我自己的微信里也有一些客户,但是这些客户都是用的微办公的这个软件,平均一天有5到6个客户会通过微信联系我,然后发10元的红包给我要我帮他们打卡,但是我不具体操作打卡,我只会把客户的需求转发给吴金友,要他去落实客户的要求……"

审判员李:被告人对上述供述与辩解有无异议?

第一被告人:补充我刚才在庭上说的内容。

第二被告人:吴金友让我帮忙打卡,可能是他要上厕所的时候要我帮忙点击一下,我熟悉的是"微办公"。我没有拿吴金友的钱,是用于共同使用。

审判员李:被告人吴金友,你今天在庭上说的为什么在公安机关没有说?

第一被告人:公安机关认为P图这些也是帮别人作弊,都是违法的。我在"夜游神"软件不能用之后就是用点醒屏幕,2018年7月之后用"大牛助手"软件。

审判员李:"钉钉"系统怎么打卡?

第一被告人:进入软件后点击打卡。

审判员李:"钉钉"系统打卡用人脸识别登录后怎么破解?

第一被告人:破解不了,我为了引流宣称过我能破解,是否人脸识别登录可以设置。

审判员李:被告人陈娜,你在公安机关供述说你知道吴金友用你的淘宝店铺经营代打卡?

第二被告人:我一直在劝他不要做这个事情,我没有默认,我工作忙,他要用的时候不和我讲我是不会发现的。

审判员李:被告人吴金友,你知道陈娜的微信公众号和淘宝账户用户名和密码吗?

第一被告人:我知道用户名和密码,陈娜支付宝的钱有些是我自己转,有些是她转给我,她不太清楚我整个营销的模式,她可能只知道链接的名字,钱被我们共同使用了。

审判员李:被告人吴金友,你说"按键精灵"软件可以在网上免费下载到,那为什么要找你买手机?

第一被告人:因为手机要 ROOT 之后才能取得权限下载软件。

审判员李:安装"按键精灵"软件的手机和"神乐科技"软件的手机价格是否一样?

第一被告人:是一样的,只是这种是通过 ROOT 获得权限之后再植入免费软件。

审判员李:辩护人对该组证据有无异议?

辩护人马:对真实性、合法性、关联性无异议:① 被告人完整的供述并没有以书面的形式完整体现出来,如 P 图是主要营业方式,P 图不属于破坏计算机信息系统犯罪,不应计入犯罪金额;② 被告人和侦查机关对这个罪的构成不太清楚,导致可能对吴金友有利的供述没有体现出来,吴金友的有些营业范围不属于犯罪;③ 被告人如实供述,认罪态度好;④ "神乐科技"软件只是被告人随意的命名,在利用"大牛助手"软件形成"神乐科技"软件之前的收入不构成对计算机信息破坏,不属于违法所得,在利用"大牛助手"软件形成"神乐科技"软件之后没多久就被抓获了,违法所得有限。

辩护人刘:对真实性、合法性、关联性无异议,辩护人认为两名被告人的供述能够相互印证的是陈娜只是在吴金友忙不过来的时候偶尔帮吴金友打卡,作用十分有限。

审判员李:公诉人是否需要答辩?

公诉人:被告人吴金友不管对法律是否了解,面对公安机关和检察机关的义务就是如实供述,公安机关和检察机关都问了吴金友如何使用软件对"钉钉"系统进行干扰牟利的事实,并问了他是否需要补充,不能因为今天他懂得法律了就认定补充事实,因此吴金友在公安机关和检察机关的供述更加有可信度。

审判员李:辩护人有无新的意见?

辩护人马:我们认可公安机关的讯问笔录,但被告人存在对法律从不懂到比较清楚的过程,哪些对自己有利也是一个逐步认识的过程,现在讲清楚是可信的。

审判员李:请公诉人继续举证。

公诉人:第二组证据,证人证言。

(1) 证人曹倩(钉钉信息技术有限公司工作人员)的证言;

(2) 证人谭武的证言;

(3) 证人邓巍的证言、微信聊天记录截图;

(4) 证人王穗成的证言、支付宝交易记录截图;

(5) 证人张展鹏的证言、支付宝交易记录及聊天记录截图;

(6) 证人夏璇子的证言、支付宝交易记录及微信聊天记录截图;

(7) 证人李垚的证言；

(8) 证人赵冰枫的证言；

(9) 证人彭芳芳的证言；

(10) 证人彭颖的证言、淘宝交易及聊天记录截图。

证明：以上证人购买了一个以虚拟定位的方式来实现"钉钉"系统正常考勤打卡的手机或代打卡服务。

审判员李：被告人、辩护人有无异议？

第一被告人：曹倩的证言是不真实的，我没有弄那么久，也没有那么多套软件，其他无异议。

第二被告人：无异议，谭武是我同事的弟弟。

辩护人马：所有的证人应该要出庭作证的。① 曹倩实际上是被害人的代理人，体现的很多内容如数据损失是孤证；② 谭武的证言体现的业务范围没有包括"钉钉"系统，他记得的数据过于清楚，存疑，不能保证真实性；③ 购买手机的证人都是2018年7月之前购买的，他们所说的植入"神乐科技"软件的手机并没有导致对"钉钉"系统的干扰。

辩护人刘：证人曹倩的证言不具有客观真实性，因为其属于被害人一方的代理人。

审判员李：公诉人是否需要答辩？

公诉人：这一组证人证言结合被告人吴金友的供述可以侧面印证吴金友利用2个软件实现"钉钉"系统作弊打卡牟利的行为。

审判员李：请公诉人继续举证。

公诉人：第三组证据，书证、物证、鉴定意见。

(1) 被告人吴金友、陈娜的身份信息，证明：被告人吴金友、陈娜作案时已达到刑事责任年龄，为一般主体。

(2) 抓获经过，证明：2021年8月1日，被告人吴金友、陈娜被抓获到案。

(3) 现场方位示意图、现场照片，证明：本案案发现场情况。

(4) 微信截图照片及支付宝聊天记录截图照片、支付宝订单详情截图照片，证明：买家与被告人吴金友的微信及支付宝聊天内容，支付宝订单详情。

(5) 聊天记录，证明：被告人吴金友与"你要开心呀""小虎"的聊天记录情况。

(6) 手机照片、笔记本照片，证明：被告人吴金友用来代他人给"纷享销客""钉钉"系统、"微办公"等应用系统打卡签到的手机；被告人吴金友用来联系代打卡客户的电脑。

(7) 搜查证、搜查笔录、扣押决定书5份、扣押物品、文件清单5份、照片，证明：公安机关从被告人吴金友处查获扣押惠普电脑1台、宏碁笔记本电脑1台、苹果6plus 1台,小米手机11台,黑色华为手机1台,白色苹果6手机2台,苹果5代手机2台的事实。公安机关从陈娜处查获扣押联想笔记本电脑1台、苹果手机1台的事实。

(8) 调取证据通知书、调取证据清单,证明:公安机关向支付宝(中国)网络技术有限公司调取支付宝账号的开户信息及2016年12月至今的交易及转账信息。公安机关向深圳市腾讯计算机系统有限公司调取的微信号注册信息及交易、转账信息。

(9) 接报案登记表、立案决定书、报案材料,证明:钉钉(中国)信息技术有限公司向金星区公安局报案情况说明,本案于2021年7月26日刑事立案。

(10) "钉钉"系统著作权登记证书及相关说明,证明:"钉钉"系统已取得计算机软件著作权登记证书。

(11) 情况说明,证明:侦查机关出具情况说明,对于鉴定意见中,未对"钉钉"系统的APP及其所属的计算机信息系统作定义性鉴定一事,系因为钉钉(中国)信息技术有限公司为淘宝(中国)软件有限公司旗下公司,该公司计算机信息系统的组成构件及构架异常庞大复杂,司法鉴定中心无法对该公司的计算机信息系统进行现场勘查,金星区公安局网络安全保卫大队经与省级以上负责计算机信息系统安全保护管理工作的汉东省公安厅网安总队联系,网安总队并无检验"钉钉"系统是否为计算机信息系统的资质,且钉钉(中国)信息技术有限公司系淘宝(中国)软件有限公司旗下公司,该公司地处江东省,汉东省公安厅并无管辖权,因此无法对该公司的计算机信息系统作出定义性鉴定。

(12) 福满中证司法鉴定中心张坤、郑聪出具的福中证(2021)数鉴字第1478号司法鉴定意见书,证明:送检的"神乐科技"软件具有修改"钉钉"系统定位位置的功能,可以对"钉钉"系统的正常定位功能造成干扰。"神乐科技"软件是由"天下任我行"软件经过一系列增删改形成的程序。

(13) 汉东有益联合会计师事务所欧阳、李萍出具的汉友鉴字(2021)第004号司法鉴定报告,证明:吴金友支付宝账号自2016年12月1日至2021年6月17日,收款金额为544413.08元;陈娜支付宝账户自2017年2月13日至2021年6月17日收款金额为29680.85元,合计金额共计574093.93元。

第四组证据,视听资料。侦查机关讯问被告人吴金友、陈娜的审讯视频。

审判员李:被告人有无异议?

第一被告人:对鉴定报告的金额有异议,没有分清项目下是打卡还是P图或刷单。

第二被告人:对鉴定报告的金额有异议。

审判员李:吴金友,你和"你要开心呀""小虎"聊天是用的什么软件?

第一被告人:淘宝。

审判员李:你查看一下聊天记录,有无异议?

第一被告人:没有异议。

审判员李:辩护人有无异议?

辩护人马:① 从聊天记录可以看出吴金友2018年与技术人员接洽破解事宜后才形成"神乐科技"软件,聊天记录时间离被告人被抓获的时间很近,产品还需要包装等,基本上是不会有什么收入的;② 支付宝交易记录不能体现真实的交易内容,可能有P图等不违法行为的收入;③ "钉钉"系统不是计算机信息系统,也没有相关的鉴定意见进行支持;④ 对福满中证司法鉴定中心的鉴定意见的三性无异议,对证明目的有异议,不客观,办公软件是不是计算机信息系统是没有定论的,产品还没推出市场被告人就被抓获,没有什么获利;⑤ 审计鉴定报告主体资格不合法,这家机构不具有主体资格,相关鉴定人员没有鉴定资格,证件过了年检期间,且只是对项目进行简单罗列,并不能进行区分,鉴定意见不客观,不能作为本案的定案证据。

辩护人刘:汉东有益联合会计师事务所出具的司法鉴定书,不具有合法性,鉴定人不具有鉴定资格,鉴定数据没必要对2人的数据进行合计统计,需要区分,且只是简单地罗列统计,不能说明就是2人的违法所得,对这个证据不予认可。

审判员李:公诉人是否需要答辩?

公诉人:① 吴金友与"你要开心呀""小虎"的聊天记录是针对升级版本的;② 审计机关出具了执业证书,有司法会计鉴定的资质,鉴定人的证件有年度检验证书。审计意见不是单独定罪的依据,需要综合全案证据认定。鉴定机构出具的是根据交易明细客观得出的结果,公诉人认为审计报告是客观的,综合吴金友的供述可以证实。

审判员李:请公诉人继续举证。

公诉人:第五组证据:专家意见。

汉东大学计算机学院教授阳建和北方大学信息工程学院副教授黄忠分别出具的《"钉钉"考勤软件是否为计算机信息系统专家咨询意见书》,证明:"钉钉"系统的考勤应用系统的目标为在线考勤,打卡及统计报表,是对考勤信息进行采集、加工、存储、传输、检索等处理的人机系统,符合计算机信息系统定义及特点,即为计算机信息系统。同时"钉钉"考勤应用系统为"钉钉"系统的子系统。

审判员李:请被告人、辩护人发表意见。

第一被告人:没有异议。

第二被告人:没有异议。

辩护人马:对真实性无异议,对关联性和合法性有异议,不能达到证明目的,专家意见也不属于证据类型的一种,只是咨询意见。

辩护人刘:对真实性无异议,对关联性和合法性有异议。

公诉人:全部证据出示完毕。

审判长:被告人有什么证据提供,以证明你无罪或者罪轻的?

第一被告人:没有。

第二被告人:没有。

审判员李:辩护人有没有证据向法庭提交?

辩护人马:没有。

辩护人刘:有。① 离职证明;② 工资流水;③ 2 份劳动合同。共同证明陈娜有稳定持续的工作和收入,用人单位为汉东御能家化妆品公司,直到因本案于 2021 年 8 月 10 日才解除劳动合同关系,工作时间决定陈娜参与本案的时间十分有限。

审判员李:公诉人有无异议?

公诉人:这些证据与本案没有关联性。

审判员李:辩护人有无新的意见?

辩护人刘:辩护人认为与本案有关联性。

审判长:法庭调查结束。

(审判长向审判员万示意后面的法庭辩论由其主持,审判员万会意。)

第三幕　法庭辩论

审判员万:现在由控辩双方就定罪、量刑的事实、证据和适用法律等问题进行法庭辩论。

审判员万:法庭辩论拟在本庭主持下,按照下列顺序进行:① 公诉人发言;② 被告人自行辩护;③ 辩护人辩护;④ 控辩双方进行辩论。

审判员万:现在先由公诉方发言。

公诉人:审判长、审判员,根据《中华人民共和国刑事诉讼法》的相关规定,我们受金星区人民检察院的指派,代表本院,以国家公诉人的身份,出席法庭支持公诉,并依法对刑事诉讼实行法律监督。现对本案证据和案件情况发表如下意见,请法庭予以考虑:① 被告人吴金友、陈娜违反国家规定,对计算机信息系统功能进行干扰,造成计算机信息系统不能正常运行,后果特别严重,其行为触犯了《中华人民共和国刑法》第 286 条第 1 款之规定,犯罪事实清楚,证据确实、充分,应当以破坏计算机信息系统罪追究其刑事责任。② 本案系共同犯罪,被告人吴金友系主犯,被告人陈娜系从犯,被告人吴金友、陈娜系坦白,请法庭依法对两被告人判处刑罚,以上意见,供合议庭评议时参考。

审判员万:现在由第一被告人吴金友自行辩护。

第一被告人:我没有新的意见,以前面发表的意见为准。

审判员万：现在由第一被告人的辩护人进行辩护发言。

辩护人马：审判长、审判员，汉东省铜牙律师事务所接受被告人吴金友的委托，指派我担任本案的辩护人。接受委托后，我对案件情况仔细地进行了了解，通过刚才的法庭调查，兹发表以下辩护意见，请法庭予以充分的考虑：① 辩护人认为虽然吴金友实施了帮别人打卡的违法行为，但不构成犯罪，现有的证据也达不到构罪的标准，"钉钉"是办公软件，不能认定构成破坏计算机信息系统罪；② 有没有造成干扰以及影响正常运行是不能认定的，虽然导致"钉钉"误判，但是没有干扰到"钉钉"的其他功能以及其他人的使用；③ 本罪是结果犯，要有后果严重的情形，本案的违法所得不能准确反映实际的交易，其中包含其他合法行为的收益，在没有导致严重结果的情况下，不能定破坏计算机信息系统罪；④ 是否构成犯罪被告人自己也不清楚，如果构成犯罪其愿意接受惩罚，但要考虑本案违法所得不客观真实，对其可以适用缓刑，且被告人情节显著轻微，主观恶性不大，社会危害性小，系坦白，认罪态度好。请法庭酌情考虑，给予被告人公正的判决。我的发言完了，谢谢！（详见书面辩护词）

审判员万：被告人吴金友是否同意辩护人的辩护意见？

第一被告人：同意。

审判员万：现在由第二被告人陈娜自行辩护。

第二被告人：（一边哭着一边说）我没其他说的，只求对我从宽处罚。

审判员万：现在由第二被告人的辩护人进行辩护发言。

辩护人刘：审判长、审判员，金川市天平律师事务所接受被告人陈娜的委托，指派我担任本案的辩护人。我接受委托后，仔细查阅了案卷，与我的当事人谈话，加之通过刚才的法庭调查，发表以下辩护意见，请法庭予以充分考虑：第一，同意吴金友辩护人的辩护意见，陈娜缺乏本罪的构成要件，不构成破坏计算机信息系统罪。而且技术是中立的，将该软件用来上班打卡作弊是终端用户的自主选择，跟软件开发者无关。这就好比一个人买了水果刀，用它把别人砍伤了。不能以此来追究生产厂商和店主的责任。第二，如法院认定陈娜构罪，陈娜具有以下量刑情节：① 被告人陈娜系从犯；② 陈娜主观恶性极小，社会危害性不大；③ 陈娜平时表现良好，无犯罪前科，有可改造性；④ 陈娜年龄稍轻，系家庭的经济支柱。建议法庭对被告人陈娜适用缓刑。

审判员万：被告人陈娜，你是否同意辩护人的辩护意见？

第二被告人：同意。

审判员万：公诉人是否需要答辩？

公诉人：① 关于"钉钉"系统是不是计算机信息系统，"钉钉"系统是考勤应用系统，记录员工考勤记录，可以认定为计算机信息系统。考勤应用系统有具体的应用目标，是替代人工考勤进行采集加工的人机信息模式，且法律没有规定认定计算机信息系统一定要做鉴定,根据相关司法解释,对于难以确定计算机信息系统的才需要委托鉴定,"钉钉"系统是众所周知的考勤应用系统,不需要再由鉴定机构进行定义鉴定。② 经委托送检,"神乐科技"软件对"钉钉"系统的正常定位功能进行干扰,造成了后果严重,违法所得已经达到了 5000 元以上的构罪标准,因此可以认定两人构成破坏计算机信息系统罪。③ 关于违法所得,公安机关找了买手机的人谈话,有些证人找吴金友打卡,商品名称却是 P 图处理,吴金友在之前的供述中没有提到 P 图处理,公诉人认为都可以认定为违法所得,关于手机收入,吴金友之前供述手机收入都是植入了"神乐科技"软件的,公诉人认为手机应当都植入了"神乐科技"软件,且有证人证言予以佐证,可以认定吴金友的违法所得约 57 万元。④ 陈娜将微信公众号、淘宝店铺的用户名、密码告知吴金友,默许吴金友使用自己的微信公众号、淘宝店铺,构成共同犯罪,鉴于在共同犯罪中作用较小,参加时间较短,认定为从犯。

审判长:现在进入自由辩论阶段。控辩双方可就刚才的发言,围绕全案的事实、证据、适用法律等问题进行辩论。控辩双方尽可能简要,多余的、重复的话就不要再说。禁止辩论过程中的人身攻击和起哄。

第一被告人:没有新的意见。

辩护人马:吴金友当庭的供述与辩解不能认定为翻供,属于补充和完善。

第二被告人:没有新的意见。

辩护人刘:没有新的意见。

公诉人:没有新的意见。

审判长:(看没有什么反应,环视一下整个法庭,继续说)鉴于控辩双方没有内容要补充,现在我宣布法庭辩论结束。

第四幕 被告人的最后陈述

审判长:根据《中华人民共和国刑事诉讼法》第 193 条之规定,法庭辩论终结后,被告人享有最后陈述的权利。下面由被告人作最后陈述。

第一被告人:审判长、审判员,我为犯下的错误而深感痛心。我不懂法所以导致了现在的情况,如果确实是违法犯罪我愿意接受惩罚。

第二被告人:我也是因为自身对于网络犯罪的法律意识比较淡薄,如果确实是违法犯罪我愿意接受惩罚。

第五幕 休庭评议

(审判长与两位审判员低头小声商量了一下,审判长抬起头继续主持审判。)

审判长:下面将休庭评议。本案实行定期宣判,具体时间另行通知。今天的审理就到此为止。

审判长:请法警将两位被告人带出法庭。

审判长:请控辩双方将当庭出示、宣读的证据,提交合议庭。

(控辩双方将证据材料由法警递交合议庭,合议庭指示书记员一一登记在卷。)

审判长:(待两被告人被带出法庭后)请书记员将法庭笔录交由被告人阅读、补正并签名盖章。

(书记员组织当事人阅读并补正法庭笔录后,将法庭笔录交由审判长审阅,审判长和书记员分别签名。)

审判长:(环视一下整个法庭,大声地宣布)休庭!(用力敲击一下法槌)

书记员:(略停一下,大声地)全体起立!

书记员:(略停一下)请审判长、审判员退庭。

书记员:(待合议庭成员退庭后)请控辩双方与旁听人员退庭。

第六幕　定期宣判

(合议庭在宣告判决的前一天,公告了定期宣判的时间和地点,传唤了被告人并通知公诉人以及其他有关诉讼参与人参加。)

时间:2022年5月25日9时

地点:金星区人民法院第一刑事审判庭内。

(法庭布置,开庭的准备工作一如从前,此处略。)

书记员:(环视一下整个法庭,然后大声地)全体起立!

书记员:(略停一下)请审判长、审判员入庭!

审判长:(与两位审判员站着面对旁听席。略停一下,然后清晰而严肃地吐出两个字)坐下。

(法庭内人声宁息、气氛庄严。只有书记员清脆的声音在法庭内回荡。)

书记员:报告审判长,被告人吴金友、陈娜破坏计算机信息系统一案的公诉人和辩护人已到庭。法庭准备工作就绪,可以开庭。报告完毕。

(审判长向书记员点点头。书记员入座,坐下。)

审判长:(用眼光环顾了一下法庭,用力敲击一下法槌,然后大声地宣布)金川市中级人民法院,公开审理被告人吴金友、陈娜破坏计算机信息系统一案,现在继续开庭!

审判长:(略停一下)传本案第一被告人吴金友到庭!

(第一被告人吴金友由两位法警带到被告席。)

审判长:(略停一下)传本案第二被告人陈娜到庭!

(第二被告人陈娜由两位法警带到被告席。)

审判长：本案经过法庭调查、法庭辩论、被告人最后的当庭陈述以及后来的休庭评议，现在予以宣判。

审判长：（略停一下）金川市金星区人民检察院以金检刑诉（2022）第 308 号起诉书，指控被告人吴金友、陈娜涉嫌破坏计算机信息系统罪，于 2022 年 3 月 24 日向本院提起公诉。本院依法组成合议庭，公开审理了本案。金川市金星区人民检察院指派检察员刘建华、张并归出庭支持公诉，辩护人马高、刘金柱分别担任被告人吴金友、陈娜的辩护人出庭辩护。现已审理终结……经审理查明……本院认为……综上所述，被告人吴金友、陈娜为他人提供专门用于非法控制计算机信息系统的程序、工具，其中被告人吴金友系情节特别严重，被告人陈娜系情节严重，被告人吴金友、陈娜的行为均已构成提供非法控制计算机信息系统程序、工具罪。公诉机关指控被告人吴金友、陈娜的部分事实成立，但罪名不当，本院依法予以变更。

本案系共同犯罪，被告人吴金友在共同犯罪中起主要作用，系主犯，被告人陈娜在共同犯罪中起次要作用，系从犯，依法对被告人陈娜从轻处罚。扣押在案的作案工具及犯罪的违法所得依法予以没收。根据被告人吴金友、陈娜犯罪的事实、性质、情节以及其行为对社会的危害程度，依据《中华人民共和国刑法》第 285 条第 2、3 款、第 25 条第 1 款、第 26 条第 1、4 款、第 27 条、第 64 条、第 47 条，《最高人民法院、最高人民检察院关于办理危害计算机信息系统安全刑事案件应用法律若干问题的解释》第 3 条的规定，判决如下：

（审判长略停一下，环视一下整个法庭。）

书记员：（大声地）全体起立！

审判长：（略停一下，清清嗓门，大声地宣判）① 被告人吴金友犯提供非法控制计算机信息系统程序、工具罪，判处有期徒刑 3 年 6 个月，并处罚金人民币 3 万元。（刑期从判决执行之日起计算，判决执行以前先行羁押的，羁押一日折抵刑期一日。除因本案先行羁押的 38 天，即从 2022 年 5 月 25 日起至 2025 年 10 月 18 日止。罚金限判决生效后 1 个月内向本院缴纳。）② 被告人陈娜犯提供非法控制计算机信息系统程序、工具罪，单处罚金人民币 1 万元。（罚金限判决生效后 1 个月内向本院缴纳。）③ 追缴被告人吴金友的违法所得人民币 199920.67 元上缴国库；扣押在案的惠普电脑 1 台、宏碁笔记本电脑 1 台、苹果 6plus 1 台、小米手机 11 台、黑色华为手机 1 台、白色苹果 6 手机 2 台、苹果 5 手机 2 台依法予以没收（由扣押机关金星区公安局处理）。如不服本判决，可在接到判决书的第 2 日起 10 日内，通过本院或者直接向汉东省金川市中级人民法院提出上诉。书面上诉的，应当提交上诉状正本 1 份，副本 3 份。

（宣读完判决后，审判长用力地敲击一下法槌。）

书记员：请全体坐下。

审判长:(对着控辩双方)控辩双方都听清楚了吗?

控辩双方:都听清楚了。

审判长:请法警将被告人吴金友带出法庭羁押。

审判长:(待两被告人被带出法庭后)请书记员将法庭笔录交由被告人阅读、补正并签名盖章。

(书记员组织当事人阅读并补正法庭笔录后,将法庭笔录交由审判长审阅后,审判长和书记员分别签名。)

审判长:(停一下,然后大声地宣布)金川市金星区人民法院公开开庭审理被告人吴金友、陈娜破坏计算机信息系统罪一案,现在审理完毕。现在我宣布:闭庭!(用力地敲击一下法槌)

书记员:(略停一下,大声地)全体起立!

书记员:(略停一下)请审判长、审判员退庭。

书记员:(待合议庭成员退庭后)请控辩双方与旁听人员退庭。

第三节 本案的"诉、辩、审"法律文书

一、本案的起诉书

汉东省金川市金星区市人民检察院
起 诉 书

金检刑诉(2022)第 308 号

被告人:吴金友,男,1991 年 3 月 23 日出生,汉族,大学本科文化,无职业,户籍所在地为汉东省金川市金星区×街道×小区 38 栋 112 室,现住汉东省金川市金星区×街道×小区 1 栋 102 室。因涉嫌破坏计算机信息系统罪于 2021 年 8 月 1 日被抓获到案,2021 年 8 月 2 日被刑事拘留,2021 年 9 月 7 日被取保候审。

被告人:陈娜,女,1991 年 1 月 11 日出生,汉族,大学本科文化,无职业,户籍所在地为汉东省金川市金星区×街道×小区 20 栋 309 室,现住汉东省金川市金星区×街道×小区 1 栋 102 室。因涉嫌破坏计算机信息系统罪于 2021 年 8 月 1 日被抓获到案,2021 年 8 月 2 日被刑事拘留,2021 年 9 月 7 日被取保候审。

本案由金星区公安局侦查终结,于 2021 年 2 月 16 日移送本院审查起诉,现查明:

2016 年 11 月以来,被告人吴金友以汉东省金川市金星区×小区 1 栋 102 为据点,在互联网上下载"夜游神"软件,后在互联网上宣传、在淘宝店铺销售利用该软件干扰"钉钉"系统等应用系统的实时定位功能的服务,为客户代为打卡、

签到作弊从中谋取不法利益。

2017年年底,"钉钉"系统等应用系统升级后,"夜游神"软件已不能干扰其实时定位功能。为继续实施违法犯罪行为,被告人吴金友从网上下载一个名叫"大牛助手"的软件,后在互联网上寻找技术人员对该软件进行破解,更改图标,添加注册机后命名为"神乐科技",同时被告人吴金友利用百度贴吧、今日头条、微信公众号等自媒体以及淘宝店铺对"神乐科技"这个软件可以对"钉钉"等办公软件的实时定位功能进行干扰,可以实现任意位置打卡、签到等功能进行广告宣传,并将植入了"神乐科技"软件的手机在淘宝店铺上销售。

被告人吴金友专门针对"钉钉"系统等应用系统的打卡功能进行定位篡改进而实现考勤作弊,用户给付一定的费用就能使用软件达到在家进行考勤打卡的效果,相关需求客户通过微信将打卡要求告知被告人吴金友,并将费用通过微信红包等方式转给被告人吴金友。自2016年年底至案发,被告人吴金友非法获利约57万元。

被告人陈娜明知被告人吴金友对相关软件进行虚拟定位以实现帮他人考勤作弊,仍以其名义为被告人吴金友设立微信公众号用以宣传"神乐科技"软件的功能,并将以其名义注册的淘宝店铺交予被告人销售植入"神乐科技"软件的手机以及提供代为签到、打卡的服务。

2021年8月1日9时许,被告人吴金友、陈娜被公安机关抓获,并在到案后如实供述了其主要犯罪事实。

针对指控的犯罪事实,金星区人民检察院当庭出示、宣读了物证照片,书证,证人证言,被告人吴金友、陈娜的供述,鉴定意见,专家咨询意见书等证据。

本院认为,被告人吴金友、陈娜违反国家规定,对计算机信息系统功能进行干扰,造成计算机信息系统不能正常运行,后果特别严重,其行为触犯了《中华人民共和国刑法》第二百八十六条第一款之规定,应当以破坏计算机信息系统罪追究其二人的刑事责任。为惩罚犯罪,维护正常的社会秩序,依据《中华人民共和国刑事诉讼法》第一百七十六条之规定,提起公诉,请依法判处。

此致
金川市金星区人民法院

检察员　刘建华
二〇二二年三月二十四日

附项:移送案卷二册(内含证据目录和主要证据复印件)

二、本案的辩护词

辩 护 词

审判长、审判员:

  汉东省铜牙律师事务所依法受理被告人吴金友的委托,指派我担任本案被告人吴金友的辩护人,出庭为其进行辩护。通过仔细查阅卷宗,会见被告人并通过今天的法庭调查,我对案情有了比较细致的了解。现在,依据事实和法律作如下辩护,请合议庭根据本案的事实和现行法律规定,全面考虑,予以采纳。

  (1)"计算机信息系统功能",是指在计算机中,按照一定的应用目标和规则对信息进行采集、加工、存储、传输、检索的功用和能力。虽然吴金友实施了帮别人打卡的违法行为,但不构成犯罪,现有的证据也达不到构罪的标准,"钉钉"是办公软件,不能认定构成破坏计算机信息系统罪。即使认定构成计算机系统,"钉钉"系统的功能也不是获取用户真实地理位置,而是获取用户提供的位置数据。至于位置数据真实与否,是提供位置数据的用户自己有权控制的。因此,本案中的功能是"钉钉"系统的客户端采集用户手机位置数据信息,传输到服务器的功能,表现为获取用户的地理位置。至于地理位置是否真实,取决于用户手机提供的位置数据是否真实。而位置数据是否真实不是"钉钉"系统所能决定或影响的,更不是"钉钉"系统的功能,而是"钉钉"系统的功能所指向的信息对象。无论是基于企业考勤还是别的理由使用"钉钉"系统打卡,都无法当然得出"钉钉"系统的功能包括获取用户的真实地理位置且是不容破坏的,否则就会进而得出,用户必须或有义务将真实地理位置提供给"钉钉"系统。这是大众所不能接受的隐私底线。这种功能更不可能是受到法律保护的。

  (2)"干扰"是指用删除、修改、增加以外的其他方法,破坏计算机信息系统功能,使其不能正常运行。吴金友的行为没有造成干扰或影响正常运行。虽然该操作导致地理位置定位的误判,但是没有干扰到"钉钉"系统的其他功能以及其他人的使用;干扰和删除、修改、增加并列,手段上具有相当性,对计算机信息系统功能造成破坏性影响。本案中"钉钉"系统的功能是获取位置数据,干扰该功能应是指"钉钉"系统无法获取位置数据,使其不能正常运行。很显然,涉案软件无法干扰"钉钉"系统获取位置数据,只不过获取的是用户决定提供的虚拟定位信息。举个简单的例子,微信发朋友圈时可以进行定位。如果微信用户不想透露自己的真实位置,而使用涉案软件虚构了一个位置信息供微信读取并使微信定位虚构的位置,微信读取位置数据的功能就没有遭受干扰或者破坏。

  (3)破坏计算机信息系统罪是结果犯,要有后果严重的情形,本案的违法所得不能准确反映到实际的交易,其中包含其他合法行为的收益,在没有导致严重结果的情况下,不能定破坏计算机信息系统罪。

(4)是否构成犯罪被告人自己也不清楚,如果构成犯罪其愿意接受惩罚,但要考虑本案违法所得不客观真实,对其可以适用缓刑,且被告人情节显著轻微,主观恶性不大,社会危害性小,系坦白,认罪态度好。请法庭酌情考虑,给予被告人公正的判决。

辩护人:马高
二〇二二年五月八日

三、本案的刑事判决书

汉东省金川市金星区人民法院
刑事判决书

(2022)金刑初字第356号

公诉机关汉东省金川市金星区人民检察院。

被告人吴金友,男,1991年3月23日出生,汉族,大学本科文化,无职业,户籍所在地为汉东省金川市金星区×街道×小区38栋112室,现住汉东省金川市金星区×街道×小区1栋102室。因本案于2021年8月1日被抓获到案,2021年8月2日被刑事拘留,2021年9月7日被取保候审。经本院决定于2022年5月15日被执行逮捕。现羁押于金川市第一看守所。

被告人陈娜,女,1991年1月11日出生,汉族,大学本科文化,无职业,户籍所在地为汉东省金川市金星区×街道×小区20栋309室,现住汉东省金川市金星区×街道×小区1栋102室。因本案于2021年8月1日被抓获到案,2021年8月2日被刑事拘留,2021年9月7日被取保候审。

辩护人刘金柱,金川市天平律师事务所律师。

金川市金星区人民检察院以金检刑诉(2022)第308号起诉书指控被告人吴金友、陈娜涉嫌破坏计算机信息系统罪,于2022年3月24日向本院提起公诉。因本案需要补充侦查,经金川市金星区人民检察院建议,本院于2022年4月10日决定延期审理。2022年4月17日,金星区人民检察院补充侦查完毕,本院决定恢复审理。本院依法组成合议庭,适用普通程序公开开庭审理了本案。金星区人民检察院指派检察员刘建华、张并归出庭支持公诉,被告人吴金友及委托辩护人马高、被告人陈娜及指定辩护人刘金柱到庭参加了诉讼。现已审理终结。

公诉机关指控:2016年11月以来,被告人吴金友以金川市金星区×小区1

栋102为据点，在互联网上下载"夜游神"软件，后在互联网上宣传、在淘宝店铺销售利用该软件干扰"钉钉"系统等应用系统的实时定位功能的服务，为客户代为打卡、签到作弊从中谋取不法利益。

2017年年底，"钉钉"系统等应用系统升级后，"夜游神"软件已不能干扰其实时定位功能。为继续实施违法犯罪行为，被告人吴金友从网上下载了一个名叫"大牛助手"的软件，后在互联网上寻找技术人员对该软件进行破解，后更改图标、添加注册机后命名为"神乐科技"，同时被告人吴金友利用百度贴吧、今日头条、微信公众号等自媒体以及淘宝店铺对"神乐科技"这个软件可以对"钉钉"系统等应用系统的实时定位功能进行干扰，可以实现任意位置打卡、签到等功能进行广告宣传，并将植入了"神乐科技"软件的手机在淘宝店铺上销售。

被告人吴金友专门针对"钉钉"系统等应用系统的打卡功能进行定位篡改进而实现考勤作弊，用户给付一定的费用就能使用软件达到在家进行考勤打卡的效果，相关需求客户通过微信将打卡要求告知被告人吴金友，并将费用通过微信红包等方式转给被告人吴金友。自2016年年底至案发，被告人吴金友非法获利约57万元。

被告人陈娜明知被告人吴金友对相关软件进行虚拟定位以实现帮他人考勤作弊，仍以其名义为被告人吴金友设立微信公众号用以宣传"神乐科技"软件的功能，并将以其名义注册的淘宝店铺交予被告人销售植入"神乐科技"软件的手机以及提供代为签到、打卡的服务。

2021年8月1日9时许，被告人吴金友、陈娜被公安机关抓获，并在到案后如实供述了其主要犯罪事实。

针对指控的犯罪事实，金星区人民检察院当庭出示、宣读了物证照片、书证、证人证言、被告人吴金友、陈娜的供述、鉴定意见、专家咨询意见书等证据。

该院认为，被告人吴金友、陈娜违反国家规定，对计算机信息系统功能进行干扰，造成计算机信息系统不能正常运行，后果特别严重，其行为触犯了《中华人民共和国刑法》第二百八十六条第一款之规定，应当以破坏计算机信息系统罪追究其二人的刑事责任。提请本院依法判处。

被告人吴金友提出如下辩解意见：1."夜游神""大牛助手"等软件只是利用模拟器进行虚拟定位，没有对"钉钉"系统的内部进行干扰和破坏导致"钉钉"系统不能正常运行。2.其非法获利没有起诉书指控的那么多，非法获利里有一些是其P图、做PPT等的合法收入。3.其是在2018年7月才开始销售带有植入虚拟定位软件的手机，之前只是出售已经ROOT的手机，可以通过点亮屏幕进行解锁。

被告人陈娜提出其不清楚吴金友用其微信公众号进行宣传的内容，也不知道用其淘宝店代为在"钉钉"系统上打卡并销售手机的事情。

被告人吴金友的辩护人提出如下辩护意见:1. 起诉书指控被告人吴金友犯破坏计算机信息系统罪的证据不足:(1)"钉钉"是否属于计算机信息系统无确凿证据证明;(2)被告人的行为并未对"钉钉"打卡程序进行删除、修改、增加、干扰,从而造成"钉钉"不能正常运行;(3)破坏计算机信息系统罪是结果犯,要达到严重后果的才能构罪,而本案中汉东有益联合会计师事务所出具的司法鉴定报告未能对被告人各种交易类型进行区分,所统计的金额依法不能作为定案证据。2. 被告人在打卡作弊过程中使用的"夜游神"软件等是否属于"专门用于侵入、非法控制计算机信息系统的程序、工具"缺乏相关鉴定机关的权威意见和检验结论作为支撑,客观上被告人并没有实施提供侵入、非法控制计算机信息系统程序、工具的行为。3. 即使认定被告人吴金友有罪,其亦有坦白情节,认罪态度好,且犯罪情节显著轻微、无主观恶性,社会危害性很小,且系初犯、偶犯,请求对被告人吴金友免予刑事处罚或适用缓刑。

被告人陈娜的辩护人提出如下辩护意见:1. 被告人陈娜缺乏构成破坏计算机信息系统罪的构成要件。2. 如法院认定被告人陈娜构罪,被告人陈娜具有以下量刑情节:(1)被告人陈娜系从犯,依法应从轻或减轻处罚;(2)被告人陈娜主观恶性极小,社会危害性不大;(3)被告人陈娜系初犯,有坦白情节。综上,建议法庭对被告人陈娜适用缓刑。

被告人陈娜的辩护人向法庭提交了离职证明、工资流水、劳动合同 2 份,拟证明被告人陈娜有稳定持续的工作和收入,用人单位为汉东御能家化妆品公司,直到因本案于 2021 年 8 月 10 日才解除劳动合同关系,工作时间决定陈娜参与本案的时间十分有限。

经审理查明:2016 年 11 月以来,被告人吴金友以金川市金星区×小区 1 栋 102 为据点,在互联网上下载"夜游神"软件,利用该软件干扰"钉钉"系统的获取定位位置功能,为客户代为在"钉钉"系统上打卡签到作弊从中谋取不法利益。

2017 年年底,"钉钉"系统升级后,"夜游神"软件已不能干扰"钉钉"系统获取定位位置功能。为继续实施违法犯罪行为,被告人吴金友从网上下载"大牛助手""天下任我行"等软件,后在互联网上寻找技术人员对该软件进行破解,后更改图标,添加注册机后命名为"神乐科技",同时被告人吴金友利用微信公众号、今日头条等自媒体以及淘宝店铺宣传"神乐科技"软件可以干扰"钉钉"系统的获取定位位置功能,可以实现任意位置打卡、签到等功能,并将植入了"神乐科技"软件的手机在淘宝店铺上销售。

被告人陈娜明知被告人吴金友利用上述相关软件进行虚拟定位以帮他人代签考勤作弊,仍提供其微信公众号用以宣传"神乐科技"软件的功能,并将以其名义注册的淘宝店铺交予被告人吴金友,以供其销售植入"神乐科技"软件的手机以及提供代为签到、打卡的服务。

经查实,被告人吴金友的淘宝店铺销售植入"神乐科技"软件手机收入共计194697元,"钉钉"系统代签收入共计189.97元,被告人陈娜的淘宝店铺中销售植入"神乐科技"软件手机收入共计4794元,"钉钉"系统代签收入为239.7元。

2021年8月1日9时许,被告人吴金友、陈娜被公安机关抓获。公安机关从被告人吴金友处查获扣押惠普电脑1台、宏碁笔记本电脑1台、苹果6plus 1台、小米手机11台、黑色华为手机1台、白色苹果6手机2台、苹果5代手机2台。

以上事实,经过当庭举证、质证,控辩双方都没有异议,本院予以确认。

针对被告人及辩护人提出的辩解、辩护意见、提交的证据,根据本案的事实、证据及相关法律规定,综合评判如下:

1. 对于被告人陈娜的辩护人提交的证据,经查属实,本院予以采信。

2. 关于"钉钉考勤应用系统"能否认定为计算机信息系统的问题。《中华人民共和国计算机信息系统安全保护条例》(2011修订)载明本条例所称的计算机信息系统,是指由计算机及其相关的和配套的设备、设施(含网络)构成的,按照一定的应用目标和规则对信息进行采集、加工、存储、传输、检索等处理的人机系统。《最高人民法院、最高人民检察院关于办理危害计算机信息系统安全刑事案件应用法律若干问题的解释》第十一条规定,本解释所称"计算机信息系统"和"计算机系统",是指具备自动处理数据功能的系统,包括计算机、网络设备、通信设备、自动化控制设备等。综上,具备数据和应用程序、信息处理功能,是界定刑法保护的计算机信息系统的核心要件。钉钉(中国)信息技术有限公司、钉钉科技有限公司出具的说明函及附件显示"钉钉"考勤打卡服务,系上述公司研发并运营的自营应用/服务,系"钉钉智能移动办公平台"的子应用,"钉钉智能移动办公平台"已获得计算机软件著作权,"钉钉考勤应用系统"服务器端部署在钉钉(中国)信息技术有限公司服务器上,并获得备案许可,"钉钉考勤应用系统"旨在通过"钉钉"客户端为用户提供在线考勤、打卡服务,如:请假审批关联报表业务功能、考勤统计实时查看业务功能、极速打卡业务功能、个性配置等人性化考勤管理。两名专家出具的咨询意见书证实"钉钉考勤应用系统"的目标为在线考勤、打卡及统计报表,是对考勤信息进行采集、加工、存储、传输、检索等处理的人机系统,符合计算机信息系统定义及特点,即为计算机信息系统。综上,钉钉考勤应用系统是记录员工考勤数据,并可自动统计出上班、加班、考勤、出差等出勤情况的软件,是对考勤信息进行采集、加工、存储、传输、检索等处理的人机系统,应当认为属于计算机信息系统。

3. 关于本案中被告人使用"神乐科技"软件对钉钉程序中考勤的定位位置获取功能造成干扰的行为性质的认定。本案中被告人吴金友利用"夜游神""大牛助手""天下任我行"软件改装的"神乐科技"软件对"钉钉"系统获取定位位置功能进行干扰,从而使"钉钉"系统读取错误的虚拟位置,代为实现异地"钉钉"系统代签或者直接销售装有上述程序的手机,从而非法获利的行为应当认定为《刑法》第二百八十五条第三款规定的提供非法控制计算机信息系统程序、工具罪。具体理由如下:(1)主观方面,破坏计算机信息系统是以对计算机信息系统的功能或数据进行破坏,以达成侵犯他人利益或获取不法利益的目的,而非法控制计算机信息系统,被控制的计算机信息系统本身对于犯罪行为人没有直接的利用价值,其非但不会对被控制的计算机信息系统进行破坏,反而希望计算机信息系统正常运行成为其利用的工具,主观上不希望被侵犯的计算机信息系统或者数据遭到实质的破坏。(2)从客观行为方式上来说,破坏计算机信息系统主要体现在对计算机信息系统功能的修改、删除、增加、干扰等,并导致该系统功能不能正常运行,非法控制计算机信息系统主要体现在对计算机信息系统的支配、操纵和利用,二者之间在某些客观行为方式上可能出现重合现象,即非法控制行为的过程中可能伴随着对计算机信息系统的修改、干扰等行为,破坏计算机信息系统的行为中也常常出现对计算机信息系统的操纵和支配,区分二者的关键在于对破坏计算机信息系统罪中"破坏"的理解,应指对计算机信息系统功能的"实质性"破坏或者使其不能正常运行。具体到本案中,"钉钉考勤应用系统"旨在通过"钉钉"客户端为用户提供在线考勤、打卡服务,被告人吴金友提供的"神乐科技"软件具备模拟虚拟位置环境的功能,专门对"钉钉"系统的正常读取定位位置功能造成干扰,使得"钉钉考勤应用系统"读取定位位置功能人为地受到控制,进而实现异地打卡考勤,导致"钉钉考勤应用系统"无法实现其考勤功能,扰乱公司正常办公秩序,进而牟取不法利益,属于突破"钉钉"系统安全保护措施,未经授权对"钉钉考勤应用系统"实施非法控制,应当认定为专门用于非法控制计算机信息系统的程序。另鉴于上述行为并未导致"钉钉"系统不能正常运行,没有致使"钉钉"系统的主要软件和硬件不能正常运行,其仅是导致"钉钉"系统的考勤功能无法正常运行,同时不影响其他登录用户的正常使用及"钉钉"系统的后台系统的正常运行,没有对"钉钉"系统的相关部分造成实质性的破坏,故从立法本意考虑,不宜以破坏计算机信息系统罪入罪。同时,被告人吴金友代为在"钉钉"系统上签到及销售植入"神乐科技"软件的手机,主观上也不希望"钉钉"系统被实质破坏,而是希望"钉钉"系统获取"神乐科技"软件提供的虚拟定位完成打卡数据收集,以达到异地考勤打卡的目的从而非法获利,其行为更符合提供非法控制计算机信息系统程序、工具罪的构成要件,且破坏计算机信息系统罪相较其他危害计算机犯罪而言属于罪行较重的罪名,以提供非法控制计算机信息系统程序、工具罪对被告人定罪更能体现罪刑相适应的原则。

4. 关于本案被告人吴金友违法所得的认定问题。通过审查审计报告,被告人吴金友、陈娜的淘宝店铺交易记录中商品名称存在手机收入、PS、公开课 PPT、"钉钉"系统代签、"微办公"代签、"汉王"代签、教学智能琴、商品、收款、虚拟定位、上班签到、软件费、24056 商品类别，共计收入为 574093.93 元，审计报告将含有"钉钉"名称的交易记录均计入"钉钉"系统代签收入，但经审查交易记录，商品交易名称中除了"钉钉"名称外还有其他如"纷享销客""微办公"等其他商品名称，现公诉机关未提交向上述交易买家取证核实购买商品的具体内容的证据，公诉机关向法庭提交了邓巍、王穗成、张展鹏的证言，经核实，其三人交易的商品链接内容均与"钉钉"系统代签无关，故现有证据无法将上述交易所得均认定为"钉钉"系统代签所得；关于手机销售收入部分，被告人吴金友当庭辩称其在 2018 年 7 月才开始销售植入具有虚拟定位功能的"神乐科技"软件的手机，之前只是出售已经 ROOT 的手机，是植入其他软件，通过点亮屏幕进行解锁、定时开机打卡，但是其在公安机关的稳定供述是，其销售的手机系植入"神乐科技"软件的手机。内置有干扰"钉钉"系统读取定位位置功能的软件。就查实的 8 名从被告人吴金友处购买手机的买家中，其中 6 名买家系在 2018 年 4 月开始从吴金友处购入植入"神乐科技"软件的手机，且根据被告人吴金友在侦查机关的供述，其通过淘宝店销售了约 200 台植入"神乐科技"软件的小米手机，与支付宝交易记录中手机购买记录能够相互印证。违法所得的数额是指通过实施犯罪活动而取得的全部财产，对于手机本身的价值是否应当扣除的问题，在认定违法所得的数额时，对司法解释作出明确规定的，应当依据司法解释予以认定，在立法、司法解释没有明确规定时，应对违法所得作广义上的理解，即应计算包含经营成本在内的所有违法所得数额。立法、司法解释并未对危害计算机安全犯罪的违法所得作限制性规定，且吴金友向他人出售植入"神乐科技"软件的手机本身就是法律所禁止的活动，不应扣除吴金友购买手机的成本价格，对于淘宝店铺交易中 2018 年 8 月 16 日、17 日的两台手机交易，因未实际发货，故对上述交易金额予以剔除，结合审计报告及已查明的事实，被告人吴金友销售植入"神乐科技"软件的手机金额为 199491 元，支付宝交易中另还有提供"钉钉"系统代签行为的违法所得 429.67 元，以上违法所得共计 199920.67 元。

5. 关于本案被告人陈娜的行为性质的认定问题。被告人陈娜在明知被告人吴金友通过相关应用程序对"钉钉"系统定位进行干扰从而为他人进行"钉钉"系统代签、销售植入干扰"钉钉"系统定位位置功能手机的情况下，为其提供淘宝店铺进行销售，系提供非法控制计算机信息系统程序、工具罪的帮助犯，且经查实，通过其淘宝店铺销售出去的"钉钉"系统代签服务的收益为 239.7 元，手机收入为 4794 元，违法所得达到了提供非法控制计算机信息系统程序、工具罪的入罪标准，应予定罪处罚。

6. 关于被告人吴金友、陈娜能否认定为具有坦白情节，对被告人吴金友能否免予刑事处罚或适用缓刑的问题。经查,被告人吴金友虽到案后如实供述了自己的犯罪事实,但当庭提出其系在2018年7月才开始销售植入可以模拟虚拟定位的手机,与已查明的事实不符,系对主要犯罪事实的否认,不能认定为具有坦白情节,且被告人吴金友提供非法控制计算机信息系统程序、工具获利达199920.67元,属于情节特别严重,法定刑为三年以上七年以下有期徒刑,且其犯罪行为持续时间长,在淘宝店铺因本案行为被封后继续实施,主观恶性大,被告人吴金友的行为危害了网络技术的创新和数据的保护,损害了网络软件开发商和运营商的合法经济利益,亦扰乱公司正常办公秩序,具有明显的社会危害性,对其不宜宣告缓刑;被告人陈娜虽到案后如实供述了自己的犯罪事实,但当庭辩称其不知道吴金友用其淘宝店代为打卡和销售手机的事实,与现已查明的事实不符,不能认定为具有坦白情节。

本院认为,被告人吴金友、陈娜为他人提供专门用于非法控制计算机信息系统的程序、工具,其中被告人吴金友系情节特别严重,被告人陈娜系情节严重,被告人吴金友、陈娜的行为均已构成提供非法控制计算机信息系统程序、工具罪。公诉机关指控被告人吴金友、陈娜的部分事实成立,但罪名不当,本院依法予以变更。

本案系共同犯罪,被告人吴金友在共同犯罪中起主要作用,系主犯,被告人陈娜在共同犯罪中起次要作用,系从犯,依法对被告人陈娜从轻处罚。扣押在案的作案工具及犯罪的违法所得依法予以没收。根据被告人吴金友、陈娜犯罪的事实、性质、情节以及其行为对社会的危害程度,依据《中华人民共和国刑法》第二百八十五条第二、三款、第二十五条第一款、第二十六条第一、四款、第二十七条、第六十四条、第四十七条,《最高人民法院、最高人民检察院关于办理危害计算机信息系统安全刑事案件应用法律若干问题的解释》第三条的规定,判决如下:

一、被告人吴金友犯提供非法控制计算机信息系统程序、工具罪,判处有期徒刑三年六个月,并处罚金人民币三万元。

(刑期从判决执行之日起计算,判决执行以前先行羁押的,羁押一日折抵刑期一日。除因本案先行羁押的38天,即从2022年5月25日起至2025年10月18日止。罚金限判决生效后一个月内向本院缴纳。)

二、被告人陈娜犯提供非法控制计算机信息系统程序、工具罪,单处罚金人民币一万元。

(罚金限判决生效后一个月内向本院缴纳。)

三、追缴被告人吴金友的违法所得人民币十九万九千九百二十元六角七分上缴国库;扣押在案的惠普电脑一台、宏碁笔记本电脑一台、苹果6plus一台、小米手机十一台,黑色华为手机一台、白色苹果6手机二台、苹果5代手机两台依法予以没收(由扣押机关金川市金星区公安局处理)。

如不服本判决,可在接到判决书的第二日起十日内,通过本院或者直接向汉东省金川市金星区人民法院提出上诉。书面上诉的,应当提交上诉状正本一份,副本三份。

审判长　刘加深
审判员　万美娟
审判员　李长农
二〇二二年五月二十五日
金星区人民法院院印

本件与原本核对无误

书记员　肖中南

第四节　本案的点评与分析

一、实体事实问题

本案所涉及的计算机领域,是技术含量比较高的领域,对于案件所涉程序、工具的认识,直接影响定罪、量刑。因此,在实践中存在较大争议。本案的实体问题有两点值得注意:

一是罪与非罪的问题。本案是否构成犯罪的关键在于,"钉钉"系统是否属于计算机系统。从我国《计算机信息系统安全保护条例》及《最高人民法院、最高人民检察院关于办理危害计算机信息系统安全刑事案件应用法律若干问题的解释》对"计算机信息系统"的解释来看,具备数据和应用程序、信息处理功能,是界定刑法保护的计算机信息系统的核心要件。"钉钉"(Ding Talk)是由阿里巴巴集团开发的智能移动办公平台,全国有超过5亿用户使用"钉钉"系统进行打卡考勤。2017年至2019年,张超杰在北京市海淀区成立北京得牛科技有限公司,并开发了"大牛助手"软件对阿里巴巴开发的"钉钉"系统处理、传输的地理位置数据进行未授权的干扰,破坏"钉钉"系统获取用户真实地理位置的功能,供上班族和学生使用,使用户"躺在"家里就可以打卡上班。2020年,张超杰被北京市海淀区人民法院判处破坏计算机信息系统罪,张超杰不服提起上诉,北京市第二中级人民法院予以维持。本案与该案类似。我国《网络安全法》第27条规定:"任何个人和组织不得从事非法侵入他人网络、干扰他人网络正常功能、窃取网络数据等危害网络安全的活动;不得提供专门用于从事侵入网络、干扰网络正常功能及防护措施、窃取网络数据等危害网络安全活动的程序、工具……"本案中,被告人吴金友从网上下载"夜游神""大牛助手"等软件破解后更改图标,利用这些软件干扰"钉钉"系统获取定位位置的功能,为客户代为"钉钉"系统打卡签到作弊从中谋取不法利益,造成了相关企业的管理混乱以及"钉钉"系统开发者的损失,该行为在直接妨害企业正常经营管理秩序的同时为其带来了巨大经济利益,已经造成了相当的法律后果。故人民法院认定"钉钉"系统属于"计算机信息系统"并且认定被告人吴金友、陈娜的行为构成犯罪定性准确。

二是关于此罪与彼罪的关系。关于本案定性存在两种意见:第一种意见认为,被告人吴金友的行为构成提供侵入、非法控制计算机信息系统程序、工具罪;第二种意见认为,被告人吴金友行为构成破坏计算机信息系统罪。公诉机关的起诉书就持该意见。二者之间在某些客观行为方式上可能出现重合现象,即非法控制行为的过程中可能伴随着对计算机信息系统的修改、干扰等行为,破坏计算机信息系统的行为中也常常出现对计算机信息系统的操纵和支配,区分二者的关键在于对破坏计算机信息系统罪中"破坏"的理解应为对计算机信息系统功能的"实质性"破坏或者使其不能正常运行。本案中,被告人吴金友提供"钉钉"系统代签服务及销售植入破解软件的手机,客观上并未导致"钉钉"系统无法运行,主观上也不希望"钉钉"系统遭到实质性的破坏,而是希望"钉钉"系统用"神乐科技"软件提供的虚拟定位完成打卡数据收集,以达到异地考勤打卡的目的从而非法获利,其行为更符合提供非法控制计算机信息系统程序、工具罪的构成要件,且破坏计算机信息系统罪属于危害计算机犯罪中罪行较重的罪名,以提供非法控制计算机信息系统程序、工具罪对被告人定罪更能体现罪刑相适应的原则。故该判决认定被告人吴金友、陈娜构成提供侵入、非法控制计算机信息系统程序工具罪更为准确。

二、庭审程序问题

我国刑事审判方式改革的重要标志就是1996年《刑事诉讼法》出台和实施以后,刑事审判逐渐从"审问式"转向"控辩式"。但由于认识上的不统一和利益上的难以协调,刑事审判方式改革的效果并不如民事审判方式改革和行政审判方式改革的那么显著。尽管如此,我国的刑事审判方式改革自从20世纪80年代末90年代初以来就未曾停止过。为了解决我国刑事诉讼庭审虚化的问题,理论界和实务界都将刑事庭审实质化作为改革目标。以确保庭审在查明事实、认定证据、保护诉权、公正裁判中发挥决定性作用。

推进以审判为中心的刑事诉讼制度改革,是党的十八届四中全会作出的重要司法改革部署。2016年,中央全面深化改革领导小组第二十五次会议审议通过《关于推进以审判为中心的刑事诉讼制度改革的意见》,并强调指出,要着眼于解决影响刑事司法公正的突出问题,把证据裁判要求贯彻到刑事诉讼各环节,健全非法证据排除制度,严格落实证人、鉴定人出庭作证,完善刑事法律援助,推进案件繁简分流,建立更加符合司法规律的刑事诉讼制度。2017年《最高人民法院关于全面推进以审判为中心的刑事诉讼制度改革的实施意见》出台。在总结各地改革经验的基础上,最高人民法院研究制定庭审实质化"三项规程"[《人民法院办理刑事案件庭前会议规程(试行)》《人民法院办理刑事案件排除非法证据规程(试行)》和《人民法院办理刑事案件第一审普通程序法庭调查规程(试行)》],并于2018年1月1日起在全国的人民法院试行。在各方共同努力下,推进以审判为中心的刑事诉讼制度改革逐步深入人心,现有改革举措和制度探索也已初见成效。本案的法庭审理可以说是这种改革和尝试的缩影。本案的庭审程序设计,完全是根据现行《刑事诉讼法》和最新刑事审判改革动态,模拟设计而成,体现了"控辩式审判"的特点。关于本案的程序问题,有以下几点值得注意:

(一)全案卷宗移送主义

我国1979年《刑事诉讼法》确立了全案卷宗移送制度,人民法院在庭前对公诉进行实质审查;修改后的1996年《刑事诉讼法》限制了人民检察院向人民法院移送案卷的范围,人民法院在庭前仅对公诉进行形式审查,并且庭审方式由审问式改为控辩式;2012年《刑事诉讼法》恢复了全案卷宗移送制度,但保留了对公诉进行形式审查的规定和控辩式的庭审方式,同时增设了庭审会议制度。庭前移送案卷制度的恢复,既可以保证法官庭前全面阅卷,从而进行全面的审判准备;又可以有效地保证辩护律师可以查阅、摘抄、复制案卷材料,充分地进行辩护准备活动。但是,人民法院的庭前阅卷审查可能会导致法官对被告人"构成犯罪"这一点形成预断的后果。因此,学界主流观点认为应当"废止案卷移送制度,避免法官在开庭前接触、查阅任何案卷笔录和证据材料"。① 但这种"当事人主义"的英美改革模式与我国"职权主义"的刑事诉讼模式存在内在紧张关系,也并不合适我国"诉讼以社会利益优先为导向、国家权力为主导、实质真实为目标,审前程序凸显侦检机关的优势侦查权,审判程序凸显法官主导控制权的正当程序模型"。② 法官"预断"的原因并不在于卷宗移送,而是我国独特的刑事司法体制所导致的。

(二)关于证人出庭作证制度

在我国刑事司法实践中,由于证人害怕受到威胁恐吓或者嫌麻烦等,证人出庭率一直较低。而且证人不出庭并无程序性消极后果,证言笔录同样具有证据效力,仍然可以作为定案的根据,法官从庭审效率上也不愿意准许大量证人出庭作证。根据我国《刑事诉讼法》的相关规定,公诉人、当事人或者辩护人、诉讼代

---

① 参见陈瑞华:《案卷移送制度的演变与反思》,载《政法论坛》2012年第5期。
② 参见施鹏鹏:《为职权主义辩护》,载《中国法学》2014年第2期。

理人对证人证言有异议,且该证人证言对案件定罪量刑有重大影响,人民法院认为证人有必要出庭作证的,证人应当出庭作证。据此,即使控辩双方对证言有异议,且证言对定罪量刑有重大影响,证人出庭与否仍然取决于人民法院对于"出庭必要性"的主观认识。显而易见,我国证人出庭条件比较严格。一是控辩双方对证人证言有异议,二是人民法院认为该证人证言对定罪量刑具有重大影响。本案中,由于被告人只对其中一个证人的证言提出了异议,对其他证人证言的真实性无异,而本案其他证据已经足以定罪量刑,该证言并不影响其定罪量刑。故证人虽未出庭,但其庭前证言真实性可以确认,其庭前证言仍然可以作为定案根据;即使证人出庭作证,其庭前证言也并非当然无效,庭前笔录与其他证据能印证的,依然可以采信庭前证言。但需要指出的是,直接言词原则是庭审实质化改革的基本原则,在控辩双方对关键证人有异议的情形下,应当保证其出庭作证;如果该证人不出庭或者出庭不作证,法律应明确其程序性消极后果,即证言笔录不具有证据能力,不能在法庭上出示,更不能作为定案的根据。

(三)关于定期宣判制度

我国三大诉讼法都规定了定期宣判制度,但是没有就定期宣判的案件范围、适用条件作出规定。如果仅仅作为一种不同时间宣告判决的方式,定期宣判本身无可非议。倒是隐藏在其背后的暗箱操作、"请示汇报"等导致庭审功能和合议庭职能虚化的问题颇值深思。当庭宣判要求法官当庭对证据进行认证,并形成裁判理由,可以防止在庭后阅卷过程中认定证据、形成裁判理由,有助于实现庭审形式化向庭审实质化的转变。相比当庭宣判的"阳光性"而言,定期宣判等于在庭审和宣判之间加了一层"防晒"和"遮阴"的幕布。因此,当庭宣判也是刑事庭审实质化改革目标之一。2016年《最高人民法院、最高人民检察院、公安部、国家安全部、司法部关于推进以审判为中心的刑事诉讼制度改革的意见》明确规定:"完善当庭宣判制度,确保裁判结果形成在法庭。适用速裁程序审理的案件,除附带民事诉讼的案件以外,一律当庭宣判;适用简易程序审理的案件一般应当当庭宣判;适用普通程序审理的案件逐步提高当庭宣判率。规范定期宣判制度。"司法实践中,影响当庭宣判的主要有两方面的因素:一是案件自身因素,即案件的难易程度及影响力大小,较为简单的、影响力较小的案件较易当庭宣判,而被告人数众多、罪名众多的复杂案件和影响力较大的案件较难当庭宣判,部分案件还需经过审判委员会讨论。另外,被告人认罪、辩方对事实证据无争议的案件往往能够当庭宣判。但是,涉及附带民事诉讼的案件一般不会当庭宣判。[①] 二是司法责任制的体制因素。按照《最高人民法院关于进一步全面落实司法责任制的实施意见》,对于"四类案件"(即涉及群体性纠纷,可能影响社

---

① 汪海燕:《刑事审判制度改革实证研究》,载《中国刑事法杂志》2018年第6期。

会稳定的案件;疑难、复杂且在社会上有重大影响的案件;与本院或者上级人民法院的判决可能发生冲突的案件;有关单位或者个人反映法官有违法审判行为的案件)要强化院庭长监督。在司法责任制下,防范风险是法官首要考量的因素。与当庭宣判相比,法官更愿意通过庭后汇报、法官联席会议讨论等方式"深思熟虑"后再作出判决。因此,强化当庭宣判能力的同时应强调不以当庭宣判率为庭审实质化的评判标准和考核指标,避免草率、强行公开宣判。如果操之过急,则可能产生一些负面影响。本案适用普通程序审理,考虑到案件属于新类型犯罪,涉及罪与非罪、此罪与彼罪的认定,故人民法院考量案件的类型和复杂程度,选择定期宣判较为妥当。

未来,应该采取渐进式改革措施,提高当庭宣判率,进一步明确定期宣判案件的范围与条件。本案中还应该在宣布休庭之前说明法庭的认证情况,或者干脆在合议庭评议后说明理由,然后再宣布休庭。这样,定期宣判才会实现立法的初衷,确保程序公正和实体公正的实现。

第五节 思考辨析、趣味纠错与案例拓展训练

一、思考辨析

1. 如何认定被告人构成坦白?
2. 如何确定当庭宣判与定期宣判的案件范围?
3. 如何理解"非法证据排除规则"?
4. 怎样看待刑事诉讼的证明标准问题?
5. 如何理解"相对独立的量刑程序"?
6. 如何看待我国刑事诉讼的"职权主义"模式?
7. 如何看待我国刑事诉讼的"全案卷宗移送主义"?
8. 如何理解我国刑事诉讼控辩审三方"分工负责,互相配合,互相制约"的关系?
9. 如何理解网络犯罪中的"技术中立"问题?

二、趣味纠错

1. 在上述刑事案件审理程序中,被告人陈娜当庭拒绝法律援助中心指定的律师为其辩护,并要求更换辩护人,审判长询问原因后,认为其要求更换辩护人无正当理由,未予以准许。该做法错在哪里?[①]

---

① 参考答案:由于被告人陈娜不属于法定辩护情形,法官应当询问被告人是否另行委托辩护人,如果表示不另行委托,则告知其自行辩护后继续开庭。如果表示另外委托,则予以休庭。

2. 在上述刑事案件审理程序中,被告人陈娜的父母反对指定辩护,要求自己另行委托律师变化,审判长予以警告制止。该做法错在哪里?①

3. 在上述庭审过程中,公诉人询问被告人吴金友在侦查阶段所作供述是否属实,被告人吴金友表示其受到刑讯逼供,审判长未启动非法证据排除程序,继续组织法庭举证和法庭辩论。该做法错在哪里?②

4. 在上述案件审理过程中,公诉人当庭变更起诉书指控内容,指控被告人犯罪获利所得金额远超过起诉书记载的金额。法官对此未予处理,直接要求被告人和辩护人发表意见。该做法错在哪里?③

三、典型案例拓展训练

(一) 要点提示

本部分提供司法实践中真实发生的典型案例供师生进行拓展训练,以巩固学生对刑事第一审普通诉讼程序的理解与运用。在模拟审判训练中应注意以下几个方面的内容:

1. 训练前指导教师根据时案的背景材料,给出必要的起诉答辩文书和有关的证据材料,供各审判小组演练使用。

2. 各审判小组在审判结束之前,尽量不浏览该案的媒体报道,在一个"封闭"的环境中进行模拟和习练,各审判角色之间,不能私下交流,严格按照各自的角色要求进行准备和演练。

3. 中途每次小练时,可以设观察员(或者请理论和实务的指导老师出席),把观看模拟演练的心得和演练者的不足记录下来,演练完后进行分享和点评,直到最后一次开庭演练结束。

4. 整个模拟审判实验结束后,再上网浏览有关时案的所有信息,与指导老师一起将本组的模拟审判表现与时案审判进行对比、归纳和总结,最后填写实验报告,并进行实验文书资料的归档。案例1重在引导学生思考罪与非罪、此罪与彼罪的定性,以及法官应当如何适用以实现法律效果与社会效果的统一。案例2

---

① 参考答案:根据《刑诉法解释》的相关规定,法律援助机构指派律师为被告人提供辩护,被告人的监护人、近亲属又代为委托辩护人的,应当听取被告人的意见,由其确定辩护人人选。委托辩护是《刑事诉讼法》赋予被告人的基本诉讼权利,应当予以充分保障。在指定辩护和委托辩护并存的情况下,应当赋予被告人选择权,以其意思表示为准。

② 参考答案:根据《刑诉法解释》的相关规定,被告人庭审中翻供的,应当由被告人详细说明翻供的原因,以便审判人员结合其他因素,综合考虑判断其翻供是否符合案件和常理。被告人提供具体的线索或材料,线索具体明确的,应当启动非法证据排除程序。宣布是否排除相关证据前,不得对该证据进行举证质证,可以继续法庭调查,对其余证据进行举证质证,但不得开展法庭辩论。

③ 参考答案:原则上对于有利于被告人的变更可以准许,对于不利于被告人的变更,被告人及辩护人有异议的,可以告知公诉人庭后书面变更起诉。

重在引导学生思考正当防卫的适用条件,以及司法如何实现情理法的统一。

(二) 典型案例

1. "广州许霆案"

2006年4月,许霆与朋友郭安山利用ATM机故障取款,许霆取出17.5万元,郭安山取出1.8万元。事发后,郭安山主动自首被判处有期徒刑1年,而许霆潜逃1年落网。2007年12月第一审,许霆被广州市中级人民法院判处无期徒刑。2008年2月,案件发回广州市中级人民法院重审,改判5年有期徒刑,并处罚金2万元,继续追缴许霆未退还的犯罪所得人民币173826元。许霆再度上诉,2008年5月,广东省高级人民法院第二审驳回上诉,维持原判,并报请最高人民法院核准。此案终于尘埃落定。

对许霆的行为性质曾经存在以下四种观点:不当得利、侵占罪、一般盗窃罪和盗窃金融机构罪。最后,广州市中级人民法院根据《最高人民法院关于审理盗窃案件具体应用法律若干问题的解释》第8条①之规定,认定自动柜员机内的资金属于金融机构的经营资金,因此许霆的行为构成"盗窃金融机构罪"。但考虑到该案中许霆属于见财起意,而且只是利用了自动柜员机的差错进行资金窃取,相比具有预谋和准备、采用破坏性手段窃取钱财的行为,主观恶性相对较小,犯罪情节也相对较轻。尽管如此,如果按照1997年《刑法》第264条第1项的规定,就轻适用无期徒刑(该项只有死刑和无期徒刑两档法定刑),仍然不符合刑法的"罪(责)刑相适应原则",广州市中级人民法院最后根据1997年《刑法》第63条第2款,关于"犯罪分子虽然不具有刑法规定的减轻处罚情节,但是根据案件的特殊情况,经最高人民法院核准,也可以在法定刑以下判处刑罚"②的规定,对许霆在法定刑以下量刑,判处有期徒刑5年,并报请最高人民法院核准。

在"广州许霆案"尘埃落定之后,惠州又发生了类似案件。被告人于德水利用银行柜员机故障虚假存钱,造成自己账户金额增多。人民法院最后以盗窃罪判处被告人于德水3年有期徒刑,缓刑3年并处1万元罚金。该案的万字长文判决书被舆论誉为"伟大的判决",赢得法律界的称赞。

2. "山东于欢案"

于欢是苏某某儿子,苏某某是山东聊城一名女企业家,债务人。受害人吴某某是当地房地产公司老板,债权人;杜某某是当地11名催债人的领头者。于欢

---

① 该条规定:"刑法第二百六十四条规定的盗窃金融机构,是指盗窃金融机构的经营资金、有价证券和客户的资金等,如储户的存款、债券、其他款物、企业的结算资金、股票,不包括盗窃金融机构的办公用品、交通工具等财物的行为。"

② 该条款在2011年的《刑法修正案(八)》中条文序号未变,内容也无实质变化,只是将其表述中的"刑法"二字,改为"本法"。

因其母亲被催债人羞辱而刺死催债人杜某某。案件具体经过:2016年4月13日,吴某某在苏某某已抵押的房子里,指使手下拉屎,将苏某某按进马桶里,要求其还钱。当日下午,苏某某4次拨打110和市长热线,但并没有得到帮助。4月14日,苏某某和儿子于欢,连同一名职工,被带到公司接待室。11名催债人员围堵并控制了他们三人。其间,催债人员用不堪入耳的羞辱性话语辱骂苏某某,并脱下于欢的鞋子捂在他母亲嘴上,甚至故意将烟灰弹到苏某某的胸口。催债人员杜某某甚至脱下裤子,露出下体,侮辱苏某某,令于欢濒临崩溃。外面路过的工人看到这一幕,让于欢的姑妈于某某报警。警察接警后到接待室,说了一句"要账可以,但是不能动手打人",随即离开。看到警察要离开,报警的于某某拉住一名女警,并试图拦住警车。被催债人员控制的于欢看到警察要走,情绪崩溃,站起来试图冲到屋外唤回警察,被催债人员拦住。混乱中,于欢从接待室的桌子上摸到一把水果刀乱捅,致使杜某某等四名催债人员被捅伤。其中,杜某某肚子中了一刀,但当时并未显得太严重,他自己走出来,不要别人送,自行开车去医院,并且还在医院与他人吵了一架,后因失血性休克于次日凌晨死亡。另两人重伤,一人轻伤。

　　2017年2月17日,山东省聊城市中级人民法院第一审以故意伤害罪判处于欢无期徒刑。宣判后,附带民事诉讼原告人和被告人于欢不服一审判决,分别提出上诉。3月23日《南方周末》以"刺死辱母者"为题对"山东于欢案"进行了报道,经过新闻媒体和网络媒体转载,案件引发了社会广泛关注和热烈讨论。5月27日8时30分,山东省高级人民法院第22审判庭公开审理上诉人于欢故意伤害一案。6月23日上午9时,山东省高级人民法院在该院第22审判庭公开宣判上诉人于欢故意伤害一案。由无期徒刑改为有期徒刑5年。第二审人民法院认定其刺死1人行为系防卫过当。该案作为标志性案例,直接引发了司法实践对"正当防卫"裁判标准的讨论,有效激活了正当防卫制度的适用。一般认为,正当防卫的限度应当以足以制止不法侵害的需要为标准。但是,何为制止不法侵害的需要,极为考验裁判者的智慧。老师和学生可以利用这一堂全民共享的法治"公开课"进行模拟审判。

"广州许霆案"裁判文书

"山东于欢案"裁判文书

第四章 剧本(三):行政第一审案件普通程序①

第一节 案情简介及争议焦点

一、案情简介

公民阳威通过安湘县政务中心,要求县人民政府就本地一个名叫"维特缘"的项目的《征地批准用途详细说明书》,进行信息公开和答复(同时提出的信息公开项目还有其他4个,但鉴于教学需要,本剧本只选用了维特缘项目的信息公开)。安湘县政务中心接到阳威的申请后,按照"谁制作谁公开、谁保管谁公开"的原则,将此申请转交给了安湘县国土资源局办理答复,并将此情况告知了阳威。阳威认为县国土资源局的答复不尽详细,而且不符合答复的主体资格,只有县政府才具有答复的主体资格;而县国土资源局则认为阳威的问题已经多次给予答复,故不再予以进一步的答复。双方达不成一致。

原告阳威于2015年3月28日,以安湘县人民政府为被告,向白沙市中级人民法院提起行政诉讼,要求确认被告不履行信息公开法定职责的行为违法,判令被告限期履行法定职责,依法向原告公开申请的信息,并在程序上进行书面答复,并且承担本案的诉讼费,同时提交了政府信息公开申请表的复印件等证据。

被告安湘县人民政府提交答辩称,原告向安湘县政务服务中心提出政府信息公开的内容为"申请安湘县政府公开,《安湘县城郊乡维特缘项目的征地批准用途详细说明书》",受理编号(2015)229号,收到该申请后,安湘县政务公开工作领导小组办公室根据"谁制作谁公开、谁保存谁公开"的原则,于2015年3月4日印发《政府信息依申请公开转办告知单》(安政务办函〔2015〕229号)函告安湘县国土资源局,确定由安湘县国土资源局办理;同时印发《政府信息公开答复书》[受理编号(2015)229号],于2015年3月4日以邮政快递方式邮寄给原告阳威,告知其该政府信息公开申请由安湘县国土资源局办理及其联系方式。安湘县国土资源局收到转办通知后,制作了《安湘县国土资源局政府信息公开告

---

① 本案根据真实的人民法院案卷材料总结而成,除了人名、地名、时间上做了一些技术上的处理外,基本内容和框架都没有改变,在此也对本案真实的当事人、诉讼代理人和法官表示衷心的感谢,如有差错和不足,都由本书作者负责。本次再版对该章第一节、第二节、第三节的内容不予变动,本着"修旧如旧"的原则保持原貌,只在第四节"点评与分析"的内容上进行了最新法律规定的更新,或者通过页下脚注的方式予以适当的、与时俱进的解释性说明,而第五节则是本次再版重新写作与新增的内容。

知书》(安国土资公开告知〔2015〕109号),以邮政快递方式邮寄给了原告阳威。既然被告已经答复,而且安湘县国土资源局也已经答复,所以原告阳威所称"未在法定期限内予以答复"不实,因此恳请驳回原告的诉讼请求。

二、争议焦点

1. 安湘县国土资源局是不是原告申请《安湘县城郊乡维特缘项目的征地批准用途详细说明书》这一信息的公开主体,本案中的答复义务机关是不是安湘县人民政府。

2. 安湘县政务中心是否可以代表安湘县人民政府作出答复,县政务中心转办给县国土资源局进行信息公开是否合法。

第二节 本案的真实开庭审理

第一幕 开庭

开庭时间:2015年6月11日上午9点
开庭地点:白沙市中级人民法院第17审判庭
案号:(2015)白中行初字第00078号
案由:不履行信息公开法定职责
合议庭成员:程光明、刘勇敢、旺真真
书记员:匡学威
书记员:现审查当事人及诉讼代理人到庭情况(按原告、被告顺序)。
书记员:为维护法庭秩序、保障审判活动的正常进行,根据《中华人民共和国人民法院法庭规则》和有关法律规定,现在宣布法庭规则:

(1) 诉讼参与人和旁听人员应当自觉遵守法庭规则,维护法庭秩序,不得鼓掌、喧哗、吵闹和实施其他妨害审判活动的行为;

(2) 旁听人员在开庭时不得随便走动和进入审判区,不得发言、提问,如对审判活动有意见,可在闭庭后提出;

(3) 诉讼参与人、旁听人、新闻记者未经审判长许可不得录音、录像和摄像,携带通信工具的请关机或加振;

(4) 保证法庭内整洁,不准吸烟和随地吐痰、乱扔垃圾;

(5) 对违反法庭纪律的人,审判长、值庭人员、司法警察有权予以劝告、制止,不听劝阻的,视其情节轻重,审判长可以口头警告、训诫,也可以没收录音、录像和摄影器材,或者责令其退出法庭,情节严重的,经院长批准,可以罚款、拘留;

(6) 对哄闹、冲击法庭,侮辱、诽谤、威胁、殴打审判人员等严重扰乱法庭秩序的人,依法追究其刑事责任。

书记员:全体起立,请审判长、审判员入庭。

审判长:(审判长带领两位合议庭成员从法官通道稳步走向审判席,严肃面向法庭旁听席,清晰而大声地讲出)请坐下。

书记员:(转身面向审判席)报告审判长,原、被告双方均已到庭,庭前准备就绪,现在可以开庭。

(审判长向书记员点头示意,书记员转身入座。)

审判长:(干脆利落敲击一次法槌,然后大声宣布)依照《中华人民共和国行政诉讼法》第 54 条的规定,海北省白沙市中级人民法院行政审判庭今天在这里依法公开审理原告阳威诉被告安湘县人民政府信息公开一案,现在开庭。

审判长:现在核对当事人及诉讼代理人身份情况。

(注:如果当事人是自然人,应向法庭报告基本身份信息并出示身份证;如果当事人是法人,则报告单位名称、住所地、法定代表人姓名及职务等基本信息。)

审判长:原告阳威已向本庭提交村组织的推荐函,并委托彭冲、刘姜(以下分别称"原告代彭""原告代刘")为其诉讼代理人,已办妥相关的委托手续。

审判长:被告安湘县人民政府委托刘用真、欧美平(以下分别称"被告代刘""被告代欧")为其诉讼代理人。

审判长:原告对被告的诉讼代理人出庭应诉的资格是否有异议?如有异议,请说明理由。

原告:没有。

审判长:被告对原告及诉讼代理人出庭应诉的资格是否有异议?如有异议,请说明理由。

被告:没有。

审判长:经核对,当事人基本身份信息与庭审前办理的委托手续一致,且双方当事人对对方出庭人员资格均无异议,出庭资格有效,准许原告和被告的上述代理人出庭参加诉讼。

(注:如当事人对出庭资格有异议,合议庭应对异议的理由进行审查并休庭合议后,可口头裁定,记入法庭笔录。如因异议成立,当事人的出庭资格受影响,而不能使庭审继续的,另作出延期审理的决定。)

审判长:根据《中华人民共和国行政诉讼法》第 68 条的规定,现在宣布合议庭组成人员。本案由本院行政庭审判员程光明担任审判长,与审判员刘勇敢、旺真真组成合议庭,由旺真真主审本案,书记员匡学威担任法庭记录。

审判长:现在宣布当事人的诉讼权利:

(1)当事人有申请回避的权利。所谓申请回避,就是当事人认为审理本案的审判长、审判员以及书记员、鉴定人、翻译人、勘验人与本案有利害关系或其他关系,可能影响公正审判,有权申请上述人员不参加本案的诉讼活动。

审判长:原告、被告,刚才宣布的你有申请回避的权利,你是否听清了,是否申请回避? 如果申请回避请说明理由。

原告:听清楚了,不申请回避。

被告:听清楚了,不申请回避。

(注:如当事人申请回避,合议庭应查明申请回避的事实和理由,休庭后依照《行政诉讼法》第55条的规定进行处理。)

审判长:当事人还享有以下诉讼权利:

(2) 当事人有使用本民族语言、文字进行诉讼的权利。

(3) 当事人有提供证据和申请保全证据的权利。

(4) 原告有申请停止执行具体行政行为的权利。

(5) 当事人在诉讼中有进行辩论和最后陈述的权利。

(6) 原告在人民法院宣告判决或裁定前,有变更诉讼请求和申请撤诉的权利。

(7) 当事人不服第一审判决或裁定,有依法提起上诉的权利。

(8) 当事人、代理律师和其他诉讼代理人有权按照规定查阅、复制本案庭审材料,但涉及国家秘密、商业秘密和个人隐私的内容除外。

(9) 当事人对人民法院发生法律效力的判决,有依法申请执行的权利。

审判长:原告、被告及诉讼代理人,对以上诉讼权利是否听清楚了?

原告:听清楚了。

被告:听清楚了。

审判长:在行政诉讼中,当事人除享有上诉诉讼权利外,同时应当履行下列义务:

(1) 当事人必须依法正确行使诉讼权利,不得实施妨碍诉讼的行为。

(2) 当事人必须如实陈述案件事实,提供的证据必须实事求是,不得捏造事实、伪造证据。

(3) 被告在行政诉讼中负有举证责任。在诉讼期间不得自行收集证据。

(4) 当事人应当遵守法庭纪律,服从法庭指挥。未经审判长允许不得随意发言或提问。对违反法庭纪律、扰乱法庭秩序、不服从法庭指挥的,视情节轻重,依法给予训诫、责令具结悔过或者处以罚款、15日以下拘留,构成犯罪的,依法追究刑事责任。

(5) 当事人必须履行人民法院已经发生法律效力的判决、裁定。

审判长:原告、被告及代理人,对以上诉讼义务是否听清楚了?

原告:听清楚了。

被告:听清楚了。

审判长：下面进行法庭调查，由本案审判员旺真真(以下称"审判员旺")主持。

第二幕　法庭调查

审判员旺：现在进行法庭调查。首先由原告宣读本案起诉状的主要内容。

原告：略(详见本案的行政起诉状)。

审判员旺：现在由被告安湘县人民政府进行答辩。

被告代欧：略(详见本案的行政答辩状)。

审判员旺：现在进行证据审查。先由被告对本案予以举证。

被告代欧：

证据1. 政府信息公开申请表；

证据2.《政府信息依申请公开转办告知单》(安政务办函〔2015〕229号)，证明本案被告已经将申请转交安湘县国土资源局办理；

证据3.《政府信息公开答复书》，受理编号是(2015)229号；

证据4. 国内特快专递邮件详情单，证明针对原告提出的政府信息公开申请，被告已告知其该政府信息公开申请由安湘县国土资源局办理，证明已经答复；

证据5.《安湘县国土资源局政府信息公开告知书》(安国土资公开告知〔2015〕109号)；

证据6. 国内特快专递邮件详情单，证明针对原告提出的政府信息公开申请，安湘县国土资源局已经答复(详见被告此前向法院提供的证据目录)。

审判员旺：原告方发表质证意见。

原告：我对被告提供的证据1，即政府信息公开申请表的证明目的不认可，被告说该申请表证明已将申请转交安湘县国土资源局，但我认为，依据该申请表的内容，要转办，也是要转给安湘县人民政府办理，而不是国土局。

我对被告提供的证据2，即转办告知单(安政务办函〔2015〕229号)的合法性、关联性和证明目的，均不认可。我是通过政务信息中心，申请安湘县政府公开信息，而县政务公开领导小组却将其转给县国土局，好比我通过甲向乙申请信息公开，甲却没有将申请的要求转给乙，而是转给了一个不相关的丙，我和丙一点关系都没有，我只和甲，进而想与乙有关系，同理，本案中我只想与县政府有关系，而非国土局。

我对被告提供的证据3，即编号为(2015)229号的《政府信息公开答复书》的合法性、关联性和证明目的均不认可，我所申请的答复主体是安湘县人民政府，而非政务公开工作领导小组，不应该是领导小组的公章，而应是人民政府的公章。就好比，我写了一封书信通过邮递员寄给我远方的情人，那么请问在座的各位,过一段时间回复我的,应当是我的情人,还是送信的邮递员呢?!

我对被告提供的证据 5 和证据 6,也均不认可。首先,被告提供的《安湘县国土资源局政府信息公开告知书》(安国土资公开告知〔2015〕109 号),完全没有公开我所需要的信息内容。其次,被告提供的国内特快专递邮件详情单(单号 EY713553727CS),网上查询显示暂无信息,表示此单不存在。本人也从未收到此邮件,被告伪造证据。最后,依据我的政府信息公开申请表显示的时间,我 2015 年 2 月 26 日向安湘县政府申请公开,被告提出其邮寄的时间是 2015 年 3 月 9 日,但国内特快专递邮件详情单的时间却是 2015 年 5 月 13 日,中间相隔 35 天!这很不正常,被告涉嫌伪造证据。综上所述,被告提供的证据并不能证明其已就本案申请的信息作出了答复。

审判员旺:被告方有什么要说明的吗?

被告代欧:没有。

审判员旺:现在由原告方进行举证。

原告:我这里提交 2 份证据,一份证据是政府信息公开申请表,受理编号是(2015)229 号,可以证明申请的时间是"2015 年 2 月 26 日",是向安湘县人民政府申请公开,申请公开的内容为《安湘县城郊乡维特缘项目的征地批准用途详细说明书》;另一份证据是安湘县政务公开工作领导小组办公室的《政府信息公开答复书》,受理编号是(2015)229 号,可以证明此信息是由政务中心于"2015 年 3 月 4 日"转至了县国土资源局,而不是安湘县政府转办的,证明安湘县政府没有盖章和答复。

审判员旺:被告方发表质证意见。

被告代欧:对证据的三性均无异议,但对证明目的有异议。

审判员旺:原告,你没有收到被告的〔2015〕109 号告知书?

原告:我证明我有这个东西,但是我也证明被告没有把这个东西送达给我们。

被告代欧:送达是由县国土资源局负责的。所申请的信息保存在县国土资源局。

原告:提交给我的是国内查询详情单,但是我在网上查不到相关信息。

审判员旺:被告方,你方为什么由政务中心转给县国土资源局,再给答复书,再由县国土资源局给原告告知书?

被告代欧:根据《政府信息公开条例》第 4 条,县级以上政府指定部门对政府信息公开进行办理。安湘县政府指定政务中心统一受理或者办理辖区内的政府信息公开。原告提出申请也是向政务中心提出的,给原告的答复是政务中心出具的,公章也是政务中心的。政务中心的答复就是安湘县政府的答复。我们收到这个申请后,就根据"谁制作谁公开、谁保管谁公开"的原则,转交给相关职能部门予以答复，这个信息保存在县国土资源局，所以把信息转交给国土部门办理。

（原告在被告方代理人陈述过程中愤愤不平，欲出言打断。审判员旺提醒原告在对方陈述意见时保持冷静，未经法庭许可不得打断对方发言。）

审判员旺：原告方，你方对刚才的回答有什么异议？

原告代彭：根据《土地管理法》第44、46条的规定，这些征用土地方案公告等是依照法定程序制作后，由县级政府组织实施的。难道安湘县政府不保存吗？不参与制作吗？根据《政府信息公开条例》中"谁制作谁公开、谁保存谁公开"的原则，只要安湘县人民政府参与制作或保存了，就应该直接给申请人公开，而不是转交给县国土资源局公开。

原告：相邻乡里有"征用土地方案公告"，为什么维特缘项目没有？只有"征收方案公告"。

被告代欧：维特缘项目是没有征用土地方案公告的。

审判员旺：白沙维特缘项目是什么时候启动的？

被告代欧：不清楚。

（审判员旺侧身向审判长示意，法庭调查结束。审判长征询另一位审判员刘勇敢是否有问题需要询问，审判员刘表示无问题需要发问。）

审判长：本案经法庭调查和当庭质证，合议庭认为本案事实已调查清楚，法庭调查结束，本案的争议焦点是"被告是否履行法定职责"，具体包括：① 答复时间是否符合法律规定；② 答复内容是否符合原告要求；③ 政务中心委托县国土资源局有无法律依据；④ 原告申请的信息是否由被告制作、保存。下面进行法庭辩论。

第三幕 法庭辩论

审判长：现在由原告及诉讼代理人发表辩论意见。

原告：被告说安湘县政务中心就代表安湘县政府，必须要有法律依据证实。

原告代刘：第一，从期限说，没有依据法定期限进行答复；第二，没有对原告申请内容进行完全的答复；第三，政务中心没有合法的受委托依据；第四，被告否认是制作单位，但是从相关证据看，有安湘县政府的红头文件。每个文件都提交了转办函"转办结果到我办进行备案"，这就说明转办后，对原告的信息公开申请的办理应该有个办理的跟踪记录，能够完全体现和说明办理的状态，但是被告并没有在法定期限内提供这些备案记录。从法定角度来说应视为没有合法的证据，能够证明这个记录的存在，这证明被告没有依法履行职责。被告没有履行法定职责，属于行政不作为，是违法的具体行政行为。况且通过多次转办，也没有依原告申请公开，仅得到应当由被告公开的《安湘县土地征收方案公告》，说明应当由被告答复的信息，被告并没有答复，违反了政府信息公开"谁制作谁公开、谁保存谁公开"的原则。被告的这种转办方式违反了《政府信息公开条例》的便民原则,被告转办时有规定的办理最终时限,那么作为被告应该在时限内督促办理完成,而被告却没有督促。按照常理思维,原告向安湘县政府申请信息公开,在无任何委托和说明的情况下,政务中心转办其他单位,是没有任何法律依据的,并且没有相关的事后回访。既然有办理结果备案,为什么没有回访记录呢?备案结果的目的就是要被告负责最终的结果,这样才能体现整个事件的完整性,才能达到信息公开的最终目的。

审判员旺:现在由被告方发表辩论意见。

被告代欧:第一,答复主体问题。安湘县政务中心是本级政府设立的,负责答复工作。同时受理全县范围内的政府信息公开申请。政务中心的答复是县政府的答复。答复主体是合法的。第二,关于转办合法问题。国土资源部办公厅〔2013〕3号文件《关于做好征地信息公开工作的通知》第3条第7项明确规定了征收土地方案公告等信息的申请答复,由县级国土部门公告。

审判员旺:恢复法庭调查。法律依据是什么?

被告代欧:国土资厅发〔2013〕3号文件第3条第7项。

审判员旺:国土资源部办公厅的规定是否符合《政府信息公开条例》,依据是什么?

被告代欧:符合,征地方案公告制作后保存在国土部门,是国土部门申请,县政府盖章。

审判员旺:被告方继续法庭辩论。

被告代欧:第三,回访工作不是本案审查的重点,与本案没有直接联系。根据原告提交的证据,原告已经收到了县国土资源局的答复。

审判员旺:是否有新的辩论意见?

原告代彭:根据《白沙市人民政府关于印发政府信息公开办法的通知》(白政发〔2015〕9号)第34条第1项,申请人向政府申请信息公开,认为是县国土资源局制作保存的,应该告知是县国土资源局制作保存,而不是转办给县国土资源局。

原告代刘:根据信息公开首接负责制,被告应该负责最终的结果。根据《国务院办公厅关于做好政府信息依申请公开工作的意见》(国办发〔2010〕5号)第2条,本案中没有盖"与原件核对无异"的公章,如果我们拿去法庭上作证,根本没有用处。必须盖"与原件核对无异"或者提供单位的公章,本案中没有。

审判员旺:被告方有无新的辩论意见?

被告代欧:第一,收到政府信息公开申请后,需要转办的,我们按照便民原则,对信息进行分配,根据案件的不同性质转交给不同部门,告知当事人由谁来办理,体现便民原则;第二,7月份以前政务中心统一受理政府信息,对答复不服可以起诉,对受理不服,可以起诉受理机关。本案中答复义务机关并不是县政府,因为该信息保存在县国土资源局,制作后,也保存在县国土资源局,答复义务机关并不是本案的被告。

审判员刘:原告方有无新的补充?

原告:被告始终没有拿出法律依据证明政务中心就可以代表安湘县政府。依据《最高人民法院关于审理政府信息公开行政案件若干问题的规定》第9条及《国土资源部政府信息公开暂行办法》第6条,被告没有及时回复,原告是向安湘县政府申请公开的。依据《国土资源部政府信息公开暂行办法》第29条,被告没有依法公开,被告有义务和责任整改,也脱不了法律关系。

审判员刘:被告方有无新的辩论意见?

被告代欧:没有新的辩论意见。

审判长:法庭辩论结束。

审判长:现在由当事人进行最后陈述,表明对处理本案的明确态度。当事人发表最后的陈述意见。

原告:① 请求法院依法判决被告未在法定的15个工作日内公开原告所需信息的行为违法;② 判令被告限期公开原告所申请信息;③ 请求法院支持原告的诉讼请求。

被告代欧:驳回原告的诉讼请求。

第四幕 休庭评议

审判长:今天的庭审对本案的事实进行了详细的调查,经过举证质证,双方都充分发表了意见,案件由本合议庭评议后再宣判,现在休庭。宣判日期、地点另行通知。休庭后,请当事人核对笔录无误后签名或者5日内签字。(干脆利落地敲击一次法槌)

(注:在审判长敲击法槌后,书记员应宣布全体起立,请合议庭成员退庭。)

第五幕 定期宣判

宣判时间:2015年7月12日

宣判地点:白沙市中级人民法院第17审判庭

合议庭成员:程光明、刘勇敢、旺真真

书记员:匡学威

到庭当事人:略(详见第一审判决书所列)。

审判长:(有力敲击一下法槌)本院受理阳威诉安湘县人民政府不履行信息公开法定职责一案,现已审理终结,宣判如下:

书记员:全体起立。

审判长:宣读(2015)白中行初字第00078号行政判决书(详见本章第三节

"本案的第一审行政判决书"),依照《最高人民法院关于审理政府信息公开行政案件若干问题的规定》第 9 条第 1 款之规定,判决如下:

(1)撤销安国土资公开告知〔2015〕109 号《安湘县国土资源局政府信息公开告知书》;

(2)责令被告安湘县人民政府在判决生效之日起 15 个工作日内重新就原告阳威的政府信息公开申请作出答复。

本案受理费 50 元,由被告安湘县人民政府负担。

如不服本判决,可在判决书送达之日起 15 日内,向本院递交上诉状,并按对方当事人的人数提出副本,上诉于海北省高级人民法院。

闭庭。(敲击一下法槌)

尾声

第一审宣判后,安湘县人民政府不服,向海北省高级人民法院提起上诉,称根据"谁制作谁公开、谁保存谁公开"的原则,被上诉人申请公开的政府信息制作和保存机关均为安湘县国土资源局,安湘县政府只是受理政府信息公开申请的机关,且已依法转办、告知。原审将安国土资公开告知〔2015〕109 号《安湘县国土资源局政府信息公开告知书》视为安湘县政府的答复,将安湘县政府作为被告,是错误的。请求撤销第一审判决,驳回阳威的诉讼请求。被上诉人阳威提交书面答辩状。

海北省高级人民法院受理后,依法组成合议庭进行了审理,作出了(2015)海高法行终字第 29 号行政判决书,主要内容如下:《政府信息公开条例》第 21 条规定,对申请公开的政府信息,行政机关根据下列情况分别作出答复:属于公开范围的,应当告知申请人获取该政府信息的方式和途径;依法不属于本行政机关公开或者该政府信息不存在的,应当告知申请人,对能够确定该政府信息的公开机关的,应当告知申请人该行政机关的名称、联系方式。本案中,阳威申请公开的信息是《安湘县城郊乡维特缘项目的征地批准用途详细说明书》,根据《土地管理法》的规定,"征地"主要系安湘县国土资源局的职责范围,如果有该信息,应由安湘县国土资源局公开。对依法不属于安湘县人民政府公开的,安湘县政务公开工作领导小组办公室在告知申请人阳威的同时,将该事项转给能够确定的政府信息公开机关(安湘县国土资源局)办理,符合《政府信息公开条例》第 21 条的规定。对于被告已经履行法定告知或者说明理由义务的,根据《最高人民法院关于审理政府信息公开行政案件若干问题的规定》第 12 条第 1 项的规定,人民法院应当判决驳回原告的诉讼请求。另外,根据《最高人民法院关于审理政府信息公开行政案件若干问题的规定》第 4 条第 1 款的规定,公民、法人或者其他组织对国务院部门、地方各级人民政府及县级以上地方人民政府部门以申请公开政府信息行政行为不服为由提起诉讼的,应以作出答复的机关为被告。

本案政府信息公开的责任主体是安湘县国土资源局,若阳威对信息公开不服,应以作出答复的安湘县国土资源局为被告,而不应以安湘县人民政府为被告。第一审人民法院将《安湘县国土资源局政府信息公开告知书》(〔2015〕109号)视为安湘县人民政府的行为并判令安湘县人民政府重新答复不当,应予纠正。故此,上诉人的上诉理由成立,本院予以支持。根据《行政诉讼法》第89条第3项、《最高人民法院关于审理政府信息公开行政案件若干问题的规定》第12条第1项之规定,第二审判决如下:

(1) 撤销白沙市中级人民法院(2015)白中行初字第00078号行政判决;
(2) 驳回阳威的诉讼请求;
(3) 第二审案件受理费共100元,由被上诉人阳威负担。

第三节 本案的"诉、辩、审"法律文书

一、本案的行政起诉状

行政起诉状

原告:阳威,男,汉族,1987年8月12日出生,住安湘县城郊乡东威社区杉树巷16号。联系电话:139********。

被告:安湘县人民政府,住所地:安湘县玉檀镇二环中路行政中心,法定代表人:周飞飞,县长。电话:0731—********。

诉讼请求:
(1) 依法确认被告不依法履行信息公开职责的具体行政行为违法;
(2) 依法判令被告限期履行法定职责,依法向原告公开申请获取的信息,并在程序上进行书面答复;
(3) 判决被告承担本案的诉讼费用。

事实和理由:

原告于2015年2月26日依法向安湘县人民政府政务中心申请信息公开《安湘县城郊乡维特缘项目的征地批准用途详细说明书》,但被告没有依法履行回复,申请人认为,被告安湘县政府违反了《中华人民共和国政府信息公开条例》的规定,履行行政不作为,侵害到了原告的合法权益,原告不服,依法对本案提起诉讼。

此致
白沙市中级人民法院

具状人:阳威(亲笔签名)
2015年3月28日

附件资料如下：
1. 行政起诉状 2 份
2. 原告身份证复印件 1 份
3. 政府信息公开申请表复印件 1 份
4. 被告组织机构代码复印件 1 份

二、本案的行政答辩状

行政答辩状

答辩人：安湘县人民政府
住所地：安湘县玉檀镇二环中路行政中心
法定代表人：周飞飞，县长。

因原告阳威向白沙市中级人民法院起诉安湘县人民政府未履行政府信息公开法定职责，现就本案答辩如下：

安湘县东威社区杉树巷16号阳威于2015年2月26日向安湘县政务服务中心提出政府信息公开申请，其申请内容为"申请安湘县政府公开，安湘县城郊乡维特缘项目的征地批准用途详细说明书"，受理编号〔2015〕229号。收到该申请后，安湘县政务公开工作领导小组办公室根据"谁制作谁公开、谁保存谁公开"的原则，于2015年3月4日印发《政府信息依申请公开转办告知单》（安政务办函〔2015〕229号）函告安湘县国土资源局，确定由安湘县国土资源局办理；同时印发《政府信息公开答复书》（受理编号〔2015〕229号）于2015年3月4日以邮政快递的方式邮寄给原告阳威，告知原告该政府信息公开申请由安湘县国土资源局办理及其联系方式。安湘县国土资源局收到转办通知后，制作了《安湘县国土资源局政府信息公开告知书》（安国土资公开告知〔2015〕109号），以邮政快递方式邮寄给原告阳威。

综上所述，对于申请人关于政府信息公开的申请，已转交安湘县国土资源局办理并告知了申请人，即被告已经答复，而且安湘县国土资源局也已经答复，原告阳威所称"未在法定期限内予以答复"不实，据此，恳请驳回原告的诉讼请求。

此致
白沙市中级人民法院

安湘县人民政府（公章）
2015 年 5 月 16 日

三、本案的第一审行政判决书

海北省白沙市中级人民法院
行政判决书

(2015)白中行初字第00078号

原告阳威,男,汉族,1987年8月12日出生,住海北省安湘县城郊乡东威社区杉树巷16号大塘组55号。

委托代理人刘姜,女,汉族,1975年5月4日出生,住海北省安湘县灰汤镇灰汤村1组2号。

委托代理人彭冲,女,汉族,1987年1月23日出生,住海北省安湘县双江口镇石头坑村范美塘组16号。

被告安湘县人民政府,住所地海北省白沙市安湘县玉潭镇二环中路行政中心。

法定代表人周飞飞,县长。

委托代理人刘用真,安湘县政务服务中心政务公开科科长。

委托代理人欧美平,安湘县人民政府法制办公室复议应诉科科长。

阳威诉安湘县人民政府不履行信息公开法定职责一案,于2015年3月28日向本院起诉。本院受理后,依法由审判长程光明、审判员刘勇敢与审判员旺真真组成合议庭,对本案进行审理。2015年6月11日,公开开庭审理了本案。本案原告阳威及其委托代理人彭冲、刘姜,被告安湘县人民政府的委托代理人刘用真、欧美平到庭参加诉讼。本案现已审理终结。

2015年2月26日,阳威向安湘县人民政府申请信息公开《安湘县城郊乡维特缘项目的征地批准用途详细说明书》。收到申请后,安湘县政务公开工作领导小组办公室将该申请交安湘县国土资源局办理并告知阳威。2015年3月9日,安湘县国土资源局作出安国土资公开告知〔2015〕109号《安湘县国土资源局政府信息公开告知书》并邮寄送达阳威。阳威认为安湘县人民政府未依法履行信息公开义务,向本院起诉。

原告诉称:原告于2015年2月26日依法向安湘县人民政府申请信息公开《安湘县城郊乡维特缘项目的征地批准用途详细说明书》,但被告没有依法进行回复,没有及时回复,且提供的信息与原告申请的信息内容不符。申请人认为被告安湘县人民政府具有履行依申请公开政府信息的法定职责。该行为违反了《中华人民共和国政府信息公开条例》的规定,属于行政不作为,侵害了原告的合法权益,原告不服,依法对本案提起诉讼。请求:(1)依法确认被告未依法履行信息公开义务职责的具体行政行为违法;(2)依法判令被告限期履行法定职责,依法向原告公开申请获取的信息,并在程序上进行书面答复;(3) 判决被告承担本案诉讼费用。

被告辩称:收到原告的政府信息公开申请后,安湘县政务公开工作领导小组办公室于2015年3月4日印发《政府信息依申请公开转办告知单》(安政务办函〔2015〕229号)函告安湘县国土资源局办理,同时告知原告。安湘县国土资源局收到转办通知后,制作了安国土资公开告知〔2015〕109号《安湘县国土资源局政府信息公开告知书》,以邮政快递方式邮寄给原告该告知书。对原告提出的政府信息公开申请,已转交安湘县国土资源局办理并告知了申请人,被告已作出答复,安湘县国土资源局也已经答复。据此,请求驳回原告诉讼请求。

被告向本院提供了以下证据:证据1. 政府信息公开申请表;证据2.《政府信息依申请公开转办告知单》(安政务办函〔2015〕229号),拟证明被告已将该申请转交安湘县国土资源局办理;证据3.《政府信息公开答复书》受理编号(2015)229号;证据4. 国内特快专递邮件详情单,拟证明被告已告知原告申请由安湘县国土资源局办理,已作出答复;证据5.《安湘县国土资源局政府信息公开告知书》(安国土资公开告知〔2015〕109号);证据6. 国内特快专递邮件详情单,拟证明安湘县国土资源局已经答复。

原告对被告提供的证据发表如下质证意见:对证据1,真实性、合法性、关联性认可,但证明目的不认可。对证据2至证据5,真实性认可,关联性、合法性、证明目的不认可。对证据6,真实性、关联性、合法性、证明目的均不认可。

原告开庭时向本院提交了以下证据:证据1. 政府信息公开申请表,拟证明原告向被告申请信息公开;证据2.《政府信息公开答复书》受理编号(2015)229号,拟证明没有转办给安湘县人民政府,安湘县人民政府没有盖章和答复。

被告对原告开庭时提供的证据发表如下质证意见:对证据1没有异议。对证据2的证明目的有异议,被告已依法将申请交县国土资源局转办,县国土资源局也作出了答复。

经庭审质证,本院对证据作如下确认:原、被告提供的证据均来源真实,与本案相关联,本院采信为认定事实的证据。

根据采信的证据和庭审调查,本院认定以下事实:2015年2月26日,阳威向安湘县人民政府申请信息公开《安湘县城郊乡维特缘项目的征地批准用途详细说明书》。2015年3月4日,安湘县政务公开工作领导小组办公室作出安政务办函〔2015〕229号《政府信息依申请公开转办告知函》,将阳威的政府信息公开申请转办给安湘县国土资源局。同日,安湘县政务公开工作领导小组办公室作出受理编号(2015)229号的《政府信息公开答复书》,告知阳威申请获取的信息由安湘县国土资源局依法答复,该答复书通过国内特快专递邮寄给阳威。2015年3月9日,安湘县国土资源局作出安国土资公开告知〔2015〕109号《安湘县国土资源局政府信息公开告知书》，告知阳威申请的内容已多次进行答复，不再另行公开。该告知书通过国内特快专递邮寄给原告阳威。阳威认为安湘县人民政府未依法履行信息公开义务，向本院起诉。

本院认为，本案争议的焦点是被告是否对原告的信息公开申请作出答复及被告行为的合法性问题。根据《中华人民共和国信息公开条例》第十七条规定："行政机关制作的政府信息，由制作该政府信息的行政机关负责公开；行政机关从公民、法人或者其他组织获取的政府信息，由保存该政府信息的行政机关负责公开。……"本案中，被告单位专门负责信息公开事务的安湘县政务公开工作领导小组办公室收到原告的政府信息公开申请后，确定由保存信息的安湘县国土资源局进行答复，并专门制作了受理编号（2015）229号的《政府信息公开答复书》，告知阳威申请获取的信息由安湘县国土资源局依法答复。安湘县国土资源局其后对原告的申请事项作出了安国土资公开告知〔2015〕109号《安湘县国土资源局政府信息公开告知书》并向原告送达。该告知书可以视为被告的答复。安国土资公开告知〔2015〕109号《安湘县国土资源局政府信息公开告知书》仅告知阳威，其申请的内容已多次进行答复，不再另行公开。但被告并未提供证据证明其已就同样申请内容向原告进行了答复。因此，被告作出的拒绝公开信息的答复不合法，应予撤销。原告要求被告重新作出政府信息公开答复的诉讼请求，本院予以支持。据此，依照《最高人民法院关于审理政府信息公开行政案件若干问题的规定》第九条第一款之规定，判决如下：

（1）撤销安国土资公开告知〔2015〕109号《安湘县国土资源局政府信息公开告知书》；

（2）责令被告安湘县人民政府在判决生效之日起15个工作日内重新就原告阳威的政府信息公开申请作出答复。

本案受理费50元，由被告安湘县人民政府负担。

如不服本判决，可在判决书送达之日起15日内，向本院递交上诉状，并按对方当事人的人数提出副本，上诉于海北省高级人民法院。

审判长　程光明
审判员　刘勇敢
审判员　旺真真
二〇一五年七月十二日

本件与原本核对无误

书记员　匡学威

第四节 本案的点评与分析

一、县人民政府与县政务中心、县国土资源局之间的关系

本案中的争议焦点围绕着县政府、政务中心和国土资源局这三个政府机关之间的关系展开：第一，安湘县政务中心在信息公开这一点上，是否能够完全代表县人民政府，或者说，其所作的答复和转办是否就是县人民政府的行为？第二，县政务中心是否有权不直接公开原告阳威申请的土地征用批准信息，而是将其转给县国土资源局办理？第三，县国土资源局的告知和答复，是否就是县人民政府的告知和答复？本案中的这三个问题，是一般老百姓在现实生活中容易混淆和纠结的问题，它们在本案中也一直处于游离和不确定的状态，如剧本尾声中提到的第二审人民法院改判等。

原告阳威及其诉讼代理人认为，没有法律依据可以证明县政务中心可以代表县人民政府，县政务公开工作领导小组办公室没有对原告的信息公开申请作出答复的职权，县人民政府才是合格的答复主体，其答复书应该盖县人民政府的公章，而非县政务中心的公章。而且，县人民政府既然参与了本案中所涉土地征用公告的制作和保存，却不直接予以公开和答复，而是由政务中心转给县国土资源局办理，有躲避和推脱的嫌疑。

被告安湘县人民政府及其诉讼代理人认为，县政务中心在信息公开这一点上，就代表县人民政府，其所作答复就是县政府的答复，而县国土资源局是政府国土管理的职能部门，国土资源办公厅〔2013〕3号文件的第3条第7项明确规定征收土地方案公告等信息的申请答复由县级国土部门进行，所以本案中县政务中心转办给县国土资源局予以答复和公开，是有合法依据的。

第一审人民法院认为，安湘县国土资源局对原告的申请事项作出的《安湘县国土资源局政府信息公开告知书》（安国土资公开告知〔2015〕109号，以下简称《告知书》），可以视为被告安湘县人民政府的答复，但该《告知书》仅告知了阳威其申请的内容已多次进行答复，不再另行公开，而并未提供证据证明其已就同样申请内容对原告进行了答复。因此，被告作出的拒绝公开信息的答复不合法，应予撤销。原告要求被告重新作出政府信息公开答复的诉讼请求，人民法院应予以支持。在第一审人民法院看来，县国土资源局的答复就是县人民政府的答复，其拒绝公开信息的答复不合法，故而撤销县国土资源局作出的《告知书》而责令被告安湘县人民政府重新作出信息公开的答复。

第二审人民法院则认为，本案中政府信息公开的责任主体是安湘县国土资源局，若第一审原告阳威对信息公开不服，应以作出答复的县国土资源局为被

告，而不应以县人民政府为被告。第一审将县国土资源局的《告知书》视为县人民政府的行为并判令县人民政府重新答复不当，应予纠正。故而撤销了第一审判决，驳回了原告阳威的诉讼请求。

相较而言，第二审人民法院的认定是较为合法合理的。因为县政务中心和县国土资源局作为县人民政府的职能部门，县政务中心就信息公开的答复行为与县国土资源局的《告知书》是满足主体资格要求，具有法律效力的，也就是人们通常理解的"可以视为县人民政府的行为"。但是，其二者毕竟是独立的机关法人单位，如果对其答复或告知不服，则不能抛开此二者的独立法律主体资格，而将"上游"的县人民政府为被告。如果这样的话，则所有的行政诉讼被告，都有可能只有一个，那就是县人民政府，或者其他案件中的国务院或地方各级人民政府，这样显然在法律和现实中都是行不通的。这里就出现了一个看似矛盾其实又相统一的一个"悖论"：本案中的安湘县政务中心和安湘县国土资源局作为安湘县人民政府的职能部门，其具体行政行为具有法律效力，视同为县人民政府作出的具体行政行为，但如果对其具体行政行为不服，则又不宜一律将县人民政府作为被告，而应该以其具体的职能部门即本案中的安湘县国土资源局作为被告。

二、实质公正与形式公正的关系

"实质公正与形式公正"这一对范畴，其实不完全等同于"实体公正与程序公正"这一对范畴，但人们经常不加区分地将二者混用，所以要注意不同的语境而予以具体的分析和对待，不能将实质公正与实体公正、形式公正与程序公正，简单地画等号。

本案中的原告阳威及其代理人，以及第一审人民法院的判决，都有一定的"实质公正"思维：一方面，认为县国土资源局的《告知书》虽然声称其已就原告阳威申请的内容多次进行答复，故不再另行公开，但就是没有公开阳威想要的信息，实质上是在推脱或者拒绝公开阳威所申请的那部分《维特缘项目的征用土地批准详细说明书》信息，所以应撤销县国土资源局没有实质性答复和信息公开内容的《告知书》。另一方面，认为既然县国土资源局的答复和拒绝公开（或者说部分拒绝公开）行为，与县人民政府的行为具有同等效力，则现在完全可以抛开县国土资源局，而直接责成县人民政府予以重新答复和公开原告阳威一直申请而没有得到的上述《征用土地批准详细说明书》，何况安湘县人民政府也曾事实上参与过制定或保存该信息的活动。

本案中的上诉人安湘县人民政府，以及第二审人民法院的判决，都有一定的"形式公正"思维：一方面，上诉人安湘县人民政府认为，根据"谁制作谁公开、谁保存谁公开"的原则，被上诉人阳威申请公开的政府信息的制作和保存机关均为安湘县国土资源局，县人民政府只是受理该政府信息公开申请的机关，且已依法转办、告知,所以第一审判决将县国土资源局的《告知书》视为安湘县人民政府的答复,将安湘县人民政府作为被告是错误的,不符合被告的主体资格。另一方面,第二审人民法院认为,依照法律的规定,"征地"主要是县国土资源局的职责范围,而不属于县人民政府的职责范围,原告阳威对县国土资源局的《告知书》不服,只能以作出答复的机关——县国土资源局为被告,而不能将受理机关——县人民政府作为被告,第一审判决将县国土资源局的告知书视为县人民政府的行为而予以撤销并责令其重新答复,也是不当和应予纠正的。

综上,原告阳威与第一审判决相对比较倾向于实质公正,较多感性色彩;上诉人安湘县人民政府与第二审判决,则相对比较倾向于形式公正,较多理性思维。法律思维或法治思维,更多地具有"形式理性"的特征。而且这种形式理性或曰形式公正,尽管不等同,但却更倾向于程序公正,往往在程序问题上具有"一票否决"的功效,比如本案第二审判决中对本案信息公开申请的受理机关与答复机关的关系梳理,最后以被告主体资格问题依法改判,就是最好的例证。十多年以前曾经轰动一时的"刘燕文诉北大"案,最后改判,也就是基于超过诉讼时效而"一票否决",等于给当事人和社会就法律的"形式理性"上了很好的一课。

值得注意的是,这里提出的"形式公正"与"实质公正"其实是不相矛盾的,关键是如何在具体案件中去理解和把握,千万不能将其与"程序"与"形式"、"实体"与"实质",简单地一一对应和混为一谈。所以,对党中央十八届四中全会提出的《中共中央关于全面推进依法治国若干重大问题的决定》中的"努力让人民群众在每一个司法案件中感受到公平正义",以及"三个符合"——"事实认定符合客观真相、办案结果符合实体公正、办案过程符合程序公正",要予以全面、辩证和准确的对待和理解运用。

三、行政诉讼庭审的特殊性与庭审重心

行政庭审的重心应当放在行政主体的行为作出之时,该行政行为是否有足够的事实根据作为基础,而不是代替行政机关寻找行政行为的根据。行政案件庭审应着重对具体行政行为的职权依据、执法程序、事实依据、法律依据进行合法性审查。

被告应当对作出具体行政行为的职权依据、法律依据、事实依据承担举证证明责任。具体而言,法庭一般应按以下顺序审查被告具体行政行为的合法性:① 被告是否为适格主体;② 被告是否超越职权;③ 是否违反法定程序;④ 事实是否清楚,主要证据是否确凿、充分;⑤ 适用法律是否正确;⑥ 是否滥用职权;⑦ 行政处罚行政行为是否显失公正。

本案属于原告要求行政机关履行法定职责类的行政诉讼。对这类案件,法

庭应当围绕以下几个方面进行调查：① 原告在行政程序中是否提出过申请，但被告依职权应当主动作为的除外；② 被告是否具有相应的法定职责；③ 原告的申请是否符合法定条件；④ 被告是否存在不履行法定职责的事实及其理由。

我国行政诉讼的任务是保护公民、法人或者其他组织的合法权益，监督行政机关依法行使职权。在法庭调查中，应当侧重询问被告作出行政行为的事实根据和法律依据，有关证据要当庭出示。在询问方式上，应当就一个问题询问被告后，随即由被告举证证实待证事实的真实性，同时征询原告或者第三人的意见。庭审中，不允许被告对具体行政行为认定的事实对原告发问。如果出现发问，恰恰说明该行为事实不清，法庭应当及时制止，绝不允许出现事后调取证据的情况。

四、依法治国与司法体制机制改革大背景下《行政诉讼法》的最新修正

本案的真实审判是在依法治国与司法体制机制改革的大背景下进行的，其中的很多司法公开和公正的做法，值得点赞，比如第一审和第二审判决书后所附的法律条文，不仅让当事人和诉讼代理人做到心里有底，输赢皆服，而且也为社会公众和法律教学、研究，提供了具体准确的法律文本和研究对象，具有很强的针对性和"直观公正"，不仅便利了当事人，而且提升了人民法院的司法水平和司法公信力。比如本案中第二审判决书所援引的《政府信息公开条例》第21条就列明了对申请公开的政府信息，行政机关的具体告知、答复方式和答复内容，①所援引的《最高人民法院关于审理政府信息公开行政案件若干问题的规定》第4条第1款和第12条第1项列明了公民、法人或其他组织对依申请公开政府信息行政行为不服提起诉讼的，以作出答复的机关为被告，逾期未作出答复的，以受理申请的机关为被告，依法不属于被告公开的政府信息，或者被告已经履行法定告知或者说明理由义务的，人民法院应当判决驳回原告的诉讼请求。援引上述法条说理极大地提高了判决的法律说理性和正当性。

继十八届四中全会《中共中央关于全面推进依法治国若干重大问题的决定》提出"变立案审查制为立案登记制""最高人民法院设立巡回法庭，审理跨行政区域重大行政和民商事案件。探索设立跨行政区划的人民法院和人民检察院，办理跨地区案件""健全行政机关依法出庭应诉、支持法院受理行政案件"等顶层设计后，立案登记制、最高人民法院巡回法庭、京沪等地跨行政区划的人民法院的设立等，已经在现实生活和法律规定中得到初步的落实。2014年11月1日通过《行政诉讼法》修正案，经过修改的条文自2015年5月1日起实施。修正

---

① 本条例于2019年修订，其中的第30条规定了信息不明确时的告知、补正，第36条规定了有关答复的类别、方式和内容。

的《行政诉讼法》条文总数由原来的 75 条,变为后来的 103 条,修正内容涉及当事人诉权的保护、管辖制度、诉讼参加人制度、证据制度、民行争议的交叉处理机制、判决形式、简易程序、行政机关不执行人民法院判决的责任等,是我国《行政诉讼法》自 1990 年 10 月 1 日实施以来,迎来的第一次"大修",很多涉及司法体制机制的立法都是"前所未有"的,成为我国"最具新意的一部诉讼法典",这次修正着力破解行政诉讼"立案难"的困境,扩大了受案范围,畅通了诉讼渠道,完善了行政审判体制机制,完善了判决形式和执行制度,强化了行政诉讼的监督功能,加强了对行政权力的制约和监督,是全面推进依法治国的重要举措。①

第五节 思考辨析、趣味纠错与案例拓展训练

一、思考辨析

1. 简答行政诉讼中规范性文件的附带性审查。
2. 简述我国人民法院的立案登记制度及其所适用的诉讼案件范围,并分析它与以前的审查立案(受理)制度之间的不同。
3. 行政诉讼中举证、质证与民事诉讼中有何不同?
4. 我国《行政诉讼法》是否规定了书面审理?
5. 行政诉讼中的简易程序与民事诉讼有何不同?
6. 简述政府信息公开主体。
7. 简答行政诉讼如何实现繁简分流。
8. 简答行政诉讼调解的适用范围。
9. 简答行政诉讼的原告资格。
10. 简答行政诉讼的受案范围。

二、趣味纠错

1. 在行政诉讼庭审过程中,人民法院在法庭调查阶段,首先要求原告提供其主张被告程序违法的事实依据和法律依据,对被告则没有发问。该做法错在哪里?②
2. 在行政诉讼庭审过程中,原告突然提出其在行政程序中没有提出的反驳

---

① 本书本次再版之前,我国《行政诉讼法》于 2017 年进行了第二次修正,只在其第 25 条增加了第 4 款的内容,即检察行政公益诉讼,总条文数、条文排序都没变,仍为 2014 年第一次修正时的 103 条。
② 参考答案:因为行政诉讼作为"民告官"诉讼,应首先审查行政机关作出具体行政行为的职权依据和事实依据。被告应当在法定举证期限内,提供据以作出被诉具体行政行为的全部证据和所依据的规范性文件。

理由或者证据的,被告向法庭提出要补充提交证据以反驳原告,法庭以行政机关不得事后收集证据为由不予准许。该做法错在哪里?①

3. 在行政诉讼庭审开始后,原告以行政首长未出庭为由对行政机关出庭人员资格提出异议,并要求中止庭审,认为在行政机关负责人未到庭的情况下,其有权拒绝庭审,并申请人民法院传唤被告行政机关正职负责人出庭。被告行政机关委托了机关工作人员出庭应诉,并提出了书面证明材料证明行政机关负责人因履行其他不可替代的公务不能出庭,故法庭驳回原告的申请。该做法错在哪里?②

三、典型案例拓展训练

(一) 要点提示

本部分提供司法实践中真实发生的典型案例供师生进行拓展训练,以巩固学生对行政第一审普通诉讼程序的理解与运用。在模拟审判训练中应注意以下几个方面的内容:

1. 训练前指导教师根据时案的背景材料,给出必要的起诉答辩文书和有关的证据材料,供各审判小组演练使用。

2. 各审判小组在审判结束之前,尽量不浏览该案的媒体报道,在一个"封闭"的环境中进行模拟和习练,各审判角色之间,不能私下交流,严格按照各自的角色要求进行准备和演练。

3. 中途每次小组演练时,可以设观察员(或者请理论和实务的指导老师出席),把观看模拟演练的心得和演练者的不足记录下来,演练完后进行分享和点评,直到最后一次开庭演练结束。

4. 整个模拟审判实验结束后,再上网浏览有关时案的所有信息,与指导老师一起对照本组的模拟审判表现与时案审判进行对比、归纳和总结,最后填写实验报告,并进行实验文书资料的归档。案例1重在引导学生思考行政诉讼的受案范围,学术自由与司法审查的关系。案例2重在引导学生思考姓名权与公序良俗之间的关系,以及该案为何会诉诸立法机关解释。

---

① 参考答案:根据《行政诉讼法》的相关规定,原告或者第三人提出其在行政程序中没有提出的反驳理由或者证据的,经人民法院准许,被告可以在第一审程序中补充相应的证据。

② 参考答案:根据《行政诉讼法》的相关规定,被诉行政机关负责人应当出庭应诉。不能出庭的,应当委托行政机关相应的工作人员出庭。行政机关负责人因需要履行他人不能代替的公务未出庭,属于有正当理由无法出庭,应予准许。事实上,行政首长事务繁忙,对于一般行政行为,行政首长并不清楚,加之很多行政首长对法律也不熟悉,让其出庭应诉,对法官查清事实,并没有多大的帮助。故行政首长出庭或者不出庭都不应成为影响行政诉讼公正审理的因素。

(二) 典型案例

1. 刘燕文诉北大博士学位纠纷案

原告刘燕文是北京大学无线电电子学系1992级博士生,因其博士毕业论文没有通过学校学位委员会的审查而没有毕业和未被授予博士学位一事,曾于1997年向北京市海淀区人民法院提起行政诉讼,人民法院以不符合法定受案范围为由不予受理。1999年9月24日,刘燕文再次以北京大学学位评定委员会为被告,以其不批准授予他博士学位为由,向海淀区人民法院提起行政诉讼;同日,又以北京大学为被告,以其拒绝向他颁发博士研究生毕业证为由向海淀区人民法院提起行政诉讼。

海淀区人民法院经过两次公开开庭审理,于1999年12月17日以(1999)海行初字第103号行政判决书,对第一个案件作出判决:① 撤销被告北京大学学位评定委员会1996年1月24日作出的不授予原告刘燕文博士学位的决定;② 责令被告于判决生效后3个月内对是否批准授予刘燕文博士学位的决议审查后重新作出决定。同日,又以(1999)海行初字第104号行政判决书,对第二个案件作出判决:① 撤销被告北京大学1996年1月向原告刘燕文颁发的(1996)研结证字第001号博士研究生结业证书;② 责令被告北京大学在判决生效后2个月内向刘燕文颁发博士研究生毕业证书。

第一审判决后,两个案件的被告——北京大学学位评定委员会和北京大学,分别向北京市第一中级人民法院提出上诉。

第二审人民法院经过审理后,于2000年4月30日作出(2000)一中行终字第43号、第45号两个行政裁定,以原审人民法院未能查清上诉人在本案审理过程中所提的诉讼时效问题为由,裁定撤销(1999)海行初字第103号、第104号两个行政判决,发回海淀区人民法院重新审理。

海淀区人民法院经重新审理后,于2000年12月15日,分别作出(2000)海行初字第157号、第158号两个行政裁定,认为原告1999年9月24日向人民法院起诉时已经超过法定起诉期限,并以此为由,驳回刘燕文对北京大学学位评定委员会和北京大学两个被告,在两个诉讼案中分别提出的起诉。刘燕文不服重审的两个裁定,又一次分别提起上诉。

第二审人民法院又一次经过分别的审理后,于2001年3月30日,分别就刘燕文与北京大学学位评定委员会授予博士学位纠纷一案,作出(2001)一中行终字第50号行政裁定书,驳回上诉,维持原裁定;就刘燕文与北京大学授予博士毕业证纠纷一案,作出(2001)一中行终字第41号行政裁定书,驳回上诉,维持原裁定。至此,本案经过2轮诉讼共8个裁判文书,最后以刘燕文败诉告终。

2. "北雁云依"诉济南市燕山派出所公安行政登记案

"北雁云依"出生于2009年1月25日,其父亲名为吕晓峰,母亲名为张瑞峥。因酷爱诗词歌赋和中国传统文化,吕晓峰、张瑞峥夫妇二人决定给爱女起名"北雁云依",并以"北雁云依"为名办理了新生儿出生证明和计划生育服务手册的新生儿落户备查登记。2009年2月,吕晓峰前往燕山派出所为女儿申请办理户口登记,被民警告知拟被登记人员的姓氏应当随父姓或者母姓,即姓"吕"或者"张",否则不符合办理出生登记的条件。因吕晓峰坚持以"北雁云依"为姓名为女儿申请户口登记,被告燕山派出所遂依照《婚姻法》第22条之规定①,于当日作出拒绝办理户口登记的具体行政行为。该案经过两次公开开庭审理,原告"北雁云依"法定代理人吕晓峰在庭审中称:其为女儿选取的"北雁云依"之姓名,"北雁"是姓,"云依"是名。因案件涉及法律适用问题,需送请有权机关作出解释或者确认,该案于2010年3月11日裁定中止审理,中止事由消除后,该案于2015年4月21日恢复审理。裁判结果是济南市历下区人民法院于2015年4月25日作出(2010)历行初字第4号行政判决:驳回原告"北雁云依"要求确认被告燕山派出所拒绝以"北雁云依"为姓名办理户口登记行为违法的诉讼请求。第一审宣判并送达后,原被告双方均未提出上诉,本判决已发生法律效力。本案作为全国首例姓名权行政诉讼案入选最高人民法院指导案例89号。

刘燕文诉北大博士学位纠纷案裁判文书

"北雁云依"诉济南市燕山派出所
公安行政登记案裁判文书

---

① 2021年《民法典》的出台实施,实现了原来《婚姻法》等的"九法合一",该条文内容也已经被吸收到《民法典》第1015条之中。

第五章 剧本(四):刑事附带民事第一审案件简易程序[①]

第一节 案情简介及争议焦点

一、案情简介

被告人:罗益光,男,1978年5月10日出生,汉族,高中文化,工人,家住白沙市中南区电机厂宿舍14栋111号。

附带民事诉讼被告人:李妹玲,系被告人之妻。

附带民事诉讼原告人:刘桂花,女,1967年6月1日出生,原白沙造纸厂下岗工人,现住白沙市中南区电机厂宿舍14栋105号。

2012年11月23日下午6时许,被告人罗益光之妻李妹玲与被害人刘桂花因麻将欠款一事发生纠纷,进而扭打在一起,被围观群众拉开。后李妹玲将此事告诉了被告人罗益光,被告人罗益光当即找到被害人刘桂花,并对其脸部猛击一拳,致使刘当场倒地昏迷。后经白沙市中级人民法院法医鉴定,刘桂花的左眼被打成轻伤。随后被告人罗益光与李妹玲及刘桂花的丈夫一起将刘桂花送到医院救治,罗益光共赔偿医药费4500元。

白沙市中南区人民检察院以故意伤害罪向中南区人民法院提起公诉,并依法建议适用简易程序审理本案。被害人刘桂花也向中南区人民法院提起附带民事诉讼,请求判令被告人罗益光和附带民事诉讼被告人李妹玲赔偿其所有医药费、营养费、误工费以及后期治疗费共计3万元。

二、争议焦点

被害人是否被一拳打昏在地,是否构成轻伤。

[①] 本案基本素材选自湖南省长沙市某区人民法院的成案,案中基本程序和法律文书均根据我国当时的《刑事诉讼法》及其相关的司法解释等进行了整理,案中人民法院名称与人员姓名均用化名,请勿对号入座。2015年本书第三版修订时,本剧本及其法律文书中的时间、法律条款内容和序号等,都按当时的最新法律和司法解释进行了"与时俱进"的模拟修订。本次再版对该章第一节、第二节、第三节的内容不予变动,本着"修旧如旧"的原则保持原貌,只在第四节"点评与分析"的内容上进行了最新法律规定的更新,或者通过页下脚注的方式予以适当的、与时俱进的解释性说明,而第五节则是本次再版重新写作与新增的内容。

第二节　本案的真实开庭审理

引子　本案适用简易程序的背景

根据《刑事诉讼法》第 208 条第 2 款的规定,白沙市中南区人民检察院对罗益光故意伤害一案,在提起公诉的同时,又对中南区人民法院提出了适用简易程序审理本案的建议书[白中检刑检建(2013)第 35 号],决定派员出庭支持公诉。

白沙市中南区人民法院经审查,认为本案符合刑事诉讼法适用简易程序的规定①,决定适用简易程序。人民法院在向被告人送达起诉书副本的同时,告知了本案适用简易程序审理。并在开庭审判前,以电话方式将开庭的时间、地点通知了人民检察院、被告人、附带民事诉讼原告人、附带民事诉讼被告人、辩护人等,并且将通知的情况记录在卷。

第一幕　本案的第一次开庭审理

时间:2013 年 6 月 13 日 9 时

地点:白沙市中南区人民法院第一刑事审判庭

审判台正中下边是书记员席位。

公诉人、辩护人的席位分列审判台两边相对而设;公诉人席位一侧,是附带民事诉讼原告人及其诉讼代理人席位。辩护人席位一侧是附带民事诉讼被告人及其诉讼代理人席位。

与审判台相对,靠公诉人席位的是证人、鉴定人席位,靠辩护人席位的是被告人席位。

(本案的公诉人杨路、附带民事诉讼原告人刘桂花、附带民事诉讼被告人李妹玲、辩护人刘超以及其他当事人的亲属好友、一般群众,已在法庭内入座等待。)

书记员:(先宣布法庭纪律,然后大声地)请审判长、审判员入庭。

审判长:(入庭落座后,用眼光环顾了一下法庭,用力地敲击一下法槌,然后大声地宣布)白沙市中南区人民法院公开审理罗益光故意伤害一案,现在开庭。

审判长:(略停一下)传被告人罗益光到庭!

(被告人在值勤法警的带领下,来到被告人席位。)

审判长:(看了一下被告人席位,然后用十分清晰的声音念)被告人罗益光,男,1978 年 5 月 10 日出生,白沙市中南区人,汉族,高中文化,工人,家住白沙市

---

① 2012 年《刑事诉讼法》第 208 条第 1 款规定:"基层人民法院管辖的案件,符合下列条件的,可以适用简易程序审判:(一) 案件事实清楚、证据充分的;(二) 被告人承认自己所犯罪行,对指控的犯罪事实没有异议的;(三) 被告人对适用简易程序没有异议的。"

中南区电机厂宿舍14栋111号。2013年3月13日因涉嫌故意伤害被白沙市公安局中南区分局取保候审。

审判长：(看了一下附带民事诉讼原告人席位,接着念)附带民事诉讼原告人刘桂花,女,1967年6月1日出生,原白沙造纸厂下岗工人,现住白沙市中南区电机厂宿舍14栋105号。

审判长：(看一下被告人席位)被告人罗益光,你是何时收到起诉书副本及刑事附带民事起诉状的？

被告人：2013年5月28日。

审判长：海北省白沙市中南区人民法院刑事审判庭今天在此依法公开开庭审理白沙市中南区人民检察院依法提起公诉的罗益光故意伤害,及附带民事诉讼原告人刘桂花诉被告人罗益光、附带民事诉讼被告人李妹玲损害赔偿一案。

审判长：(略停一下)本案根据人民检察院建议适用简易程序审理,并由本院审判员张卫、王美媛、李丽梅依法组成合议庭,由审判员张卫担任审判长,书记员刘强担任本庭记录。白沙市中南区人民检察院指派检察员杨路到庭支持公诉。

[法律提示：基层人民法院适用简易程序审理案件,审判长或独任审判员应当当庭询问被告人对指控的犯罪事实的意见,告知被告人适用简易程序审理的法律规定,确认被告人是否同意适用简易程序。]

审判长：被告人罗益光,本案由白沙市中南区人民检察院依法建议适用简易程序进行审理,你确认同意适用简易程序吗？

被告人：同意。

(审判长接着查对附带民事诉讼被告人身份。)

审判长：(看了一下附带民事诉讼被告人席位)附带民事诉讼被告人李妹玲,女,1978年7月9日出生,系岳阳市印刷三厂下岗工人,现住白沙市中南区电机厂宿舍14栋111号。

审判长：附带民事诉讼被告人李妹玲,你何时收到附带民事诉讼起诉状副本的？

李妹玲：2013年5月28日。

审判长：被告人及附带民事诉讼原告人、被告人,根据法律规定,当事人享有以下权利：① 申请回避权；② 辩护权；③ 放弃、变更诉讼请求的权利；④ 提供证据、陈述事实的权利；⑤ 最后陈述的权利。以上权利听清楚了吗？是否申请回避？

被告人：听清楚了,我不申请回避。

李妹玲：听清楚了,我也不申请回避。

刘桂花：听清楚了,我不申请回避。

审判长:现在开始法庭调查,先由公诉人宣读起诉书。

(公诉人宣读起诉书①。)

审判长:现在由附带民事诉讼原告人宣读附带民事起诉状。

(附带民事诉讼原告人宣读附带民事起诉状②。)

审判长:被告人罗益光,刚才的起诉书和附带民事起诉状,你是否听清楚了?

被告人:听清楚了。

审判长:附带民事诉讼被告人李妹玲,刚才的附带民事起诉状,你听清楚了吗?

李妹玲:听清楚了。

审判长:被告人罗益光,起诉书指控的犯罪事实是否属实?

被告人:属实。

审判长:现在由被告人当庭进行陈述。

被告人:2012年11月23日,我爱人与刘桂花在曙光路麻将馆打麻将,但不在一桌。因我爱人欠刘桂花30元钱,我爱人要求通过打麻将还钱,刘桂花不肯,两人发生争执,打了架。我下了班去接我爱人,我听别人讲我爱人被打,我爱人跟我讲是刘桂花打了她,我就追到刘桂花,我和她发生了口角,我打了她的左眼一拳,她也打我,在别人扯开时她扯了我的衣服倒在地上,后来碰到了她爱人,我就带她去附二医院看病。我共赔了4500元,有500元是在医院给的现金,另外4000元是第二天在派出所的调解后给的。

审判长:现在由公诉人讯问被告人。

公诉人:你为什么要打刘桂花?

被告人:因为她打了我爱人。

公诉人:刘桂花打你爱人和你打她是不是在同一个地点?

被告人:相差几米。

公诉人:你打了刘桂花哪里?

被告人:眼睛。

公诉人:出了血没有?

被告人:天黑看不清。

公诉人:刘桂花是否被打倒在地。

被告人:不是,她是在别人拉架时,扯了我的衣服倒下的。

公诉人:倒地以后,她昏过去没有?

被告人:没有。

---

① 起诉书内容详见本章第三节的"本案的起诉书"。
② 附带民事起诉状内容详见本章第三节的"本案的刑事附带民事起诉状"。

公诉人:你什么时候送她去医院的?
被告人:五六分钟后。
公诉人:打完人后,你离开了现场没有?
被告人:离开了。
公诉人:事后你为什么要送她去医院?
被告人:因我打别人是不对的。
公诉人:你送她去医院时,她出血没有?
被告人:出了。
公诉人:你是不是自愿送她去医院的?
被告人:是的。
公诉人:你怎样把她送到医院的?
被告人:"打的"送她去的。
公诉人:你离开现场,为什么又要返回去送她到医院?
被告人:我返回现场,在路上碰到刘桂花,她受了伤。
公诉人:李妹玲有没有打刘桂花(在你打刘桂花时)?
被告人:没有。
公诉人:你知道刘桂花的伤是否有原来的(除你打的外)?
被告人:有她和我爱人打架时留下的。
公诉人:审判长,我的话问完了。
审判长:辩护人有无发问?
辩护人:没有。

[审判长用眼睛示意审判员王美媛(以下称"审判员王"),要她讯问被告人。]

审判员王:被告人罗益光,你何时打的人?
被告人:11月23日下午,下午6点多。
审判员王:打人的地点?
被告人:麻将馆附近。
审判员王:你怎样打她的?
被告人:用拳。
审判员王:你打刘桂花时,李妹玲在不在现场?
被告人:我打了之后,她才赶上来。
审判员王:刘桂花倒地后,李妹玲有没有打她?
被告人:没有。
审判员王:你打完刘桂花后,在不在现场?
被告人:不在。我打完后走了。刘桂花的爱人来了,他要我给个说法。他好像要喊人打我。别人讲不要打了。我送她去了医院。

审判员王:你送她去医院时,她是个什么情况?

被告人:她人还清醒,也没出血。

[停了一下,审判长示意审判员李丽梅(以下称"审判员李")询问附带民事诉讼原告人刘桂花。]

审判员李:附带民事诉讼原告人刘桂花,罗益光打你几拳?

刘桂花:一拳。他打了我左眼,我就倒在地上,我的头碰地,晕了过去。李妹玲还用脚踢我。别人喊他们不要打了,他们两个碰到我爱人,我爱人要他们送我去医院。包括李妹玲打我,都是别的几个人讲的,我当时已经晕过去了。

审判员李:送去医院的时候,你清醒吗?

刘桂花:那时已经清醒了。

审判员李:你被打的当时有没有出血?

刘桂花:出了。血还流在罗益光身上了。

审判员李:你跟李妹玲是不是因为她欠你钱发生扭打?

刘桂花:是的。

审判员李:你们俩打完架后,离罗益光打你有多久?

刘桂花:六七分钟。

审判员李:(略停一下,对李妹玲发问)附带民事诉讼被告人李妹玲,你看见罗益光打刘桂花吗?

李妹玲:没看见。

审判员李:罗益光打刘桂花后,你又打了她没有?

李妹玲:没有。

审判员李:送刘桂花去医院的时候,你看到她流血没有?

李妹玲:我不知道。

审判员李:对此事,派出所有没有调解?

李妹玲:要我出医药费、道歉。我共赔了4500元。

审判长:本案刑事部分的法庭讯问结束。下面由公诉人举证。

(公诉人共提供了7项证据材料:① 被告人罗益光的供述;② 被害人刘桂花在侦查阶段的陈述;③ 李妹玲在侦查阶段的陈述;④ 证人刘伟的证言;⑤ 证人许满的证言;⑥ 法医鉴定意见;⑦ 被告人罗益光的供述及其身份、现实表现材料等。)

审判长:(目光转向刘桂花)附带民事诉讼原告人刘桂花,被告人罗益光打完你的眼睛后,你看见附带民事诉讼被告人李妹玲打了你没有?

刘桂花:我没看见。

审判长:在你倒地之前,李妹玲打了你没有?

刘桂花:没有。但是,我倒地后,感觉有人踢我。

审判长:(目光转向罗益光)被告人罗益光,你对刚才公诉人宣读的证据有无异议?

被告人:对法医鉴定有异议。我想申请重新鉴定。

审判长:理由是什么?

被告人:我想请我的辩护人回答。

审判长:辩护人,你现在将被告人对证据有异议的理由向本庭进行陈述。

辩护人:审判长、审判员,我方对法医鉴定的异议理由如下:① 法医鉴定时刘桂花的陈述与其在医院看病时的陈述症状不同;② 刘桂花既然能感觉有人在踢她,证明她当时是清醒的,不像公诉方所讲的昏迷了;③ 法医鉴定并未因其眼睛被打伤而得出轻伤结论;④ 证人证言只是讲她以为被害人昏过去了才把刘桂花喊醒,并没有确认被害人昏迷。所以,法医鉴定并不能说明刘桂花被打时的真实情况,鉴定书中的检查和分析无法支持鉴定意见。我方申请重新鉴定。

审判长:(将目光转向公诉人)公诉人有无说明?

公诉人:该法医鉴定是清楚的。对于"短暂昏迷"的认定,法医鉴定意见具有权威性。而且,证人证言、被害人的陈述以及李妹玲的陈述相符,可以认定被告人罗益光一拳打向刘桂花,刘桂花倒地。从逻辑上看,也正是被告人打了刘桂花才送她去医院。所以,该法医鉴定应该可以认定。

审判长:(用眼光环视一下法庭)鉴于被告人及其辩护人对法医鉴定提出异议,并且提出了重新鉴定的请求。本庭对其请求予以准许,本案决定延期审理。

审判长:(略停一下,然后大声地说)现在休庭!(用力敲击一下法槌)

第二幕 本案的第二次开庭审理

时间:2013年7月13日9时

地点:白沙市中南区人民法院第一刑事审判庭法庭内。

(法庭布置和情形一如第一次开庭。书记员宣布法庭纪律后,请审判长和审判员入庭。)

审判长:(入庭落座后,先用力敲击一下法槌,然后大声地宣布)白沙市中南区人民法院审理罗益光故意伤害并附带民事赔偿一案,现在继续开庭。

审判长:(略停一下)由于休庭期间,被告人对被害人的轻伤鉴定已不持异议,本庭不再委托有关部门进行鉴定。

审判长:现在,由公诉人继续举证。

(公诉人宣读破案报告书、传唤证等。)

审判长:被告人罗益光,你对以上证据有无异议(包括对上次的法医鉴定)?

被告人:没有异议。

审判长：辩护人对以上证据有无异议？

辩护人：没有。

审判长：对以上证据本庭予以确认。（略停一下，对被告人说）被告人有无证据向法庭提交？

被告人：没有。

审判长：辩护人有无证据？

辩护人：有。这里有两份证据需要提交：一份是被告人单位出具的证明，证实被告人平时表现较好；另一份是证人曾小江的证言，证实被告人及被害人发生纠纷时，被害人并没有昏迷。

审判长：辩护人宣读两份证明。

审判长：（等辩护人宣读完证明材料后，将目光转向公诉人）公诉人对以上证据有无异议？

公诉人：是否昏迷，还有其他证据可以表明，在此不再过多说明。

审判长：辩护人，刚才提交的证人证言是怎样得来的？

辩护人：是律师调查，由证人自己写的。

审判长：对于被告人单位关于平时表现的证明材料，本庭予以采信。但证人曾小江的证言，因无其他证据佐证，本庭不予采信。

（审判长分别问公诉方和辩护方是否还有其他证据需要提供，双方均表示没有。）

审判长：本案刑事部分的法庭调查到此为止。

审判长：（略停一下）鉴于本案民事部分，本庭已于6月28日召集附带民事诉讼原、被告双方进行了调解，并达成协议。附带民事诉讼被告人已一次性付给原告人1.5万元。原告人申请撤诉，本庭予以准许。

（审判长示意审判员李主持法庭辩论，审判员李会意。）

审判员李：现在进行法庭辩论。先由公诉人发表公诉意见。

公诉人：审判长、审判员，被告人的行为已经致人轻伤，构成故意伤害罪。尽管被告人犯罪后能够对被害人予以赔偿，但其伤害行为的犯罪性是不可更改的，请法庭对其依法判处。

审判员李：被告人罗益光，你有无辩护意见？

被告人：没有。

审判员李：现在由被告人的辩护人发表辩护意见。

辩护人：审判长、审判员，本辩护人认为，被害人刘桂花在本案过程中具有一定的过错。被害人经法医鉴定为轻伤，现在已恢复正常。被告人虽然构成了犯罪，但情节轻微，被告人的认罪态度较好，在打人后陪同被害人到医院看病并积极对被害人的附带民事部分进行了赔偿，被告人的单位和同事也一致认为他平时表现是比较好的,本案中的伤害行为完全是一时冲动。综上所述,恳请法庭对其免予刑事处罚。

(审判员李示意审判长,审判长会意。)

审判长:公诉人还有无其他事项需要说明?

公诉人:没有。

审判长:现在法庭辩论结束。由被告人进行最后陈述。

被告人:我没有什么可说的,只是请求法庭念在我一时糊涂的份上,对我从宽处理。谢谢!

审判长:现在休庭评议。请值勤法警将被告人带出法庭。

[法律提示:合议庭评议后,书记员重新请审判长和审判员入庭。审判长入庭落座后,宣布继续开庭。根据《刑诉法解释》第297条的规定,适用简易程序审理案件,一般应当当庭宣判。]

审判长:白沙市中南区人民检察院公诉被告人罗益光故意伤害,并附带民事诉讼原告人刘桂花诉被告人以及附带民事诉讼被告人李妹玲人身损害赔偿一案,现已审理完毕。

经过举证、质证和法庭辩论,本庭现已查明,公诉机关指控被告人罗益光犯故意伤害罪的事实清楚,情节没有出入,所提供的证据客观、真实、合法,本庭予以确认。另查明,本案在审理期间,经本院依法主持调解,被告人罗益光和附带民事诉讼被告人李妹玲已共同赔偿了被害人刘桂花医疗费、交通费、营养费等各项经济损失共计1.5万元。

本庭认为,被告人罗益光故意伤害他人身体,致人轻伤,其行为已构成故意伤害罪,本应予以处罚,但被告人罗益光犯罪后认罪态度较好,且犯罪情节轻微,并积极赔偿了被害人的经济损失,可以免予刑事处罚。辩护人提出的辩护意见与客观事实相符,本院予以采纳。考虑到由本院主持的附带民事诉讼部分调解协议已经履行完毕,故在此不再对附带民事诉讼部分进行判决。

(审判长略停一下,站起来,环视一下整个法庭。)

书记员:(大声地)全体起立!

审判长:(清清嗓门,大声地)依照《中华人民共和国刑法》第234条第1款、第37条之规定,特判决如下:

被告人罗益光犯故意伤害罪,免予刑事处罚。

如不服本判决,可在接到判决书的第2日起10日内,通过本院或者直接向海北省白沙市中级人民法院提出上诉。书面上诉的,应当提交上诉状正本1份,副本2份。

本案庭审笔录,诉讼当事人和其他诉讼参与人在宣判后,当庭阅读或宣读,然后签名或盖章。认为记载有遗漏或差错的,可以请求补充或者改正。

（宣读完判决后，审判长用力地敲击一下法槌。）

书记员：请全体坐下！

审判长：（对各位诉讼当事人）各位当事人都听清楚了吗？

各位诉讼当事人：都听清楚了。

（书记员组织当事人对庭审笔录进行阅读、补正、签名盖章，再请审判长审阅后签名，最后，书记员自己签名。）

书记员：（站起来，面向审判台）报告审判长，法庭笔录签阅完毕。

（审判长点点头，示意书记员坐下。待书记员落座后，审判长环视一下整个法庭。）

审判长：（大声地宣布）白沙市中南区人民检察院公诉被告人罗益光故意伤害，并附带民事诉讼原告人刘桂花诉被告人以及附带民事诉讼被告人李妹玲人身损害赔偿一案，现在审理完毕。现在我宣布：闭庭！（用力敲击一下法槌）

第三节　本案的"诉、辩、审"法律文书

一、本案的起诉书

海北省白沙市中南区人民检察院
起　诉　书

白中检刑诉（2013）108 号

被告人罗益光，男，1978 年 5 月 10 日出生，白沙市中南区人，汉族，高中文化，工人，家住白沙市中南区电机厂宿舍 14 栋 111 号。2013 年 3 月 13 日因涉嫌故意伤害被白沙市公安局中南区分局取保候审。

被告人罗益光故意伤害一案由白沙市公安局中南区公安分局侦查终结，于 2013 年 4 月 5 日移送本院审查起诉，现查明：

2012 年 11 月 23 日下午 6 时许，被告人罗益光之妻李妹玲与被害人刘桂花因麻将欠款一事发生纠纷，进而扭打在一起，被围观群众拉开。后李妹玲自己将此事告诉了被告人罗益光，被告人罗益光当即找到被害人刘桂花，并对其脸部猛击一拳，致使刘当场倒地昏迷。后经白沙市中级人民法院法医鉴定，刘桂花的左眼被打成轻伤。随后被告人罗益光与李妹玲及刘桂花的丈夫一起将刘送到医院救治，罗益光共赔偿医药费 4500 元。

上述事实有证人证言、鉴定结论、被害人陈述等证据在卷佐证，被告人亦供认不讳。本案事实清楚，证据确实、充分，足以认定。

本院确认：被告人罗益光无视国法，故意殴打他人致轻伤，其行为触犯了《中华人民共和国刑法》第二百三十四条之规定，已构成故意伤害罪。为惩罚犯罪，保护公民人身权利不受侵犯，依据《中华人民共和国刑事诉讼法》第一百七十二条之规定，特将被告人罗益光提起公诉，请依法判处。

此致

白沙市中南区人民法院

检察员　杨　路

二〇一三年五月二十七日

附项：移送侦查卷宗二册。

二、本案的刑事附带民事起诉状

刑事附带民事起诉状

附带民事诉讼原告人：刘桂花，女，1967年6月1日出生，现年46岁，原白沙造纸厂工人，自2008年下岗在家，现住白沙市中南区电机厂宿舍14栋105号，电话：×××。

附带民事诉讼被告人：罗益光，男，白沙市中南区电机厂职工；李妹玲，女，罗益光之妻。二被告人现均住白沙市中南区电机厂宿舍14栋111号，电话：×××。

诉讼请求：

判令附带民事诉讼被告人赔偿原告人住院费、陪护费、误工费、后期治疗及精神损害赔偿费等，共计3万元。

事实与理由：

2012年11月23日下午6时10分左右，我和几位女友外出回家途中，与附带民事诉讼被告人罗益光之妻李妹玲发生口角，李妹玲出其不意地用长满长指甲的手指抓我，当即将我的口腔抓破出血，双方因此发生厮打，后经周围朋友劝阻事态平息，各自回家。为避免再起风波，我被另一女友拉着从另一条路回家。谁知没走多远，就听见后面李妹玲将其丈夫罗益光叫来，并恶狠狠地叫喊："你给我往死里打，打死了我赔钱！"我听到喊打声后，赶紧逃避，但仍被他们追上，罗益光在其妻的纵容下，不问青红皂白，恶狠狠地对我面部猛击一拳，将我打倒在地致使我眼角破裂，流血不止，痛得我昏倒不能起来，但他们俩仍丧心病狂地继续对我拳打脚踢，打得我遍体鳞伤，并将我的耳环打坏，项链拉断。后经好心的旁人送到湘雅附二医院，缝合数针后，经留观一夜后住院治疗。

我的家人及时向沙子街派出所报了案,并于2012年12月7日经白沙市中级人民法院中法技字(2012-5)第234号法医鉴定,鉴定为轻伤。沙子街派出所让罗益光交了4000元押金后,将其释放回家,经我及家人的再三要求,派出所曾经作过两次调解,但罗、李二人一直态度恶劣,拒不认错,至今没有结果。自从被打后,我精神恍惚,暴躁易怒,记忆力大大衰退,时常引起头疼眼花。我初期住院费达七千余元,并且仍需后期治疗,但罗、李二人不但不知悔改,不向我赔礼道歉,在我住院期间不闻不问,而且到派出所私下四处活动,妄图凭关系逃避法律制裁。

根据《中华人民共和国刑法》《中华人民共和国刑事诉讼法》以及《中华人民共和国妇女权益保护法》的有关规定,为维护法律尊严,保护我的人身权利不受侵犯,特请求人民法院依法追究罗益光的刑事责任,判令附带民事诉讼被告人罗益光和李妹玲赔偿我住院费7000元、陪护费2600元、误工费2000元、后期治疗费8000元以及精神损害赔偿和营养费1万元、治疗期间的交通费400元等,共计3万元,并且向我当面道歉。

此致

白沙市中南区人民法院

附带民事诉讼原告人:刘桂花(签名)

二〇一三年三月三十日

附:本起诉状副本1份。

三、本案的调解协议

调 解 协 议

时间:2013年6月28日

地点:中南区人民法院第三审判庭

审判员:张卫

书记员:刘强

参加人:附带民事诉讼原告人刘桂花

被告人罗益光,辩护人刘超,附带民事诉讼被告人李妹玲

案由:人身损害赔偿纠纷

附带民事诉讼原告人刘桂花诉被告人罗益光、附带民事诉讼被告人李妹玲人身损害赔偿一案,经本院依法支持调解,双方自愿就民事赔偿部分达成如下协议:

(1) 由被告人罗益光和附带民事诉讼被告人李妹玲共同赔偿附带民事诉讼原告人刘桂花医疗费、误工费、后期治疗费、交通费、陪护费和营养费等各项损失共计1.5万元，除已赔偿的4500元外，还应赔偿1.05万元。此款已于2013年6月28日一次性付给了刘桂花。

(2) 附带民事诉讼原告人刘桂花撤回对罗益光、李妹玲的附带民事赔偿诉讼，并不得就该事实再提起民事赔偿诉讼。

鉴于赔偿款项已及时清结，本院口头裁定准许。刘桂花也已撤回附带民事部分的诉讼，本院将此协议记录在卷，不再另外制作附带民事诉讼调解书。

审判员　张卫（签名）
附带民事诉讼当事人　刘桂花　罗益光
及诉讼代理人　李妹玲　刘超（签名）
二〇一三年六月二十八日
书记员　刘强（签名）

四、本案的辩护意见提纲

辩护意见提纲

审判长、审判员：

海北铁肩律师事务所依法受被告人罗益光的委托，指派我们担任本案的辩护人。接受委托后，我们对本案的事实经过进行了调查。开庭前在审判员的主持下，对本案民事赔偿问题达成了一致意见，被告人对附带民事诉讼原告人的医疗费用进行了双倍赔偿，附带民事诉讼赔偿部分已经调解处理完毕。现就本案的刑事部分，作如下辩护，请合议庭根据本案的事实，全面考虑，予以采纳。

(1) 被告人罗益光虽然构成犯罪，但情节轻微。本案被害人刘桂花与被告人之妻李妹玲发生纠纷并厮打在一起，有一定的过错。打麻将"欠账"，本质上是一种赌博账，是不受法律保护的。有证据证明被害人刘桂花向李妹玲要账30元未果，就骂李妹玲并首先动手打了李妹玲。李妹玲经法医鉴定为头顶部、左腋部红肿，左面部有4厘米×3厘米肿胀和挫伤，左手中指被咬伤，形成0.3厘米×0.3厘米的伤痕及肿胀，食指有0.3厘米咬伤痕及肿胀，结论为：全身多处软组织挫伤，左手被咬伤，属轻微伤。被告人罗益光追赶被害人并向被害人眼部打了一拳，是出于其妻被打的原因。而且，被害人刘桂花并非被一拳打倒在地，而是被打了一拳后，在多人劝架、拉扯过程中倒地，经法医鉴定为头部蛛网膜下腔出血，参照《人体轻伤鉴定标准（试行）》第八条"出现短暂的意识障碍和近事遗忘"，构成轻伤。经治疗，现已恢复健康。据此，我们认为，被告人罗益光已构犯罪,但其情节轻微。

(2)被告人罗益光认罪态度好。对打了被害人眼部一拳,罗益光自始至终供认不讳。本次开庭前,还对被害人在三家医院看病及院外药房的购药费用共计6900多元,全部予以赔偿,在此基础上共赔偿被害人人民币1.5万元。

(3)被告人罗益光平时表现很好,没有前科。其工作单位证实,他平时表现很好,努力钻研业务,是本单位的冷作技术骨干,电机厂保卫科和厂方车间均提出请求,希望法院能对被告人罗益光从宽处理。

综上所述,被告人罗益光的伤害行为与被害人刘桂花具有的一定过错,是分不开的。罗益光认罪态度好,平时表现也很好。故请求合议庭根据《中华人民共和国刑法》第三十七条之规定,对被告人罗益光犯罪情节轻微的行为,给予免予刑事处罚。谢谢!

辩护人:刘超
二〇一三年七月十三日

五、刑事判决书

海北省白沙市中南区人民法院
刑事附带民事判决书

(2013)白中刑初字第189号

公诉机关白沙市中南区人民检察院。

被告人罗益光,男,1978年5月10日出生,汉族,高中文化,工人,家住白沙市中南区电机厂宿舍14栋111号。于2013年3月13日因涉嫌故意伤害被白沙市公安局中南区分局取保候审,现在家。

辩护人刘超,系海北铁肩律师事务所律师。

白沙市中南区人民检察院以白中检刑诉(2013)108号起诉书指控被告人罗益光犯故意伤害罪,于2013年5月28日向本院提起公诉。本院依法组成合议庭,公开开庭审理了本案。白沙市中南区人民检察院指派检察员杨路出庭支持公诉,被告人罗益光及其辩护人刘超到庭参加诉讼。现已审理终结。

白沙市中南区人民检察院指控:2012年11月23日下午6时许,被告人罗益光之妻李妹玲与刘桂花因打麻将赌博欠债一事发生口角,进而互相扭打,被围观群众扯开。李妹玲遂将此事告诉了被告人罗益光,被告人罗益光当即找到刘桂花,并朝其脸部猛击一拳将其打倒在地。随后,被告人罗益光与李妹玲和刘桂花的丈夫将刘桂花送到医院治疗。经法医鉴定:刘桂花被钝性外力致蛛网膜下腔出血,左面部、左肩部、左小腿等多处软组织挫伤,枕部头皮血肿,左眼下睑皮肤裂伤,属轻伤。起诉书认为,被告人罗益光的行为已构成故意伤害罪,应适用《中华人民共和国刑法》第二百三十四条之规定。公诉机关为证明上述事实,当庭提供了下列证据:(1)被害人刘桂花的陈述;(2)李妹玲的陈述;(3)证人刘伟、许满的证言;(4)法医鉴定意见;(5)被告人罗益光的供述及其身份、现实表现材料等。

被告人罗益光对公诉机关的上述指控供认属实,没有提出异议,对当庭出示和宣读的证据亦无异议。其辩护人辩称,被告人罗益光认罪态度较好,且犯罪情节轻微,并已赔偿被害人的经济损失,建议对被告人免予刑事处罚。

经审理查明,公诉机关指控被告人罗益光犯故意伤害罪的事实清楚,情节没有出入,所提供的证据客观、真实、合法,且经当庭质证,本院予以确认。另查明,本案在审理期间,经本院依法主持调解,被告人罗益光和附带民事诉讼被告人李妹玲已共同赔偿了被害人刘桂花医疗费、交通费、营养费等各项经济损失共计1.5万元。

本院认为,被告人罗益光故意伤害他人身体,致人轻伤,其行为已构成故意伤害罪,本应予以处罚,被告人罗益光犯罪后认罪态度较好,且犯罪情节轻微,并积极赔偿了被害人经济损失,可免予刑事处罚。辩护人提出的辩护意见与客观事实相符,本院予以采纳。据此,依照《中华人民共和国刑法》第二百三十四条第一款、第三十七条之规定,判决如下:

被告人罗益光犯故意伤害罪,免予刑事处罚。

如不服本判决,可在接到判决书的第二日起十日内,通过本院或者直接向海北省白沙市中级人民法院提出上诉。书面上诉的,应当提交上诉状正本一份,副本二份。

审判长:张 卫
审判员:王美媛
审判员:李丽梅
二〇一三年七月十三日
(白沙市中南区人民法院印)

本件与原本核对无误

书记员 刘 强

第四节　本案的点评与分析

一、实体事实问题

本案的事实问题基本没有太大争议。主要是在诉讼过程中,控辩双方围绕被害人刘桂花是否当场被"打昏"在地及是否构成轻伤进行了举证和辩论。根据我国现行法律的规定,只有伤害行为导致被害人轻伤才能构成故意伤害罪,如果是轻微伤或者情节显著轻微,就可以适用《刑法》第13条的"但书"①,而不予追究刑事责任。

关于是否被一拳打昏在地,控辩双方持不同意见。公诉方与附带民事诉讼原告人刘桂花认为是被打昏了。辩护方则举出证人曾小江的证言,说没有被打昏,而是被害人在别人拉架时扯住被告人的衣服而倒在地上的。对于曾小江的证言,没有其他证据可以佐证,法庭没有采纳。同时,对于本案是否构成犯罪,是否被打昏并不是关键,定案的关键是法医鉴定是否为"轻伤"。辩护方开始以为法医鉴定说"被打昏",认为会导致"重伤"的结论,因而提出重新鉴定的申请。法庭延期审理后,辩护方发现法医鉴定并没有如此写,而且辩护方对轻伤结论也不持异议,所以法庭就没有必要重新委托鉴定。至此,本案的事实问题基本没有什么争议,法庭在最后认定犯罪时也没有必要提及是否被打昏的问题。可见,本案的审理是抓住了本质和关键问题的。

二、庭审程序问题

由于本案的法庭审理适用的是简易程序,所以对于讯问被告人、询问证人、鉴定人、出示证据、法庭辩论等程序,没有必要像普通程序那么严格。本案的审理没有太多的拖泥带水,体现了简易程序的快速和高效。

根据我国《刑事诉讼法》和《刑诉法解释》,人民法院适用简易程序审理刑事案件,对可能判处3年有期徒刑以下刑罚的,可以组成合议庭审判,也可以由审判员一人独任审判,人民检察院应当派员出席法庭,人民法院应当通知辩护人出庭。但在法庭审理过程中发现有下列5种情形之一的,应当转为普通程序审理:① 被告人的行为可能不构成犯罪的;② 被告人可能不负刑事责任的;③ 被告人当庭对起诉指控的犯罪事实予以否认的;④ 案件事实不清、证据不足的;⑤ 不应当或者不宜适用简易程序的其他情形。②

---

① "……但是情节显著轻微危害不大的,不认为是犯罪"。
② 参见2018年《刑事诉讼法》第216条第1款、第221条,以及2021年《刑诉法解释》第366条、第368条等规定。

本案中,人民检察院在向人民法院适用简易程序审理本案的建议书[白中检刑检建(2013)第35号]中决定派员出庭支持公诉,并指派了检察员杨路出庭支持公诉;辩护人不仅提供了书面辩护意见后,还出庭进行了辩护;法庭审理不是由审判员独任审判,而是由审判员组成合议庭审理了本案。

本案"控辩审"三方,都是严肃和慎重的。

本案庭审的一些细节问题,仍然值得注意和思考:

其一,本案的法医鉴定"轻伤"意见并没有详细说明得出意见的法律依据。这看似美中不足,但也符合法律规定。白沙市中级人民法院中法技字(2012-5)第234号法医鉴定意见的原文为:"刘桂花被钝性外力致蛛网膜下腔出血,左面部、左肩部、左小腿等多处软组织挫伤,枕部头皮血肿,左眼下睑皮肤裂伤,属轻伤。"而被告人的辩护律师在辩护意见中却认可了该法医鉴定的法律适用标准是《人体轻伤鉴定标准(试行)》的第8条"出现短暂的意识障碍和近事遗忘",被告人对此也没有表示异议。但是,仔细分析,该伤情鉴定的法律依据在法医鉴定意见的原文中是没有得到体现的。根据最高人民法院、最高人民检察院、公安部、司法部于1990年联合颁发的《人体轻伤鉴定标准(试行)》的规定,轻伤是指物理、化学及生物等各种外界因素作用于人体,造成组织、器官结构的一定程度的损害或者部分功能障碍,尚未构成重伤又不属轻微伤害的损伤(第2条)。本案可能涉及该标准的条款是:① 眼睑损伤影响面容或者功能的(第9条第1项)。② 肢体软组织挫伤或者多部位软组织挫伤占体表总面积的6%以上(第20条和第50条)。③ 多种损伤均未达到本标准的,不能简单相加作为轻伤。若有三种(类)损伤接近本标准的,可视具体情况,综合评定(第53条)。而最后定案,包括辩护方也认可的"出现短暂的意识障碍和近事遗忘",确实缺乏一定的说服力。[①] 但是,根据《刑诉法解释》第365条的规定,适用简易程序审理的案件,对控辩双方无异议的证据,可以仅就证据的名称及其所证明的事项作出说明;控辩双方对定罪量刑有关的事实、证据没有异议的,法庭审理可以直接围绕罪名确定和量刑问题进行。

其二,从本案对实体事实的处理,明显可以看出司法调解和让步在诉讼过程中的作用。我国诉讼法学界曾经对法院调解制度的存废展开过热烈的讨论,但不管肯定和否定的观点论争结果如何,法院调解在我国民事诉讼和刑事附带民事诉讼案件中的适用是比较广泛的,本案的附带民事部分处理也正好说明了这一点。从审判实务看,我国法院每年审结的民事案件中,曾经有2/3以上是以调

---

① 该规定现在已经失效,现在认定轻伤一级或者轻伤二级,要依照2013年最高人民法院、最高人民检察院、公安部、国家安全部、司法部公布、自2014年1月1日起施行的《人体损伤程度鉴定标准》进行。

解方式结案的。①

在世界各国司法制度不断融合、互相借鉴的潮流中,我国审判方式改革借鉴了英美国家的对抗式庭审方式,我国的司法调解制度也为一些国家所借鉴。②

司法调解制度的这种"殊荣"也是诉讼公正与效率的辩证要求。我国的司法调解制度不是要不要废除和否定的问题,而是如何完善和改进的问题。我国《刑事诉讼法》规定了"人民法院对自诉案件,可以进行调解",《刑诉法解释》对自诉案件的调解原则和程序予以了规定,但都没有对适用简易程序的公诉案件是否可以调解作出明确规定,只是规定适用简易程序审理的案件,判决宣告前应当听取被告人的最后陈述。而且从立法的精神看,对于公诉案件的刑事部分是不能进行调解的,但可以促成和解。从本案中辩护人和被告人对待法医鉴定意见的前后表现上,可以看出调解和让步的"痕迹",这在某种程度上是符合当事人和解的立法精神的。本案并未适用现行法律和司法解释关于当事人和解的公诉案件诉讼程序。③ 这当然并不意味着,在免予刑事处罚的情况下,是否轻伤、是否犯罪,对于辩护方来说似乎就不必那么较真。而在检察机关和人民法院,既可以省去程序上的麻烦④,可以尽快结案、解决矛盾,又可以使被害人心服。

其三,如何对待法庭调查开始阶段被告人就对犯罪事实予以承认的问题。在本案庭审开始时,当公诉人宣读完起诉书后,审判长问:"被告人罗益光,起诉书指控的犯罪事实是否属实?"被告人回答:"属实"。在普通法系的英美等国,"辩诉交易"被大量地运用到刑事诉讼中,本案的这种情形在英美国家大概是难以理解的。不少普通法系国家的律师、法官、法学家来旁听我们的刑事案件开庭后都要不解地问:被告人开始就认罪了,就可以直接判,你们为什么还要审?这不浪费时间吗?⑤

可见,本案中被告人的一句"属实"的简单回答,虽是"模拟",但确实足以让我们去深思诉讼公正和诉讼效率、程序公正和实体公正、法律真实和客观真实、本国的现实国情和对他国法律的借鉴等,诸如此类的对立统一关系。

其四,对本案是否适用人民陪审员参加合议庭审判的思考。人民法院最初的案卷材料显示,本案合议庭是由一位审判员和两位人民陪审员组成的,在当时

---

① 参见江伟主编:《民事诉讼法学原理》,中国人民大学出版社1999年版,第531页。
② 参见肖扬:《当代司法制度的理论与实践》,载万鄂湘主编:《中国司法评论》2001年第1辑(总第一卷),人民法院出版社2001年版,第1—29页。
③ 参见《刑事诉讼法》第5编第2章第288、289条,以及《刑诉法解释》第21章497条至第505条的规定。
④ 如果辩护方作无罪辩护,本案就应该用普通程序审理。
⑤ 参见万鄂湘:《从中美诉讼制度比较看司法公正与效率问题》,载万鄂湘主编:《中国司法评论》2001年第1辑(总第1辑),人民法院出版社2001年版,第30—39页。

似乎是符合《刑事诉讼法》等有关法律规定的,但是因为《人民陪审员法》与《人民陪审员法解释》的出台实施,本次再版就不能在刑事诉讼简易程序中适用人民陪审员了,所以将本案中原来的人民陪审员一律改成了审判员。值得注意的是,我国有关人民陪审制的法律规定最初是有一定冲突的。典型的例子是,2012年《刑事诉讼法》第210条规定,适用简易程序审理的案件,可以组成合议庭进行审判,在本书第3版时,仍然按照第1、2版时的案件原型,在合议庭的组成上未予变动,仍由一位审判员和两位人民陪审员组成。但是,2004年《全国人民代表大会常务委员会《关于完善人民陪审员制度的决定》第2条明确规定人民法院适用简易程序审判第一审案件的不适用陪审审判方式。① 且不说本案原型在人民法院真实审判的当时,有违人民陪审员不适用简易程序的规定,即便从法理上讲,按照2012年修正实施的《刑事诉讼法》第210条之规定,本案组成合议庭也不能有人民陪审员参加,这样与简易程序之"简便易行"的精神,无疑构成冲突。本书前几次出版时故意保留了人民陪审员参加简易程序的合议庭,也是想引起进一步的探讨、争鸣和研究,但是本次再版因为法律规定已经"尘埃落定",所以就修订成不能适用人民陪审员参加简易程序合议庭了。

另外,在本案剧本的最初版本中,人民陪审员不仅参加了庭审过程,而且在庭审过程中还讯问了被告人、询问了附带民事诉讼原告人、主持了法庭辩论、参加了合议庭评议并发表了意见等,享有和审判员同等的权利,显然不是一个只是"陪而不审"的角色②,这是符合法律规定的要求的。

还有,本案剧本的最初版本中,合议庭由审判员和人民陪审员组成不是当事人选择的结果,而是由人民法院决定的。我国《人民法院组织法》和三大诉讼法在当时都没有规定当事人对陪审审判方式的选择权。2004年《全国人民代表大会常务委员会关于完善人民陪审员制度的决定》第2条规定:"人民法院审判下列第一审案件,由人民陪审员和法官组成合议庭进行,适用简易程序审理的案件和法律另有规定的案件除外:……(二)刑事案件被告人、民事案件原告或者被告、行政案件原告申请由人民陪审员参加合议庭审判的案件。"③从这里似乎可以看出,当事人有权申请选择陪审审判方式,但实际上从当时所见的有关资料中

---

① 该决定已被废止,自2018年4月27日起适用《人民陪审员法》。虽然从字面上看,《人民陪审员法》并没有明确禁止第一审简易程序适用人民陪审员制度,但是从2019年5月1日起施行的最高人民法院《关于适用〈中华人民共和国人民陪审员法〉若干问题的解释》(以下简称《人民陪审员法解释》)第2条的规定看,人民陪审员只能参加普通程序的合议庭,简易程序并不能适用人民陪审员制度。
② 但是不少资料都反映出人民陪审员只是"陪而不审"。
③ 2018年《人民陪审员法》第17条仍然规定:"第一审刑事案件被告人、民事案件原告或者被告、行政案件原告申请人民陪审员参加合议庭审判的,人民法院可以决定由人民陪审员和法官组成合议庭审判。"《人民陪审员法解释》第2条,则明确规定了除了应当适用人民陪审员参加合议庭审判的案件以外的第一审普通程序案件,当事人申请人民陪审员参加合议庭审判的权利以及审查决定程序等。

还没有发现当事人实际有效行使了这样的选择权的。这说明虽然人民陪审制体现了民主的理念，但是因为当事人的选择权在实践中受到了限制，这种民主的理念体现得不彻底。在世界上其他一些国家和地区，如美国和我国香港地区等，当事人的这种选择权是得到了明确确认的。如《美国宪法第六修正案》规定："在所有刑事案件中，被告应有权要求由罪案发生地之州及区的公正的陪审团予以迅速及公开之审判……"美国联邦刑事诉讼规则和民事诉讼规则具体规定了当事人选择陪审团审判的权利。轰动世界的美国世纪大案辛普森案，之所以最后的判决结果是辛普森无罪，应当说与辛普森参与挑选了陪审团成员且所挑选的成员以黑人为主不无关系。由此看出当事人选择人民陪审员会对诉讼过程和结果，甚至会对社会产生较大影响。因此，从扩展司法的民主性及维护当事人权益的角度出发，我国后来出台实施的《人民陪审员法》与《人民陪审员法解释》明确赋予了当事人对人民陪审员的选择权，而且该权利在实践中也在逐步得以落实。[①]

其五，对简单刑事案件适用简易程序现实状况的思考。刑事案件审理的简易程序，是随着刑事审判方式的改革，由 1996 年修订的《刑事诉讼法》确定下来的，主要适用于基层人民法院审理简单轻微的第一审刑事案件，其宗旨就是降低审判成本，提高诉讼效率，对刑事案件进行科学的分流，更好地保证普通程序功能的发挥。根据法律的规定，适用简易程序审理的刑事案件，可以由独任审判员审判；证据可以不当庭出示；审理期限大为缩短，在 20 天内应当审结。但审理中发现被告人翻供、可能作无罪宣判的、证据不充分等情况而不适宜简易程序的，应当决定中止审理，转为普通程序进行审理。2012 年修正的《刑事诉讼法》，从立法上消除了原来简易程序的启动手续烦琐（公诉案件必须由人民检察院建议或同意）、容易变相剥夺被告人的合法权利（没有将被告人的同意作为简易程序的必备条件）、法官集控审职能于一身（在人民检察院不派员出庭支持公诉情况下）等弊端，但还需公诉人员和审判人员在观念上树立诉讼经济的理念，不要怕担责任、怕惹麻烦、怕出问题。[②] 2014 年，全国人大授权最高人民法院、最高人民检察院开展"速裁程序"改革试点，在简易程序的基础上"简上加简"；2016 年，中央全面深化改革领导小组第二十六次又审议通过了《关于认罪认罚从宽制度改革试点方案》；2018 年《刑事诉讼法》修正时，吸收了速裁程序与认罪认罚从宽制度的改革试点成果。如何处理这三者之间的关系，在提高诉讼效率的同时，保障被告人的辩护权利，是今后完善刑事案件审理的重大课题。

---

① 参见《人民陪审员法》第 17 条与《人民陪审员法解释》第 2 条的规定。
② 参见陈卫东主编：《刑事诉讼法实施问题调研报告》，中国方正出版社 2001 年版，第 191—193 页。

第五节　思考辨析、趣味纠错与案例拓展训练

一、思考辨析

1. 对本案的鉴定意见,你有何看法?

2. 通过本案的亲身体验,你对我国的法院调解有什么新的感想?

3. 本案开始时,被告人回答起诉书指控的犯罪事实"属实"的情况在我国的刑事案件(尤其是自诉案件和适用简易程序的刑事案件)审理中,是否普遍存在?你是如何看待这个问题的?

4. 如果本案有两种处理方案:一是无罪释放;二是犯故意伤害罪,免予刑事处罚。你作为审判人员应该怎样处理?由此,你是怎样看待法官的自由裁量权的?

5. 根据我国现行法律的规定,对于人民检察院提起的附带民事诉讼,能否进行调解?

6. 如何看待刑事附带民事公益诉讼程序的特点?

7. 如何看待公安机关和人民检察院对附带民事赔偿问题的调解与人民法院对附带民事诉讼案件调解之间的关系?换言之,公安机关和人民检察院是否能成为附带民事诉讼的处理机关?

8. 简易程序与普通程序的区别是什么?简易程序是否就是普通程序的简化形式?结合本案谈谈如何理解简易程序的"可选择性"问题。

9. 结合本案谈谈如何看待附带民事诉讼中的精神损害赔偿。

10. 针对刑事附带民事诉讼中审判人员的"打了不罚,罚了不打"的普遍心态,请你结合本案谈谈怎样处理好赔偿和刑罚的关系,怎样防止刑事责任和民事责任不当吸收的问题。

二、趣味纠错

1. 在前述案件中,刑事附带民事诉讼原告人起诉请求被告人赔偿精神损害赔偿和营养费1万元,附带民事诉讼未调解结案,人民法院判决被告人赔偿精神损害赔偿1万元。该做法错在哪里?[①]

---

① 参考答案:根据现行《刑事诉讼法》及其司法解释的规定,刑附民案件明确将"精神损失"排除在赔偿范围之外,赔偿的范围限定于"物质损失"。但值得注意的是,2021年《刑诉法解释》规定"因受到犯罪侵犯,提起附带民事诉讼或者单独提起民事诉讼要求赔偿精神损失的,人民法院一般不予受理"。这与2012年《刑诉法解释》相比,增加了"一般"二字,为精神损害赔偿开辟了空间。

2. 在前述案件中，经过鉴定，刑事附带民事诉讼原告人构成人身七级伤残，其在刑事附带民事诉讼中请求支付残疾赔偿金10万元，人民法院予以支持，并判决被告人支付精神损害赔偿1万元。该做法错在哪里？①

3. 在交通肇事刑事案件的附带民事诉讼中，附带民事诉讼原告人提出要求支付死亡赔偿金，当事人未能就民事赔偿达成调解、和解协议的，法官未支持附带民事诉讼原告人的死亡赔偿金请求。该做法错在哪里？②

4. 在前述案件中，被告人下落不明，人民法院对其进行缺席审判。该做法错在哪里？③

5. 本案在本书再版之前的真实庭审中，作为刑事附带民事诉讼的第一审简易程序，适用了人民陪审员参加合议庭的审判。现在看来，该做法错在哪里？④

三、典型案例拓展训练

（一）要点提示

本部分提供司法实践中真实发生的典型案例供师生进行拓展训练，以巩固学生对刑事附带民事第一审公益诉讼程序的理解与运用。在模拟审判训练中应注意以下几个方面的内容：

1. 训练前指导教师根据时案的背景材料，给出必要的起诉答辩文书和有关的证据材料，供各审判小组演练使用。

2. 各审判小组在审判结束之前，尽量不浏览该案的媒体报道，在一个"封闭"的环境中进行模拟和习练，各审判角色之间，不能私下交流，严格按照各自的角色要求进行准备和演练。

3. 中途每次小练时，可以设观察员（或者请理论和实务的指导老师出席），把观看模拟演练的心得和演练者的不足记录下来，演练完后进行分享和点评，直到最后一次开庭演练结束。

---

① 参考答案：考虑到残疾赔偿金和死亡赔偿金数额较大，实践中"空判"现象突出，影响案件裁判效果，也不利于矛盾化解，2012年修改后的《刑事诉讼法》及其司法解释将残疾赔偿金和死亡赔偿金排除在刑附民的赔偿范围之外。在附带民事诉讼中，只应该依法赔偿直接物质损失，即按照犯罪行为给被害人造成的实际损害赔偿。

② 参考答案：根据《刑诉法解释》的相关规定，驾驶机动车致人伤亡或者造成公私财产重大损失，构成犯罪的，依照《道路交通法》的规定确定赔偿责任。因此，交通肇事刑事案件的附带民事诉讼当事人未能就民事赔偿问题达成调解、和解协议的，无论附带民事诉讼被告人是否投保机动车第三者强制责任保险，均可将死亡赔偿金、残疾赔偿金纳入判决赔偿的范围。

③ 参考答案：缺席审判是我国2018年《刑事诉讼法》修改后确立的一种特殊程序，适用对象是贪污贿赂犯罪案件和经最高人民检察院核准的严重危害国家安全犯罪、恐怖活动犯罪案件，犯罪嫌疑人潜逃境外，在接到人民法院送达的传票和起诉书副本之后，仍然拒绝出席法庭。

④ 参考答案：在简易程序中适用人民陪审员是错误的。详见2018年《人民陪审员法》与2019年《人民陪审员法解释》的有关规定，详细的分析可见本章第4节的相关内容。

4. 整个模拟审判实验结束后,再上网浏览有关时案的所有信息,与指导老师一起对照本组的模拟审判表现与时案审判进行对比、归纳和总结,最后填写实验报告,并进行实验文书资料的归档。

5. 在模拟审判过程中,注意刑事附带民事公益诉讼与刑事附带民事普通诉讼的区别。案例1重在引导学生判断正当防卫作为免责事由的条件。案例2重在引导学生思考公民个人信息受侵害的公益诉讼保护问题。

(二) 典型案例

1. 陈天杰故意伤害刑事附带民事诉讼案

2014年3月12日18时许,被告人陈天杰和其老婆孙某某等水泥工在商品街一巷港华市场工地处吃饭,周某甲、周某乙、容某甲、容某乙和纪某某等人也在隔壁不远处吃饭喝酒。被告人陈天杰和孙某某吃饭完后就去加班。约22时许,周某甲、容某甲、容某乙和纪某某在工地调戏孙某某,还骂站在孙某某身边的被告人陈天杰,双方因此发生争执。周某甲冲上要打被告人陈天杰,陈天杰也冲上去要打周某甲,孙某某和从不远处跑过来的刘某甲站在中间,将双方架开。孙某某在劝架时被推倒在地,被告人陈天杰就上前去扶孙某某,周某甲、容某乙和纪某某先后冲过来对被告人陈天杰拳打脚踢,被告人陈天杰也用拳脚与他们对打。接着,容某乙、纪某某从旁边地上捡起钢管冲上去打被告人陈天杰,周某甲也从工地旁边拿起一把铁铲,准备殴打陈天杰。其中纪某某被刘某甲抱着,但纪某某一直挣扎往前冲,当他和刘某甲挪动到被告人陈天杰身旁时,纪某某将刘某甲甩开并持钢管朝被告人陈天杰的头部打去,因陈天杰头部戴着一个黄色安全帽,那根钢管顺势滑下打到被告人陈天杰的左上臂。周某甲持铁铲冲向陈天杰,但被孙某某拦住,周某甲就把铁铲扔了,空手冲向陈天杰。在这过程中,被告人陈天杰半蹲着用左手护住孙某某,右手持一把折叠式单刃小刀乱挥、乱捅。刘某乙闻讯拿着一把铲子和其他同事赶到现场,周某甲、容某乙和纪某某看见后便逃离现场,逃跑时还拿石头、酒瓶等物品对着被告人陈天杰砸过来。容某乙被被告人陈天杰持小刀捅伤后跑到工地的地下室里倒在地上,后因失血过多死亡。经鉴定,容某乙系生前被单刃锐器刺伤左腹股沟区下方,造成左股动静脉断裂致失血性休克死亡;周某甲被捅致左膝部皮肤裂伤伴髌上韧带断裂,其伤势为轻伤;纪某某呈左腹股沟区裂创痕,刘某甲呈右大腿远端前侧裂创痕,二人的伤势均为轻微伤;陈天杰被打后呈左头顶部浅表挫裂伤,其伤势为轻微伤。

本案中,被告人陈天杰因妻子被工友调戏而反抗,用匕首刺向对方,致1死3伤。两级人民检察院认为构成故意伤害罪而提起公诉、抗诉,两级人民法院先后经过第一审、第二审认为属于正当防卫,坚持无罪判决。同时,由于被告人陈天杰属于正当防卫,依法不负刑事责任,故依照相关规定,被告人陈天杰亦不承担民事赔偿责任,对刑事附带民事诉讼原告人的诉讼请求依法驳回。该案与"于欢案"极其相似,都是1死3伤,并且案件定性(防卫/伤害)争议强烈,对正当防卫的认定具有较好的借鉴作用和指导意义。

2. 耿继强侵犯公民个人信息刑事附带民事公益诉讼案

2018年11月至2019年7月,马某某为完成其任职单位上海嘉钦文化传播有限公司市场推广的工作,向曾在烁爱(上海)文化发展有限公司任职的耿继强购买未成年人个人信息,并利用上述信息对未成年人的家长进行电话骚扰,导致家长生活安宁被打扰。被告人耿继强明知信息会被用于非法推销,为牟取不法利益,将其在"金宝贝早教中心"[公司名称:烁爱(上海)文化发展有限公司]任职期间获取后私自备份的公民个人信息中的3549条(包括姓名、出生年月、联系电话等信息),先后于2018年11月、12月通过微信分别以2元1条、3元1条的价格,于2019年5月至8月间通过QQ邮箱出售给马某某,共计获利人民币3000余元,导致众多未成年人的信息被泄露。被告人耿继强于2019年8月21日被公安人员抓获,到案后如实供述上述犯罪事实。

上海市宝山区人民法院经审理认为:被告人耿继强以牟利为目的,将在履行职责过程中获得的公民个人信息出售给他人,情节严重,其行为已构成侵犯公民个人信息罪,依法应予以处罚。公诉机关指控的犯罪事实清楚,证据确实充分,指控的罪名成立。被告人耿继强到案后如实供述自己的罪行,依法可以从轻处罚。被告人耿继强自愿认罪认罚,依法可以从宽处理。附带民事公益诉讼被告人耿继强、马某某、被告单位上海嘉钦文化传播有限公司非法买卖公民个人信息并组织他人拨打电话推销业务,致使未成年人的监护人受到电话骚扰,个人生活安宁被破坏,公民个人信息、隐私权被侵害,依法应当承担相应的民事侵权责任。附带民事公益诉讼起诉人代表社会公众向本院提起公益诉讼,要求上述附带民事公益诉讼被告人、被告单位承担赔偿损失、删除涉案未成年人个人信息数据以及赔礼道歉的相关诉讼请求符合法律规定,人民法院予以支持。据此,人民法院最终判决被告人耿继强有期徒刑6个月,缓刑1年,并处罚金人民币5000元;附带民事公益诉讼被告人耿继强、马某某、被告单位上海嘉钦文化传播有限公司连带赔偿损失人民币3000元,永久删除涉案未成年人个人信息数据,且在上海市媒体上向社会公众赔礼道歉。

侵犯公民个人信息案件中侵害范围辐射面广泛,众多不特定多数人个人信息被泄露,但因维权成本高、赔偿数额小、举证困难等问题,多数受侵害者不愿起诉。众多此类受害人的合法权益受到侵害即为社会公共利益受到损害,在这种情况下,将个人信息安全保护纳入公益诉讼保护范畴,既能避免受害人逐一诉讼造成司法资源浪费,也能帮助受害人解决维权成本高的困境。现行的民事公益诉讼和行政公益诉讼范围虽明确了几类损害社会公共利益的行为,但也并未限定范围,故本案将公民个人信息安全保护纳入公益诉讼保护范畴是具有现实意义的。

陈天杰故意伤害
刑事附带民事诉讼案裁判文书

耿继强侵犯公民个人信息
刑事附带民事公益诉讼案裁判文书

第六章　模拟审判技巧

　　模拟审判具有审判模拟、审判实践和审判教学的三种品性,因此必须兼顾三者的特点和需要,但又不能仅仅是三者的简单相加。模拟审判的技巧与得失,必须从模拟性、实践性、教学性这三个方面来加以综合和总结。这三个方面的核心和关键还是审判,尤其是法庭审理即模拟法庭部分。世上本无绝对的、万能的技巧,但还是有必要归纳总结一下模拟审判中的组织安排、文书写作、法庭表达的经验和窍门,以便"熟能生巧"。要将审判中的各种技巧编排有序,本身也是一件十分困难的事情。本来所谓的"技巧",无外一些分散、零乱的"经验火花"。高质量的审判并非只知道技巧,还要根据实际需要,对这些技巧加以取舍、综合并予以灵活运用。一次优秀的庭审直接考验法官的组织指挥能力、应变控制能力、当庭认证能力和归纳总结能力,而这些能力的提升需要法律人在司法实践中经年累月地学习和摸索。

第一节　组织安排技巧

　　其一,模拟审判是一种教学活动。虽然理论上也存在法学研究或司法示范性质的模拟审判,但其常态还是一种教学活动,是一种主要面向全日制法律本科学生和全日制(非法学)法律硕士的教学活动,是法律本科生和研究生教学的一个重要环节。模拟审判的组织和安排必须符合法律本科和研究生培养方案的总体要求,要符合法律本科生和研究生教学的内在规律和外部需求,要与一般的法律实习、法律诊所、法律信箱、疑案讨论、案例或者判例教学等法律实践性教学活动,形成一个完整、协调、自足的法律实践性教学体系。

　　其二,模拟审判是一种审判活动。审判是模拟审判教学的核心内容。作为一种审判活动,模拟审判必须符合法律规定的审判程序,需要运用实体法和程序法的综合知识,需要具有审判的职业伦理和一定的经验技巧。模拟法庭是模拟审判的核心和焦点,主要依据程序法的规定进行。司法实践中的审判程序固然是学生学习的参照,但不能一律简单"拿来",而应有所取舍。模拟审判可以在法律规定的范围内"大胆设想、小心求证",但不能将司法实践中一些不符合法律规范的审判作为"标准答案"来照葫芦画瓢。模拟审判的知识,包括书本知识也包括实践知识,包括社会知识也包括法律知识,包括实体法知识也包括程序法的知识,包括经验性知识也包括非经验性知识;模拟审判的职业伦理,包括所有法律职业共同体的共同道德伦理,也包括作为法官、检察官、律师各个单独职业的特有道德伦理;模拟审判的技巧,包括行为的技巧,也包括语言文字的技巧。

其三,模拟审判具有"模拟性"。好比一个硬币不可缺少的两面,模拟审判的"模拟性",有其优势的一面,也有其劣势的一面。比如在法律职业伦理的培育方面,模拟审判的亲历性和体悟性,可能就比不上到司法实践部门进行的一般法律实习或者见习,但其对法律职业伦理的示范功能就相对较强。比如在教学活动的完整性和可设计性方面,模拟审判的优势就很明显,但其缺陷就是"理想色彩"较浓。社会生活中的许多案件,尤其是民事诉讼案件,并不一定都要经过法庭审理,完全可以通过法庭外的调解、和解、撤诉等方式得到解决。但在模拟审判教学中,模拟法庭却是不可或缺的,这是教学活动的完整性所决定的。

模拟审判的组织和安排技巧,主要是围绕模拟审判的审判教学性、实践性和模拟性来展开的,表现在以下五个方面:

一、案件选择:循序渐进,量体裁衣

模拟审判在案件材料的选择上,虽然选择的空间较大,但也不能天马行空地随意为之,而要根据法学本科生和研究生教学大纲的要求,循序渐进,量体裁衣。

在整个模拟审判教学体系中,第一次模拟审判应当安排民事案件;第二次模拟审判安排刑事案件;如果有三次模拟审判实习的话,才能安排行政案件或刑事附带民事诉讼等综合案件的模拟审判。

民事案件的纠纷解决方式多样,民事权利也表现多样,基于侵权、违约、无因管理、不当得利、物权请求权等发生的纠纷,最多的表现还是在民事生活领域。民事审判在整个纠纷解决体系和权利保护体系中,具有基础性的作用。

《刑法》和《刑事诉讼法》是与定罪、量刑有关的法律。而犯罪,从某种意义上说,是一种最严重的违法行为,是达到足以定罪的严重程度的侵权或违法行为。

虽然《行政法》与《行政诉讼法》涉及的违法、侵权行为与行政机关的作为或者不作为有关,但行政执法本身,就是我国法律适用中与审判并列的一项重要内容,行政执法不属于审判的范畴。行政审判的许多基本原理是依赖民事审判的,不仅法律规范本身的发展规律如此,从《行政诉讼法》产生的历史来看,也是如此。《行政诉讼法》没有规定的期间、送达、财产保全、开庭审理、调解、中止诉讼、终结诉讼、简易程序、执行等,以及人民检察院对行政案件受理、审理、裁判、执行的监督等,适用《民事诉讼法》的相关规定。

所以,在模拟审判的内部体系中,一般要"先民后刑,行政综合"。只有当民事、刑事案件的模拟审判大致都已进行完毕,才能进行行政案件或者刑民交叉、行民交叉案件的模拟审判。

每次具体的模拟审判实习,要考虑实习时间、实习人数的安排以及对案件的

选择,并尽量考虑典型性、现实性,要先易后难,不要贪多求大。在最初的模拟审判中不宜选用一些大案、要案、名案。因为这些案件的争议性较大,涉及面广,而且一些背景材料已经被曝光,如果在最初的模拟审判实习中采用,不仅难以起到教学习练的作用,而且容易沦为表演秀、辩论赛,于模拟审判的教学宗旨并无益处。

一般而言,疑难案件适合在最后一次综合案件审判实习中选用,这样有利于在前面模拟审判的基础上巩固、深入。最好的选择是,在前一两次的模拟审判实习中,指导教师选择人民法院已经办结的案件,复印案卷材料,隐去有关内容,只给学生起诉状(书)、答辩状和证据材料、案卷目录,让同学们按照案卷目录,去"还原"有关的法律文书和法律活动。等模拟审判开庭审理完毕,再将人民法院已有的裁判文书,与同学们"模拟"而成的裁判文书,加以比较和点评。这样就能起到真实、对比的教学效果。

二、角色分派:全面发展,兼顾特长

模拟审判在角色分派上,应当考虑到全体学生的全面发展,适当兼顾每个学生的特长和爱好。不能因为某个同学的口才较好,就总扮演律师的角色;或者某个同学组织、口才能力不行,就总扮演法警或者证人。同时,也不能由着同学"自由选择",要避免个别同学因为不自信或者怕麻烦每次只扮演工作最简单的角色的情况。

指导老师应当在尊重同学意愿的基础上,适当加以引导,做到每个审判小组基本上搭配合理。要让每个同学经过几场模拟审判实习,基本上都扮演过法官、律师、当事人等不同的角色。不能在每次模拟审判实习中出现个别角色的"专业户"现象,而要进行"角色轮换"。这种"角色轮换",不仅有利于学生各种能力的锻炼,而且有利于每个学生的锻炼,能够让每个学生体会到不同角色的职业道德、职业特点,在以后的工作中能够"设身处地"地与"对方"处理好法律上的权利义务关系。

三、庭审准备:充分准备,沉着迎战

开庭审理前的程序在诉讼中具有十分重要的地位。通过"审前程序"中的证据调查、证据交换(在民事诉讼中称为 discovery,即发现程序)与和解会议,英美法系国家的民事案件中有95%以上的案件可以得到解决,而只有不到5%的民事案件需要进入法庭审理。[①] 刑事案件也存在大量的审前程序,比如辩诉交易等,美国80%—90%的刑事案件都在开庭审理前,采用辩诉交易程序直接量

---

① 参见乔欣主编:《外国民事诉讼法学》,厦门大学出版社2008年版,第102页。

刑处罚。① 大陆法系尽管不称"审前程序",而惯用"审前准备程序",也不像英美法系那样热衷于庭前解决,但庭前的准备同样十分重要。

英美法系具有陪审团审判的传统,尽管现在陪审团的运用越来越少见了,但传统陪审团审判对当今英美法系审判方式的影响,仍然在一定程度上存在着。在运用陪审团的案件中,陪审团负责事实认定,法官负责法律适用,所以开庭审理的成本较高,要尽可能"一次性审理",审理、审理前阶段要彻底分开。② 美国的审前程序在民事诉讼中所扮演的重要角色已今非昔比。今天,"审前"这个词不再是审判的前奏,相反,它被设定为一个无须审判而结束案件的途径。③

大陆法系一般实行参审制,没有陪审团的人力和财力负担,参审员与法官既认定事实又适用法律,参审员的人数一般不多,而且多半处于法官的附属地位,所以大陆法系的法庭审理可以分散、多次进行,审理、审理前的准备阶段并不需要彻底分开,可以先准备再审理,也可以边审理边准备。

英美法系的审理好比剧场的演出,演出之前当事人及其律师在法院的监督之下进行充分的准备,法庭审理中也完全由当事人及其律师提出事实和法律,法官只是一个指挥诉讼进程、监督诉讼纪律的"节目主持人"。而大陆法系的审理好比"一列徐徐开向站台的火车",法院在确定证据的范围以及调查证据中起着主导作用。④ 也就是说,英美法系的审判中,审理是一次性的,每每在审判开始之前,双方当事人不仅必须把自己的论点和证据想透,还必须了解对方的论点和证据,因为如果出现意想不到的证据,任何一方都不能简单地要求休庭。而大陆法系的审判可以间隔地划分为数次审理,如果一方当事人提出任何意料不到的主张或者论据,另一方当事人必须到下次开庭才能提出进一步的反驳证据或事实,在诉讼重新开始时,在法官的大力协助下,逐渐界定主要的事实与法律问题,把有争议的事实与无争议的事实分开,一步一步地获得判决根据。⑤

当然,两大法系审判模式的区别,也是相对的,上面的描述仅仅是宏观上的概貌而已。事实上,经过两大法系的不断融合和互鉴,除了深层的审判理念和审判文化不同,二者在具体操作层面的差别正在不断缩小。不管如何,法庭审理前的准备或曰审前程序,对于两大法系的审判模式都是十分重要的,对于模拟审判也是如此。

---

① 参见梁欣:《刑事诉讼文化论》,北京大学出版社2011年版,第164页。
② 参见沈达明编著:《比较民事诉讼法初论》,中国法制出版社2002年版,第111页。
③ 参见 Judith Resnik, "Trail as Error, Jurisdiction as Inquiry: Transforming the Meaning of Article III", 113 *Harvard Law Review* 937 (February 2000)。转引自〔美〕史蒂文·苏本、玛格瑞特(绮剑)·伍:《美国民事诉讼的真谛:从历史、文化、实务的视角》,蔡彦敏、徐卉译,法律出版社2002年版,第123页。
④ 参见沈达明编著:《比较民事诉讼法初论》,中国法制出版社2002年版,第165—166页。
⑤ 参见〔德〕K.茨威格特、H.克茨:《比较法总论》,潘汉典等译,潘汉典校订,贵州人民出版社1992年版,第479页。

我国的审判模式具有大陆法系的特征,改革时吸收了一些英美法系的经验,而且正处"转型"之中。在我国进行模拟审判教学,庭审准备的重要性是不言而喻的。如果说模拟审判有三个最重要的法则,那就是:准备,准备,还是准备。

鉴于教学的需要,模拟审判不可能像司法实践那样,在开庭审理前解决纠纷而终结案件。模拟审判中的法庭审理是必经的程序,这样才能达到教学的完整性和体系性的要求。但这样并不意味着在开庭审理前,不可以就有关的事项达成一致。审理前的准备包括审前调查、审前处理、审理救济等多项工作。只不过,这里的审前处理只限于部分的审前和解、谈判,不能完全"结案",否则庭审的"重头戏"就没法进行,这仅仅是出于教学的考虑,而非现实审判的常态。

进行庭审准备时,应当根据已有的材料,一方面全面充分地预测和应对庭审中可能出现的情况,最好根据各自的角色(法官、检察官、律师、当事人等)列出尽量详细的庭审计划和大纲,做到"以不变应万变";另一方面保留适当的余地,以便临时发挥,做到"以变应变,随机应变"。

法庭好比战场,战况瞬息万变,不到最后裁判,谁都很难保证完全胜算。只有尽量做到"知己知彼"、沉着迎战,尽量做到不放弃不抛弃,尽量利用"天时地利人和",最后才有可能取得理想的诉讼效果。

从某种意义上说,现实生活中的胜诉和败诉只是相对的,在案件没有判决之前,不存在铁定的胜诉,也不存在铁定的败诉,所有当事人和律师都只能"尽力而为"。正如哈佛大学法学院的一个教授在经历过"沃伯恩水污染案"败诉后发出的由衷感慨:"我过去一直相信只要你下足够的功夫,司法就能做到公正。我觉得法官如果看到有人行骗,就该给以惩罚。沃伯恩这个案子使我极为失望。"[①]这种失望放到理论上讲,其实是"正常"的,程序的公正只能尽可能地去实现实体的公正,但它并不等于实体公正本身。法律事实,毕竟是"经过加工的事实"。事实的真相永远只能还原、拼凑、复制、重现和"无限接近",但发生过的事实本身,绝对不可能再次"发生"。

好比医生不能"包治疾病",律师也不能"包赢官司"。诉讼好比治病,甚至比治病还要复杂,其中的许多"变数",确实是难以预料的。

四、教师指导:当好陪练,适当引导

教师在模拟审判的所有教学活动中,都应当全程参与。尤其在案件的选择和角色分配上,要予以适当引导。学生有针对性地去人民法院旁听、观摩法庭审理时,教师应当在场,在开庭前要通过提问、提示等方法,提醒学生注意本案的焦点问题以及与本次模拟审判的关系,在观摩过程中要维持法庭纪律和正确引导

---

① 〔美〕乔纳森·哈尔:《漫长的诉讼》,黄乔生译,译林出版社1998年版,第551页。

学生的守法意识；旁听观摩完毕后，教师应当及时总结和点评。也可以先由学生点评，提出问题，再由指导教师解答释疑。

但要注意，学生才是模拟审判教学活动的第一主体。指导教师可以"引导"，但不能"领导"整个模拟审判。指导教师在模拟审判教学活动的角色定位应当是——陪练，而非领导。学生才是模拟审判的主角，教师只是配角，是陪练式的"教练"，而非领导式的"教导"。教师的任务就是解答疑惑、激励学生，不要试图包揽一切，不要试图训练一批"听话的法官和律师"，更不要试图训练"听话的原告与被告"。

在职业伦理的指导方面，教师应当及时指出现实审判中存在的弊端，并加以分析和引导、纠正。比如，有的同学在旁听法庭审理时，发现个别法官并不按程序审理，职业形象和举止也不甚得当，于是产生不严肃对待模拟审判的情绪，认为专业的法官尚且如此，何况模拟审判中的"学生法官""模拟法官"！个别学生对别的同学提出的善意提醒振振有词，甚至认为在法庭上打哈欠、伸懒腰、打瞌睡、拨接手机，满口方言、黑话、脏话等才显"真实"。教师应当明确指出其不当并加以纠正，要激发学生的法治使命感和法律职业自豪感，要使学生自觉与司法负面现象"划清界限"，坚定依法维权、依法司法、依法治国的信念。让同学们懂得，今日法学学子，就是明日法治栋梁，只有校园里的"模拟审判"搞好了，现实生活中的"真实审判"才会改观，影响司法公正、司法形象的负面行为才会在"大浪淘沙"中消失。司法的公正和清廉，需要"良币驱逐劣币"。

同时，在模拟审判中，指导教师应当根据案情的需要，引导学生敢于坚持真理、坚持正义、坚持法律、迎难而上，勇于承受"失败"、误解、诽谤甚至陷害。

19世纪挪威著名剧作家易卜生的剧作《人民公敌》中的主人公斯托克曼医生，就是这样一个"失败者"。他本着对人们负责的精神和医生的良心，坚决要说出城市水污染的真相，他的坚持遭到了全市所有人的反对，就连他的市长哥哥，也最恨他在水污染问题上的"多嘴多舌"。最后，市政当局采用种种手段，诽谤斯托克曼，说他存心不良，要搞垮当地经济，要大家不要相信他的"胡说"。"人民"的力量是强大的，市政当局代表着"人民"，在市政当局的舆论引导下，市民们深信斯托克曼是一个坏人，他被宣布为"人民公敌"。同样，美国"沃伯恩水污染案"中的原告律师施利特曼，也是一个"失败者"。他本着对社会的责任心和对受害者及其家属的同情，明知不可为而为之，勇敢地承担了被律师界称为"无底洞"的"沃伯恩水污染案"。最后，他倾家荡产、负债累累，悄然退出法律界。但他的努力还是使得受害者家庭获得了部分赔偿，并且唤起了政府部门和社会舆论的注意，他"虽败犹胜"。[①]

[①] 参见〔美〕乔纳森·哈尔：《漫长的诉讼》，黄乔生译，译林出版社1998年版，译序。

从某种意义上说,法治,最需要像斯托克曼医生和施利特曼律师这样敢于坚持真理、坚持正义、坚持良心的"聪明的傻瓜"和"失败的英雄"。

五、总结评价:音像回放,师生互动

模拟审判其实就是真实审判的缩影和教学版,只不过因为教学的需要,平添了模拟的想象和自由发挥的空间而已。作为教学活动,模拟审判的总结评价是审判学习提高的必经环节。

在进行模拟审判教学的总结评价时,可以根据不同的划分标准,分为不同的类型:① 根据评价的阶段,可以分为准备阶段的评价、法庭审理阶段的评价和最后材料归档时的评价;② 根据评价的方法,可以分为现场点评、事后点评,或者播放录音录像资料的"回放式"点评;③ 根据评价的主体,可以分为学生个人自评、学生之间互评、教师点评等。这些点评方式和内容,可以是相互交叉和重叠进行的,关键是看每个阶段是否达到了预期的目标,是否有意外的挫折或收获。比如,在模拟审判准备阶段的法庭旁听观摩前,指导教师可以根据模拟审判选择的案件材料,有意识地布置一些思考题,让同学们头脑里装着问题来。旁听观摩回来后,也不要空着手、空着脑而回,带着答案和新的问号回,要头脑里装着思考回。

总之,模拟审判教学不同于有分数、有考试的课程教学,它强调的就是模仿性、习练性、创新性和师生之间的互动性。在模拟审判总结评价的方法上,可以根据需要,采用一种或者多种评价方法,比如现场评议法,跟踪拍摄回放评议法,学生自评法,学生互评法,单个指导教师点评法,多个教师和法官、律师、检察官的集体评议法,等等。

第二节　文书写作技巧

模拟审判中的法律文书,根据制作主体、程序阶段、法律效力、作用等不同的分类标准,可以分为不同的类型。比如,根据模拟审判中法律文书的作用,可以分为诉辩类法律文书、处理类法律文书、裁判类法律文书、纪实类法律文书等。

不同类型的法律文书具有不同的特点,有不同的写作技巧。但与非法律文书相比,模拟审判中不同类型法律文书之间,又具有许多"法律文书"的"共性"。

通常所说的"语文",就是语言和文字的总称。文字是静态的语言,语言是流动的文字,但二者的区别还是很明显的。一般情况下,人们将文字理解成书面语,将语言理解成口头语言,即口语。文字相较语言而言,要稳定、理性、易于保存和固化。而语言则显得流动、感性、易于交流,但也易于流逝。尽管现代科技已经,或者正在改变这些情形,但二者的区别基本上还是如此。

审判是一个审理判断的活动,它所依赖的材料来源无非两类:一类是呈交给法官和陪审团的文字(也包括图像、符号等)材料;另一类是法庭审理时,通过问答论辩所形成的"印象"。模拟审判的法律文书和法庭语言,其目的都是说服,说服法官和审判员(团)作出有利于己方的裁判,二者异曲同工、殊途同归。

谈到文字与口语,即写作与说话的区别时,著名语言学家吕叔湘先生曾经指出,文字与语言的使用情况不同:"说话是随想随说,甚至是不假思索,脱口而出;写东西的时候可以从容点儿,琢磨琢磨。说话的时候,除了一个一个字音之外,还有整句话的高低快慢的变化,各种特殊语调,以及脸上的表情,甚至浑身的姿态,用来表示肯定还是疑问,是劝告还是命令,是心平气和还是愤愤不平,是兴高采烈还是悲伤抑郁,是衷心赞许还是嘲讽讥刺,等等不一;写东西的时候没有这一便利,标点符号的帮助也极其有限。因此,说话总是语汇不大,句子较短,结构比较简单甚至不完整,有重复,有脱节,有补充,有插话,有填空的'呃、呃','这个,这个';而写文章就不然,语汇常常广泛得多,句子常常比较复杂,前后比较连贯,层次比较清楚,废话比较少。……一般说来,文字比语言更加保守。……再还有一些特殊的著作,例如宗教经典、法律条文,它们的权威性叫人们轻易不敢改动其中的古老的字句"。[1]

模拟审判中的文书写作,当然首先就是不能太口语化。还有就是,作为法律文书,它与其他一般的文字不同,应当具有自己独特的文体和文风,并且十分注重逻辑的严谨。下面,主要以举例的方法,从用词用句、逻辑结构和文体文风三个方面,谈一谈模拟审判的文书写作技巧。

一、用词用句得当

用词用句讲的就是语法,包括词法与句法。模拟审判中的文书写作具有"法言法语"的个性,也具有一般文书写作的共性。模拟审判法律文书中的用词用句,表面看来只是一个"文书写作"的问题,实质上却是法学知识综合运用的问题,法律文书的用词用句很能反映作者的法学功底和素养。

(一)用词

每个词语都有自己的内涵和外延,其分量轻重、感情色彩、风格特色都不一样。模拟审判法律文书中的用词必须符合三个规范,即法律规范、汉语规范、法律文书的文体文风规范。

法律文书的用词必须符合法律规范,是指用词应当与法律规范中的法律术语,或者有关法律文件中约定俗成的表述保持一致,这样才能准确传达法律的精神,而不致产生歧义。以下是一些容易犯错,又值得注意的法律术语用词实例。

---

[1] 吕叔湘:《语文常谈》,生活·读书·新知三联书店2006年版,第11—13页。

实例一,"民事起诉书"之类的非统一文书标题。不能将民事诉讼、行政诉讼中的"起诉状",与刑事诉讼中的"自诉状""起诉书"混同使用。虽然人们在日常生活中通常并不加以区分,而一概以"起诉书"称之。但最高人民法院关于诉讼文书样式的规定,已经明确统一为:民事、行政诉讼起诉用"起诉状",刑事自诉案件起诉用"刑事自诉状",刑事公诉案件起诉用"人民检察院起诉书",刑事附带民事诉讼起诉则用"刑事附带民事起诉状"。值得注意的还有下列类似问题:① 民事诉讼、行政诉讼、刑事附带民事诉讼中律师的"代理词",刑事诉讼中律师的"辩护词"①,刑事诉讼中检察机关的"公诉意见书",民事、行政或刑事附带民事诉讼再审程序中检察机关的"抗诉书""检察建议书""出庭意见"等,不能混淆。代理与辩护、辩论与辩护,应当区别使用。在现行法律体制下,刑事案件的公诉与对民事、行政案件生效裁判的抗诉监督,也应当区别使用,后者只能在民事、行政案件的再审程序中,针对生效裁判进行。② 案卷材料上的"案由",应当依据最高人民法院司法解释的统一规定进行填写。尤其是民事案件的"案由",以前表述相当混乱,后来最高人民法院进行了统一规定,模拟审判案卷归档时应该按照统一规定填写"案由"名称,不能任意填写。

实例二,"原告人"之类的非法律概念。民事、行政诉讼中称"原告、被告、第三人、共同诉讼人、诉讼代表人",刑事诉讼中称"自诉人、公诉人、被害人、犯罪嫌疑人、被告人",均无单独的"原告人"概念,只有"刑事附带民事原告人"的称呼。刑事诉讼中没有"刑事诉讼原告"与"刑事诉讼被告"的概念,只有"刑事附带民事诉讼原告人"与"被告人"的概念,民事、行政诉讼法中没有"被告人"的概念。值得注意的还有下列类似问题:① 刑事诉讼中"犯罪嫌疑人、被告人、罪犯"这三个术语在不同场合和阶段使用。一般而言,在侦查阶段称"犯罪嫌疑人",在起诉后裁判生效前称"被告人",只有在裁判生效确定应当承担刑事责任时才能称"罪犯"。根据现行《刑事诉讼法》,定罪权为人民法院专有,任何人,未经人民法院依法判决,都不得确定有罪,当然就不能称"罪犯"。同样道理,1996年《刑事诉讼法》修改前我国司法文书中惯常使用的"人犯""凶犯""杀人犯""强奸犯"等,已经明显不符合现行法的精神,应当杜绝使用。② 对犯罪后有悔过表现的"坦白、自首、立功"等概念应当区别使用,它们各自拥有特定的法律含义和要件构成,不能作为非法律文献中的"同义词"加以使用。③ 刑事案件中的罪名,应当根据刑法分则、刑法修正案及相关的司法解释,统一加以使用,不能任意生造罪名,否则就有悖"罪名法定"的原则。"罪名法定"是刑法"罪刑法定"原则的应有之义。比如与杀人有关的犯罪,就不能笼统地使用"杀人放火罪""强奸杀人罪""抢劫杀人罪""杀人重伤罪""过失杀人罪"等罪名,法律规定的罪名

---

① 这里,律师相应的身份就是"代理人""代理律师",或"辩护人""辩护律师"。

只有故意杀人罪、故意伤害罪、放火罪、强奸罪、抢劫罪、过失致人死亡罪等，要注意区分罪与非罪、一罪与数罪、此罪与彼罪的界限。

实例三，不能随意更改一些约定俗成的法律术语。比如，不能将"撤销"写成"撤消"、将"侦查"写成"侦察"、将"辩论"写成"辩护"、将"阴私"写成"隐私"、将"迳行判决"写成"径行判决"①，等等。这些对应的词语，虽一字之差，却区别甚大。一些案卷、教学大纲甚至法律书籍，将"侦查"与"侦察"、"检察"与"检查"、"辩论"与"辩护"等混同使用，不能不说是一种遗憾和不足。这些法律上的"别字先生"，至少在某种程度上，暴露了我国法学的整体水平欠缺。这些都是模拟审判的文书写作应当加以注意的。法律人首要的素养就是严谨、细致，诉讼案件往往就是"细节决定成败"。

法律文书的用词必须符合汉语规范，即指用词应当符合汉语用词的特点和一般规律，不要生搬一些英语直译之类的"希腊式"用词。比如汉语词汇的轻重、褒贬、搭配，一般都有约定俗成的理解，模拟审判的法律文书不能不顾这些已经"定型"的理解而去刻意地标新立异。这与文学用词或者学术研究是不同的，因为法律文书讲究的是通俗易懂。比如，"伏法"与"服法"，"拒绝"与"抗拒"，"凶手、歹徒"与"被告人""我方当事人"，"反动"与"反对并采取行动"，等等，都是具有不同词义和感情色彩的不同用词，应当加以区分使用。比如，"1 个解放军""2 名城管队员""3 丈丝绸布匹""目无法治观念""融洽的日子""可怜的行径""不应有的浪费""不应有的杀害"等，都是一些搭配不当的用词。

这些搭配不当的用词，在口语中问题不是很大，但在书面语中就会影响法律文书的整体质量。很难设想连用词都不会合理搭配的律师或者法官，是高素质的优秀律师或者优秀法官。

法律文书的用词必须符合法律文书的文体文风规范，即用词应当与法律文书的文体与规范、朴实、庄重等文风相适应。比如，裁判类文书一般具有命令性、无选择性和排他性的特点，所以一般不用"应当""应该"等只带倾向性的词语，而要写明具体的裁判结果。也不能用一般词语代替专门术语，比如，不能用同住、同室、同吃、同睡代替"同居"。应当处理好书面语与口头语之间、现代文与文言文之间、确切词语与模糊词语之间的区别并合理使用。

2018 年《最高人民法院关于加强和规范裁判文书释法说理的指导意见》第

---

① 不过语言具有流变性，比如前几年的不少法律法规书籍就不再区分"迳行"和"径行"的表述，一般都印成"径行"二字。可能是基于此方面的原因，2012 年《民事诉讼法》修改时，干脆取消了原来法律条文中的相关表述，直接表述为"不开庭审理"；也可能是鉴于书面审理与不开庭审理的关系处理，2014 年《行政诉讼法》修改时取消了书面审理，2015 年《行诉法解释》又在第 3 条第 2 款采用了"径行裁定"的表述，其含义就是"不开庭审理"，2018 年公布实施的最新《行诉法解释》中则采用了"径行裁定"的表述。

15条规定:"裁判文书行文应当规范、准确、清楚、朴实、庄重、凝炼,一般不得使用方言、俚语、土语、生僻词语、古旧词语、外语;特殊情形必须使用的,应当注明实际含义。裁判文书释法说理应当避免使用主观臆断的表达方式、不恰当的修辞方法和学术化的写作风格,不得使用贬损人格尊严、具有强烈感情色彩、明显有违常识常理常情的用语,不能未经分析论证而直接使用'没有事实及法律依据,本院不予支持'之类的表述作为结论性论断。"

常见的用词技巧有:

(1)以书面语为主,结合使用一些口头语,达到完美的表达目的。

(2)以现代文为主,适当兼用文言文,增强表达效果。比如适当使用"该""之"等文言文词语,可以使句子简短有力。

(3)以确切词语为主,有条件地使用少量模糊词语①。

(4)尽量使用公文色彩的词。如"此、这、现"等程式化、固定化的用词,可以简练语言,避免重复和啰唆。

(5)裁判类文书中尽量使用中性词,不宜使用感情色彩太浓的褒义词,或者贬义词。比如,现代汉语中表达"死"的褒义词和贬义词,总共多达数百,但裁判类文书却只宜使用中性的"死亡"一词,否则就与裁判文书的文体文风不相符合。

模拟审判的法律文书一般使用确切词语,而少用模糊词语,目的就是表达准确。但对于一些没办法精确的事项,使用一定的模糊词语,反而更能"表达准确"。一般而言,下列使用确切词语和模糊词语的技巧值得注意:① 涉及人名、地名、年龄、身份、家庭住址、职业等时,不能用模糊词语。② 涉及数据的概念,一般不能用模糊词语。比如,金钱"两万元左右"。再比如某法院受理一起房地产纠纷,其判决书写道:"法院确认某某屋后猪圈越过地界5尺余寸,屋前菜地越过地界尺余寸。"这里的认定就很容易引起歧义,无法确定猪圈和菜地到底越过地界多少。一种意见认为,这里的"5尺余寸"就是"5尺余1寸",即5尺1寸,这里的"尺余寸"就是"1尺余1寸",即1尺1寸,所以法院判决书确认的是"屋后猪圈越过地界5尺1寸,屋前菜地越过地界1尺1寸";另一种意见则认为,这里的"5尺余寸"就是不足6尺,最高可达5尺9寸9分,这里的"尺余寸"就是不足2尺,最高可达1尺9寸9分,所以法院判决书确认的是"屋后猪圈越过地界从5尺到5尺9寸9分不等,屋前菜地越过地界从1尺到1尺9寸9分不等"。看来,两种意见相差很远,都是判决书表述模糊"惹的祸"。③ 涉及案件事实描述的时间时,可以使用模糊词语,但涉及裁判文书中的期间时,则应当使用确切词语。如作案时间、被害人死亡时间等,不可能精确到几时几分几秒,而

---

① 何文燕主编:《法律文书写作学》,中南工业大学出版社1997年版,第55页。

采用"上午 11 时左右""晚上 8 时 30 分左右"等表述。如开庭的时间、上诉的期限等,就必须明确何月何日何时、多少天,不能采用"……左右"的模糊表述。④ 涉及国家机密、淫秽、隐私(阴私)、黑话、脏话等内容时,应当使用模糊词语。比如写被告人"对被害人的生殖器官进行猥亵",这里的"生殖器官"就是模糊用词,这样有利于保护个人隐私,而且可以兼顾社会影响和法律文书的严肃庄重。将一些黑话、脏话适当隐去,一笔带过,也有利于维护法律文书的庄重性。⑤ 使用模糊词语时,一般必须以同一文书的有关部分或同一案件其他文书的确切陈述为基础。比如,一份刑事判决书的"理由部分"写道:"被告人某某目无国法,为泄私愤竟持械杀人,手段极其残忍,性质极其恶劣,情节特别严重,对社会危害极大,已构成故意杀人罪。"这里也使用了描述程度、性质的模糊词语,但这些模糊词语的使用,是建立在判决书的"事实部分"已经用大量确切词语将犯罪时间、地点、动机、目的、手段、行为过程、后果及有关情节等内容交代清楚的基础之上的。这些描述程度、性质的模糊词语放在已经被确切描述过的犯罪事实之后,并不会给人留下含糊的印象。①

(二) 用句

句子是词语的组合,但其表达的意义却不是单个字、词含义的简单堆砌,句中还有语法意义。模拟审判法律文书的用句,也与用词一样,要符合汉语的语法规范、法律文书的文体文风,同时还要比用词多出一个语法要求。

法律文书用句的第一要求是准确,不能产生歧义,不能像文学艺术作品那样赋予多义和"联想的空间"。法律文书的用句要符合语义单一性原则,对一个词语、一个句子,都只能有一种理解,否则就会引发新的争议,影响纠纷的及时解决和权利的及时有效维护。产生歧义的原因,主要有以下一些情形:

(1) 多合词组歧义,即一些带有歧义的多合词组引起的歧义。如"三名原告的家属"。这个多合词组里的"三名",无法确定到底是指"原告"还是指"家属"。这里既有可能被理解为"三名原告"的家属,也有可能被理解为原告的"三名家属"。

(2) 兼类词歧义,即一些兼类词引起的歧义。如"他跟她杀过人"这句话中使用了兼类词"跟",它既属连词,又属介词。这句话的主语既有可能被理解为"他和她"(分别先后)杀过人,也有可能被理解为"他跟着她"(一起)杀过人。

(3) 词序歧义,即词序安排不当引起的歧义。如"王某因抢夺两次被公安机关拘留"。这句话中就难以确定究竟是"抢夺了两次",还是"两次被拘留"。

(4) 标点歧义,即标点符号不全引起的歧义。如"妻子死了丈夫发誓不再

---

① 参见张遂等主编:《新编司法文书写作》,湖南出版社 1997 年版,第 62 页。

结婚"。这句话缺少了必要的标点符号,就很难确定"妻子"和"丈夫"到底是谁死了,谁发誓不再结婚。如果在中间加入一个逗号,就可能有两种含义:一种是"妻子死了丈夫,发誓不再结婚。"另一种是"妻子死了,丈夫发誓不再结婚"。

(5)成分残缺歧义,即句子的主谓宾等成分缺少引起的歧义,尤其是一句话里出现多个主语时,主语的残缺最容易引起歧义。如"王某之父生有三男一女,大儿子已50岁,现仍与30岁的小儿子同住。"这句话中缺少了一个主语,不能确定到底是"王某之父"还是"大儿子"仍与30岁的小儿子同住。

(6)修饰歧义,即修饰不清引起的歧义,这种修饰歧义主要源自对"的"的前后内容关系的理解不同。如"他和她的儿子去过那里"这句话就难以确定儿子到底是"他和她的"还是"她的",难以确定到底是一个人(他和她两人的"儿子"),还是两个人("他"和"她的儿子")去过那里。

实在不可避免出现上述种种情况时,最好是接着用另一句话加以解释,澄清误解,或者在上下文中交代清楚。

法律文书用句的一般规律或曰技巧,有如下几点:

(1)多用陈述句,少用或者不用疑问句、祈使句、感叹句。

(2)多用主谓句,少用无主句,基本不用省略句和独语句。

(3)巧用长句和短句。长句的特点是表意精确、严密、细致,短句的特点则是简洁、明快、有力。一般而言,叙述案件事实时宜用长句,阐述理由宜用短句。

(4)巧用整句与散句。整句是指结构相同或者相似的一组句子,散句是指不同的句子交错运用的一组句子。整句形式整齐、内容集中、声音和谐、气势贯通、意义鲜明;散句则灵活多样、生动而不呆板。如果巧妙地将长句和短句交错运用,可以起到意义明确、灵活生动、富有气势的多重效果。

二、逻辑结构严谨

模拟审判中的文书写作,首先应当符合相应的文书格式,而且一般都分首部、正文和尾部,在结构上讲究规范,在逻辑上讲究严谨。法律文书的总体结构谈不上有什么技巧,关键是要符合规范,只有在正文的说理部分,可以有适当的句法技巧和谋篇布局技巧。这里主要谈一谈模拟审判文书写作的逻辑和证明技巧:逻辑要"概念清楚,判断合理,推理正确";证明要"有力",要注意证明责任、证明程序和证明方法。

(一)概念要清楚

概念是思维的基本单位。概念如果不清楚,思维就会很混乱。不同的概念有不同的使用场合。同一个概念可以用不同的词语来表达,但每一个概念都有自己特定的内涵与外延。模拟审判法律文书的逻辑在概念上的要求,首先就是按照法律的规定来理解和使用专门的法律术语,对于法律没有规定的,要尊重约定俗成的定义，不能随意生造概念。比如，刑法中的罪与非罪、此罪与彼罪等，就是必须遵循的法律概念，不得混淆，不得生造罪名，否则就有违"罪刑法定原则"。

(二) 判断要合理

判断是对事物情况进行肯定或否定的思维形式。法律文书中对案件事实和性质的认定，以及对法律条文的适用，都要用到判断。法律文书的判断必须符合两个条件：真实和明确。

1. 判断要真实

即必须符合事物的客观实际，必须符合现有的法律规定。比如，以下这些判断就是不真实、不合法的：① "被告人有作案动机，我们怎么能否认其犯罪呢？" ② "被告人多次强奸妇女，严重违反了社会公德。" ③ "原被告双方以后要夫妻和睦，孝敬老人，带好小孩，不要任意打架。" ④ "被告人已构成强奸罪，但其犯罪时间已过5年，因此不予追诉。"

显然，以上例子中都或多或少地存在判断不真实或者不合法的问题。有作案动机不一定就能确认其犯罪。强奸妇女又岂止是"违反社会公德"？"不要任意打架"似乎表明"只要不是任意，必要时还是可以打架的"！强奸罪的追诉时效，按照现行法律的规定，视不同情形分别为15年、20年或者没有期限限制。

2. 判断要明确

即判断的内容要完整，要单一，要符合同一律、矛盾律、排中律等。比如，检察机关对犯罪嫌疑人要么起诉，要么不起诉，不能在侦查终结的决定书中不作决定，不了了之。法院的刑事判决书，对被告人犯罪事实的表述和是否构成犯罪的判断都必须明确。这种明确，包括定量的明确和定性的明确。

比如，"犯罪嫌疑人一次强奸不成，又强奸二次"，这个判断就有歧义，这里的"二"不能确定是基数词还是序数词，其定量不明确：如果是基数词，就表明"强奸了3次"，如果是序数词，就表明"强奸了2次"。

再比如，"被告人将被害人打昏在地，然后拿走了被害人的财物，作案手段十分残忍、情节十分恶劣，已经构成抢夺罪"。这个判断显然前后矛盾，定性不明确，前面说"将被害人打昏在地"，分明已构成抢劫罪，但后面又说"已经构成抢夺罪"。其中的"拿走"，也与前后关于抢夺罪的描述不相符合。

一个判断做到了真实和明确，还只能说这个判断是成立的、可靠的。真正掌握判断的技巧，还需学会在不同的场合，选择不同的句子来表达同一个判断，以求达到最佳的效果。这些表达同一判断的不同句子，或可称之为"同义句"。在论辩类的法律文书中，适当地选用反问句也会比一般的陈述句更能表现判断的果断、有力和毋庸置疑。

(三) 推理要正确

推理是从已知判断推出新判断的思维形式。已知的判断叫"前提",是整个推理的出发点,是推理的根据和理由。新推出的判断叫"结论",是推理的结果。推理是间接推知、扩大认识的重要方法,法律文书中许多结论性的判断都是通过推理而获得的。

一个推理可能有一个前提,也可能有几个前提,但结论只可能有一个,否则推理就没有意义。一个正确的推理必须具备两个条件:一是前提要真实,即构成推理前提的判断,要符合客观实际或法律规定;二是推理形式要符合逻辑,即构成推理的前提和结论的那些判断之间,存在着内在的必然的联系。①

在通常的"大前提—小前提—结论"的三段论推理上,要注意大前提和小前提的充分必要性。比如,"犯罪一定要有故意或者过失的过错(大前提),本案被告人没有过错(小前提),所以本案被告人不构成犯罪(结论)",这个推理是正确的。但如果换成"犯罪一定要有故意或者过失的过错(大前提),本案被告人有过错(小前提),所以本案被告人构成犯罪(结论)",这个推理就是不正确的,因为这里的小前提只是必要条件,不是充分条件,这个推理不符合形式逻辑。

(四) 证明要有力

证明就是用一个或几个判断,来确定另一个判断的真实性的思维过程。证明是一种特殊的推理形式,一种综合的逻辑运用,一种复杂的思维过程。法律上的证明,必须建立在法律规定的规则的基础之上。

模拟审判的每个环节,都离不开证明。模拟审判中的诉辩类文书与裁判类文书,与其他非法律文书的最大区别就是"证明",其所有的词句、逻辑和文体,都是为了证明"事实的真相",说明适法的理由。

但事实已然发生,就无可避免地成为"永远的过去"。只有凭借事实的"碎片"或者"影子"——证据,去尽量地回忆、还原和复制事实真相。这种被回忆、还原和复制的事实,就是在客观事实基础上,经过加工的"法律事实"。从某种意义上说,审判应当以"事实"为根据,实际上就是以"已经被证明了的法律事实"为根据。

证明由"论题、论据和论证方式"三部分组成。诉辩类和裁判类法律文书中的证明,不仅要注意证明程序(举证—质证—认证)和证明方法,最为关键的,还要注意证明责任。因为证明责任的分配,对证明程序和证明方法的影响很大。很多教材和著作仍然将证明责任称为"举证责任"或者"举证证明责任"②,虽然

---

① 参见何文燕主编:《法律文书写作学》,中南工业大学出版社1997年版,第37页。
② "举证证明责任"是2015年2月4日公布实施的《民诉法解释》中第一次使用的表述,具体原因不得而知。

不一定妥当,但既然"约定俗成",此处不多论述。

三大诉讼的证明责任和证明标准是各不相同的。

我国三大诉讼法都奉行"证据确实、充分"的证明标准,坚持的是"客观真实"而非"法律真实"。2021年《刑诉法解释》第72条第2款就明确规定:"认定被告人有罪和对被告人从重处罚,适用证据确实、充分的证明标准。"2018年《刑事诉讼法》第55条第2款条对"证据确实、充分"的证明标准和法定条件予以了明确规定,即证据确实、充分,应当符合三个条件:一是定罪量刑的事实都有证据证明;二是据以定案的证据均经法定程序查证属实;三是综合全案证据,对所认定事实已排除合理怀疑。学界早就认为,我国诉讼应当建立多元化的证明标准。尤其是刑事诉讼中,要区分立案侦查、逮捕、审查起诉、有罪判决的不同阶段,区分死刑和非死刑的不同案件,区分被告方与公诉方的不同身份,构建"层次性的证明标准"。①

刑事诉讼中一般由控诉方(自诉案件中的自诉人或者公诉案件中的人民检察院)负证明责任②,证明的标准是"排除合理怀疑"。③ 也就是说,只有最后的证明使所有定罪的合理怀疑都被合理排除之后,才能定案。因为刑事诉讼讲究的是"无罪推定",用我国的法律语言表述就是"未经人民法院依法判决,对任何人都不得确定为有罪"(2018年《刑事诉讼法》第12条)。

民事诉讼中证明责任分配的一般规则是"谁主张谁举证"(2021年《民事诉讼法》第67条),证明标准是"优势证据"。④ 也就是说,负有证明责任的一方,所证明的事实的"真实性大于不真实性",则可以免除败诉的风险,否则就要承担败诉的风险。

行政诉讼中证明责任分配的一般规则是由作为行政机关的"被告负举证责

---

① 参见廖永安主编:《证据法学》,清华大学出版社2008年版,第169页。

② 参见我国2018年《刑事诉讼法》第51条的规定,条文中的表述仍然是"举证责任",为避免其与"提供证据的义务"意义上的举证责任相混淆,本书一般都称其为当事实真伪不明时结果意义上的败诉风险承担的"证明责任"。

③ 参见我国2018年《刑事诉讼法》第55条第2款第3项的规定:"综合全案证据,对所认定事实已排除合理怀疑。"

④ 2015年《民诉法解释》第90条明确了"谁主张,谁举证"的证明责任一般分配规则;第91条明确了举证证明责任的确定原则;第108条和第109条则分别规定了"高度可能性"和"排除合理怀疑"的证明标准。2014年的《行政诉讼法》第34条仍然沿用了被告"负有举证责任"的立法例,但第38条同时也规定了原告在起诉被告不作为的案件和行政赔偿、补偿案件中,有提供证据的义务。这一点,在2017年修正的《行政诉讼法》中没有改变过,因为2017年《行政诉讼法》修正仅仅增加了第25条第4款关于检察行政公益诉讼的内容,其他条文排序及内容都没有改变。除了2000年公布实施的《最高人民法院关于执行〈中华人民共和国行政诉讼法〉若干问题的解释》(已失效)第27条明文确定了原告对特定事项的"举证责任"以外,后来的司法解释和立法,包括2002年《行政证据规定》和2015年《行诉法解释》都没有出现原告负"举证责任"的表述,只是规定了原告应当提供有关证据材料的义务,而非有些注释本所标注的原告举证责任。参见法律出版社法规中心编:《中华人民共和国行政诉讼法注释本:最新修正版》,法律出版社2015年版,目录第2页和正文第43页第38条的条文主旨名。

任"（2017年《行政诉讼法》第34条），证明标准与民事诉讼一样，是"优势证据"。

从理论上讲，刑事诉讼的证明标准应当高于民事诉讼和行政诉讼的证明标准。用丹宁勋爵的话说就是："在刑事案件中，法官经常告诉陪审团说，原告有责任提出'无可置疑'的证据。在民事案件中，它将是在'可能性的天平上'……盖然性的优势标准业已得到了很好的解决。它必须是一个合理程度的盖然性，但是没有刑事案件所要求的程度高。如果证据处于这种状况，裁决者可以说，我认为这更有可能，证明责任即可解除。但是，如果两种可能性是相等的，证明责任就没有解除。"[1]

起诉类文书和答辩类文书的目的不同，其证明方法也是不同的。诉方着重于证明罪责成立，辩方则着重于证明罪责不成立。但反驳并非不要证明，当辩方的反驳遭到反驳后，除了再次反驳外，还必须证明己方论断的正确性。只不过，对诉辩各方的证明责任承担和证明标准的要求各有不同而已。

对起诉书的反驳，要么反驳其定性，要么反驳其事实。逻辑学上的定性问题即论题，事实问题即论据。刑事辩护词只要推翻了起诉书的论据，被告人有罪的论题就相应地被推翻。刑事定案遵循"无罪推定"原则，不允许有罪推定。

这和学术辩论不一样，在学术辩论中，一方驳倒了对方的论据，只意味着对方的论题失去了依据，但不能证明对方的论题就是完全错误的。

模拟审判，尤其是刑事案件模拟审判中，利用"矛盾法则"攻击对方在证据上的破绽，对于诉方而言，可以加强控诉的力量，使对方难以摆脱法律的制裁和责任的承担；对于辩方而言，则可以动摇对方的控诉，起到"攻一点及其余"的效果，从而为自己洗脱罪责。

比如，在一起邻里纠纷引发轻伤的刑事附带民事诉讼案件中，自诉人是76岁的老人，控诉其39岁的邻居殴打其致伤并要求民事赔偿。被告人的辩护律师在仔细研究了自诉人（亦即刑事附带民事诉讼原告人）的自诉状和证人证言之后，发现了自诉人的4次陈述显得前后矛盾：第一次向急诊医生说，是"自己不当心跌倒"；第二次向公安机关说，是"被摁住了头掼倒"；第三次在自诉状中说，是"被当胸猛击一拳跌倒"；第四次在向人民法院陈述时说，是"被推打两拳跌倒"。然后，辩护律师再结合其他有关的证人证言、专家论证，经过由表及里的分析，指出自诉人向人民法院提出追究被告人刑事责任的指控不能成立，其民事赔偿请求亦不能支持。最后"转败为胜"，打赢了这场"下风官司"。[2]

---

[1] 〔英〕丹宁勋爵：《法律的界碑》，刘庸安、张弘译，群众出版社1992年版，第131页。
[2] 参见李智平、马和宁主编：《著名律师辩护词赏析》，湖南出版社1995年版，第280—287页。

三、文体文风朴实

模拟审判中不同类型的法律文书,在各自的文体文风上固然具有"个性"。但总体来讲,作为法律文书,又都有法律文书文体文风的"共性",即都必须讲究"规范、准确、庄重、凝练、严谨、朴实",其用词用句、判断推理,都应当适合这种文体文风。

文章千古事,但旨在辨法析理、定分止争、尊重程序的裁判文书所追求的"千古",与作为文学艺术作品所追求的"千古",是不相同的。前者追求的是让人心服口服、办成"铁案"、不能推翻,后者追求的是常讲常新。

从某种意义上说,裁判文书应该是面向过去的、封闭性的,是将既往的事实"贴上封条"。文学艺术作品则是面向未来的、开放性的,不同时代的读者都可以从中得到不同的收获。裁判文书与学术论文也不同。

裁判文书主要是为了"证明事实",而学术论文主要是为了"阐释原理",二者的出发点和思维方式是不同的。裁判文书的出发点是"无罪(责)推定",使用的是演绎法、确证法,如果(控诉的)"假设"不能被"证成",就按被控诉者的"无罪(责)"处理。

法律文书规范、庄严、朴实的文风,从另一个方面而言,就必须牺牲一定的文采性和生动性。比如,法国作家左拉在1898年发表一封名为《我控诉》的、致共和国总统的信中,在6段连续的文字中,总共使用了7个"我控诉……"的排比句[①],气势磅礴,正气凛然。但这里是发表在报纸上的文学作品,如果是正式的起诉文书,就没有必要,也不可能这样排比,而只能在文书的"当事人基本情况"一栏中,罗列这些被告的名字、年龄、籍贯、职务、住址、通信方式等信息,根本就不可能有《我控诉》那样的磅礴气势!

再比如,有个辩护律师在庭审口头表达的"辩护词"中指出,指控被告人恋爱期间的越轨行为是犯罪,是混淆了罪错概念,也就是说"被告人恋爱期间越轨,有错,但无罪!"这里使用了口语"罪错"的表述,使人明白易懂,收到了较好的法庭辩护效果。但在人民法院的正式裁判文书中,就应当使用"罪与非罪"的表述。这是由正式与非正式法律文书的区别所决定的。

从严格意义上说,辩护词不是正式的法律文书,只是口头辩护的书面记载而已。因为法庭审理,只有贯彻"直接言词原则",才能体现法庭的"直观公正"。

[①] 原文中6段文字的开头都用了"我控诉",内容如下:"我控诉迪帕蒂·德·克拉姆中校,他……。我控诉梅西埃将军,他……。我控诉比约将军,他……。我控诉德·布瓦德弗尔将军和贡斯将军,他们……。我控诉德·佩里约将军,他……。最后,我控诉军事法庭第一庭,它……;我控诉军事第二法庭,它……。"转引自林正编著:《法庭之王:欧美大律师法庭辩护实录》(修订版),青海人民出版社2002年版,第289页。

这一点我国的法庭审理做得还远远不够，这也正是我国法庭辩论不够精彩的原因之一。正因为还没有足够重视"直接言词原则"，我国法庭中的"对抗"很难真正地开展起来。

但尽管法律文书具有极严格的格式，还是可以利用正文内容的层次、段落、转承、呼应等手法，使得文书穷辩达理、千转万变。只不过，这些文笔、个性等，都应在法律文书应有的文体文风下，"戴着镣铐跳舞"。

近年来，随着大量篇幅洋洋洒洒、文字优美动人的域外经典判决在我国译介传播，中国法官有意或无意地受国外同行的影响，不吝在判决书中展示才华。于是，一些风格新颖的判决书时有出现并借助互联网广泛传播，为我国司法判决带来一丝清新的气息，使人们在千篇一律的判决书中耳目一新，文学化色彩的说理、坦诚型风格的说理等备受关注。例如，备受赞誉的"惠州许霆案"的判决书不仅在结构上别具一格，而且从"我们"取代"本院"，大量充斥着"我们认为""我们只能说""我们认同"等带有商谈语气的表达。甚至还有法官在判决书中援引《圣经》说理，引发极大争议。虽然对说理进行灵活性创作的尝试值得鼓励，但裁判文书说理应当符合规范性，避免招惹疑问，徒增话语纷争。① 要合理运用说理技巧，首先要阐明事理，说明裁判所认定的案件事实及其根据和理由，展示案件事实认定的客观性、公正性和准确性；其次要释明法理，说明裁判所依据的法律规范以及适用法律规范的理由；再次要讲明情理，法理情相协调，符合社会主流价值观；最后要讲究文理，语言规范，表达准确，逻辑清晰，增强说理效果。

第三节 法庭语言技巧

模拟审判中的语言表达，一般在证据调查、证据交换、和解谈判、调解、法庭审理等场合使用。法庭审理是模拟审判语言使用最具有代表性和最具有重要性的场合。不同的语言表达方式和表达内容，决定了不同的审判效果。模拟审判中的说话艺术，要从以下四个方面来加以考察：谁在说，说什么，在什么场合说，以什么方式说。相较说话的内容而言，说话的方式更具有技巧性。换言之，语言的技巧更主要地表现为表达方式的技巧，语言的艺术不在"说什么"，而在"怎么说"。

有一个笑话很能说明这个道理：

两个基督徒都想一边祈祷一边抽烟。

第一个教徒跑去问主教："我在祈祷的时候可以抽烟吗？"主教听了大

---

① 参见王聪：《我国司法判决说理修辞风格的塑造及其限度——基于相关裁判文书的经验分析》，载《法制与社会发展》2019年第3期。

为不满,说:"这怎么可以呢?!你连祈祷时都在抽烟,可见心中根本没有上帝啊!"

看到第一个教徒垂头丧气而回,第二个教徒说"且看我的!"他就跑去问主教:"我在抽烟的时候可以祈祷吗?"没想到,这一次主教听了很高兴,说:"孩子,这怎么不可以呢?!你连抽烟时都在祈祷,可见心中不忘上帝啊!"

第一个教徒看到第二教徒得意而回,搞不清同样的一个"想一边祈祷一边抽烟"的要求,为什么会得到如此不同的答复,就连忙请教,想弄清楚自己到底错在哪里。第二个教徒会心地一笑,说:"不是你提错了要求,而是你问错了问题!"

可见,同样一个要求,不同的"问",就会有不同的"答",不怕提错要求,就怕问错问题。语言表达的艺术性,由此可见一斑。

法庭语言技巧对于裁判的影响,相比法律文书的技巧而言,要更加直观、更加多变、更加复杂,甚至可以说更加重要。因为,现代审判一般都要遵循"直接言词"原则。

这里的法庭语言,既包括有声的语言,也包括无声的语言。

有声的语言主要体现在问答论辩上,无声的语言主要体现在形象、情绪和肢体语言上。从某种意义上说,法庭上的所有行为,就是通过这些有声和无声的语言所表达的。语言本身,就是行为。法庭上的语言,具有行为力、控制力和证明力的作用。

事实上,法庭上的语言很难分清哪些是有声的,哪些是无声的,它们总是被交互使用,以达到整体的表达效果。法庭上所有的表达,目的只有一个,那就是说服,说服法官和陪审团。同时在某种程度上,也说服自己、说服自己的当事人、说服旁听的人。

法庭上的气质、穿着、表情、眼神、姿势、情绪等,往往产生"无声胜有声"的视觉效果。法庭上不同的语音(包括音高和音调)、语速、节奏、停顿、重复、措辞等,往往产生不同的听觉效果。视觉和听觉,最后会合在"听众"的内心,产生心灵的冲击效果,或冷漠或震撼,或同情或愤慨,或信或不信。

当然,这些效果并非一个模子产生出来的,尽管可以竭尽一切所能去发掘法庭语言的一般技巧,但要想找到一个"万能的妙方"几乎是不可能的。因为,除了这些有声和无声的语言,还要结合说话者的法庭角色特点、个人性格、生理、天赋等特点,结合不同"听众"的特点,结合不同案件、不同开庭时间、不同社会背景等特点,才会产生"奇妙无穷"的法庭效果。

电影电视中的法庭辩论,往往给人假象,似乎只要认真学习,掌握一定的技巧,每个人都可以成为论辩的天才。

其实，天才或者伟人，不是只要一经学校教育就一定能出现的。法学院的培养目标，从来就不是培育天才的或者伟大的法律人，而是培养合格的法律人，一些掌握基本知识、技能和一般技巧的法律人。

法庭辩论千变万化、风格万端，而且往往有许多甚至不能解决的"意外"出现，并不像电影电视中那般"巧合"。

一般而言，语言流利确实是法庭辩论的"制胜法宝"，但实际情况却并非全然如此。正如诺曼爵士谈到辩论艺术和庭审技巧时所说的那样："我作为律师执业和作为法官判案加起来已有34年，在形形色色的法庭上我几乎看到过各种各样的论辩。我们可以毫不犹豫地说，没有什么标准或者固定模式可以确立……天才有各种各样的，但他们的精神是相同的。我了解到同时代的一些人在论辩时虽难以连词成句，或者缺乏各种优雅的礼仪，但却能让法官对他产生深刻印象，被迫听他叙述并记住了他所说的每一个字。"[①]模拟法庭中的语言技巧，主要表现在问、答、论、辩的方式上。与哲学上通常所说的"内容决定形式(或曰方法)"所不同的是，从某种意义上说，法庭语言的表达，恰恰是"方法决定内容"。

法官、检察官、律师、当事人、证人等不同的角色，在法庭问答论辩中的目的和任务是不同的。从某种意义上说，在法庭审理中是角色决定目的，方法决定内容，问决定答。控辩双方的"对抗"，主要就表现在不同的"问"和"答"上。论辩，其实也是一种"问答"。

一、问：明知故问、旁敲侧击

法庭语言中的问，是最为重要的环节。法庭语言的艺术性和技巧性，首先表现在问的艺术和技巧上。

正如前文介绍的"祈祷时能否抽烟"和"抽烟时能否祈祷"的不同问话上，问的方法不同，往往决定答的内容不同。法庭语言的控制力，主要表现为"问"对"答"的控制。

法庭审理中，最要注重问话艺术的角色是律师和检察官。其中一个重要的问话原则，就是"明知故问、旁敲侧击"。

所谓"明知故问"，就是在询问己方证人或当事人时(这种询问在英美法系的法庭中被称为直接询问)，要记住这种问和答，是故意表演给法庭的"双簧戏"。在询问对方证人或当事人时(这种询问在英美法系的法庭中被称为交叉询问)，要记住"千万不要问自己不知道答案的问题"[②]，不要将主动权交到对方

---

① Norman Birkett, "The Art of Advocacy: Character and Skills for the Trail of Case", *American Bar Association Journal* 34·4, 1948. 转引自〔英〕安迪·布恩：《法律论辩之道》，姜翼凤、于丽英译，于英丽审校，法律出版社2006年版，前言第2—3页。

② 廖美珍：《法庭语言技巧》(第2版)，法律出版社2005年版，第201页。

的答话人手里,而陷自己于不利和被动的地位。法庭上的问,含有很大的"明知故问"的成分。

所谓"旁敲侧击",就是使用各种各样的挑逗、预设、迂回、重复、打断、质疑、锁定等问话技巧,尽量使事实按照出其不意的方式,朝着有利于自己一方的方向,自行展现出来。这种问话有时并不需要真正的回答,就能达到问话的目的。

问话之前,一般都有不同的预设。律师和检察官往往在问话之前,就已经想到了可能得到的"回答"。问话对回答的控制,功夫主要集中在预设上。这种预设,通俗一点讲就是"设套",但又不能是法律禁止的"诱导和诱供"。

比如,控方律师或检察官问:"你停止打老婆了吗?"这句话不管是肯定回答还是否定回答,都必须面对一个尴尬的事实:你打了老婆。这就是一个预设,即一个暗含的命题或者信息——你已经打了老婆。"打老婆"这个行为或者状态,实际上已经被问话锁定,似乎已经是确定了的事实。你要回答的只是"是否停止了打老婆"。

问话的预设,要根据案情的发展,以及问话人的目的来设定。从理论上讲,只要不违背法律的禁止性规定,任何预设安排都是可以进行的。实际上,一切问话都有预设,不同的问话,其包含的预设和信息是不一样的。①

"不怕提错要求,就怕问错问题",说的就是不同的预设。预设是一把双刃剑,既可能对自己有利,也可能对自己不利。同样是一边抽烟一边祈祷的要求,但在预设的主次上进行了不同的安排,其得到的答复和效果就截然不同,奥妙就在预设的不同。"祈祷时能否抽烟"强调的是"能否抽烟","抽烟时能否祈祷"强调的则是"能否祈祷"。

问话的预设,可以包含在设问、反问、附加问话、是非问话、选择问话、正反问话、特指问话等不同的问话方式中,也可以包含在用词的褒贬、轻重、缓急、宽窄中,还可以包含在用句的语法、比较、强调、虚拟等中。

不同的问话,具有不同的控制力、信息量和疑问度。这些不同,体现在问话的开放性和封闭性上。问话的开放性和封闭性,是就问话给予答话人的答话余地而言的。问话的人一般需要通过问话的开放性或者封闭性,来控制答话,从而做到"收放自如"。

开放性问话,一般给答话人较大的选择余地,答话是开放的、没有多少限制的。根据开放的程度,也即答话的选择空间大小,又可以将开放式问话分为窄式开放性问话和宽式开放性问话。

窄式开放性问话所要的信息内容具体,回答一般简短,选择余地较小,多用词或者短语来回答。比如:"谁""什么人(地方)""哪(一)个(位)""哪里(哪

---

① 廖美珍:《法庭语言技巧》(第 2 版),法律出版社 2005 年版,第 46 页。

儿)""什么时候(何时)""多少(几个)"等,都是窄式开放性问话。

宽式开放性问话所要的信息内容宽泛,回答一般繁长,选择余地较大,很难用一个词或者一个短语表示。比如:"为什么(为何)""怎么(怎样)""什么""如何"等,都是宽式开放性问话。开放性问话中,问的问题越是宽泛,则答话人的答话量越大,答话人的表述自由度越大,回答的答案就越是难以"控制"。

封闭性问话,一般没有给答话人选择的余地,答话是封闭的、受到限制的,一般只能从"是"和"否"、"同意"和"不同意"、"对"和"不对"等两个往往互相对立、互相排斥的选项中选择一个来加以回答。

一般而言,汉语中的特指问话,即带有"特殊询问词"的问话,也即英语中的"5W1H"(Who、Why、What、Where、When、How),都是开放性问话。汉语中除特指问话和反问以外的其他所有问话,都是封闭性问话。

不管是开放性问话还是封闭性问话,不管是窄式开放性问话还是宽式开放性问话,不同的问话,其控制力是不同的。试比较下面三组问话,其问话的控制力是依次递增的:

"你那天去了吗?"

"你那天没有去吗?"

"你那天没有去?!"

有学者曾根据控制力的强弱,把各种问话的控制力从强到弱,进行"排序列举":第一是附加问话,第二是陈述式是非问话,第三是一般否定是非问话,第四是一般肯定是非问话,第五是正反问话,第六是选择问话,第七是窄式开放性问话,第八是宽式开放性问话。在这个序列中,附加问话的控制力是最强的,宽式开放性问话的控制力是最弱的。[1]

律师或检察官在法庭上询问证人时,一般而言,对对方的证人不能使用开放性问话,对己方的证人则要视证人的性格、语言表达能力等情况采取随机应变的策略。因为,对方的证人不应得到对其回答进行解释的机会,否则就会造成对己方不利的局面。而己方的证人,律师或者检察官必须判断怎样才能获得最佳的证词:对于害羞、紧张的证人,不妨用封闭性提问来帮助其放松;对于焦躁的证人,不妨先问一些与本案无关的问题来帮助其平静;对于雄辩的证人,不妨让其发表一下长篇大论,但一定要随时注意证人的回答内容,及时打断证人或者加以适当的引导性问话。

对己方证人采用开放性问话得到的娓娓道来,一般比采用封闭性问话得到的断章取义、支离破碎的证词更具有说服力,但己方证人的长篇大论又容易暴露

---

[1] 参见廖美珍:《法庭语言技巧》(第 2 版),法律出版社 2005 年版,第 12 页。

破绽、偏离主题,或者因带入自身的偏见,抵消其证词的真实性和可信性。①

比如,在一个具有博士学位的原告被骗的民事案件中,原告的代理律师如果使用开放性问话让其雄辩滔滔而不加控制,其证词的可信性就大打折扣,很有可能导致陪审团或法官不相信其会被骗。谁会相信一个如此能言善辩的博士,竟然会被骗呢?!

问话应当坚持"适可而止"的原则,否则就会言多必失、自找麻烦。美国法学院的课堂上,教授们最喜欢讲的一个故事就是:

> 某甲被控和某乙打架,咬掉某乙的耳朵,使某乙重伤。主控官传召一位在现场目睹事件的证人某丙上庭作证。某甲的辩护律师在盘问证人某丙时说:"甲、乙两人打架的时候,你是在场的?"某丙答道:"是!"律师再问:"你看到某甲咬去某乙的耳朵吗?"答曰:"没有!"辩方律师应该在这个时候结束提问,因为他已经得到了自己想要的答案。可是,他竟忍不住多问了一句:"既然你没有亲眼看到,为什么你说某甲咬掉某乙的耳朵?"某丙的回答使得所有的人瞠目结舌:"因为我看见某甲从嘴里吐出一只耳朵来!"②

问话,有时并不只是"问",其本身就是一种不需要回答的行为。这种问话实际上可能包括惊叹、修饰、建议、认可、提供、允许等功能,人们一般将这种具备"非询问功能"的问话,称为"非典型性问话"。

法庭审理中的非典型性问话,一般包括:指示或者要求、嘲讽、训斥、批评或者指责,等等。

比如,法庭上当事人的答非所问将法官惹火了,法官说:"听清楚了吗?原告!"这里实际上并非问原告是否听清,而是在提醒原告"你明白我的意思了吗?"而原告的回答"听清了",也并非表达其真的听清楚了,而是在对法官说"好,我听你的,按照你说的办",明智的当事人是不会在法庭上与法官顶撞的。

总之,问话是一门艺术,一门表达艺术,一门控制艺术,一门攻防艺术。律师或者检察官的问话,应当掌握节奏、火候,就像电影的导演一样,预先要在扎实调查的基础上准备剧本,做到心中有数,庭审现场又要随机应变、见机行事。

对无关紧要的问题,要么避而不问,要么蜻蜓点水,一笔带过;对重要的问题,要么放大细节,要么放慢过程,总之要突出重点。

必要的时候,可以与己方当事人或者证人进行问答内容和问答方式的"预演",可以准备必要的问话提纲。但是,在庭审现场不能"照本宣科",而要根据庭审现场的情境进行适当的调整。问话者要尽量"牵着答话者的鼻子走"。

---

① 参见〔英〕安迪·布恩:《法律论辩之道》,姜翼凤、于丽英译,法律出版社2006年版,第82—83页。
② 参见陈纪安:《美国法律》,中国科学技术大学出版社2002年版,序言第XIV页、第125—126页。

二、答：答其所问、实事求是

有问就有答。尽管这种"答"不一定就是问者所要的答案，尽管有些问题根本就不需要作答，答案早已包含在问话之中，尽管"答"要受"问"的制约和控制，但法庭中的答话也要讲究一定的技巧。法庭答话的主要角色是证人和当事人。

法庭答话的总体原则是"答其所问、实事求是"。

所谓"答其所问"，就是问什么答什么，要适可而止，切记"沉默是金"，以免"言多必失"。

不少案件中，当事人（或者当事人的近亲属）往往觉得自己在某些地方被冤枉，一肚子的话要说，常常埋怨律师不让他（她）到法庭上对法官说话。但殊不知，有经验的律师一般都不会选择让这种当事人说得太多，正是基于"言多必失"的考虑。

比如美国著名的辛普森案，在刑事审讯中辛普森无须作供，结果胜诉了，但在民事审讯中他出庭作供多天，结果漏洞百出，或许失去了陪审团的信任，结果反而败诉了。

事实上，律师往往不怕当事人没文化，就怕当事人不配合，怕当事人不听律师的指示和分析，而只顾自己"滔滔不绝"。根据律师从业的经验，最不易处理的当事人往往是医生、教授等受过高等教育的人士，因为他们自信教育水平高、分析能力强。殊不知在法律上，很多分析和策略与普通事情是不一样的，很多对策还要看对方来势和案件整体的分析而定。那些自以为是的医生、教授，往往破绽百出，反而容易把案件搞砸。所以，律师在指导当事人或证人作证时一定警告他："不要自动为对方提供任何资料。（Don't volunteer any information.）"[1]

所谓"实事求是"，就是答话时要说真话，如实地陈述自己的所见所闻，尽量不要加入自己的主观臆断，否则就有可能会聪明反被聪明误。要做到实事求是，当事人或者证人就应当确信听懂了问话再进行回答，不懂就说不懂，不要不懂装懂，或者答非所问。不知道或者记不清的，就说不知道或者不清楚，不要猜测。同时，要恰当地使用模糊语言，对于不太清楚的问题，不要说得太死，否则反而不真实，最终被对方抓住把柄。

陈纪安先生曾经讲述了自己亲身经历的一个刑事抢劫案件的作证过程[2]：

案发现场劫匪开了一辆小货车逃走，陈先生追在小货车后面，尽了最大努力也只看到车牌白蒙蒙一片，仍然无法看到号码。他在案件发生几个月后，作为控方证人出庭作证。被告人的辩护律师对其进行交叉询问时，问

---

[1] 参见陈纪安：《美国法律》，中国科学技术大学出版社2002年版，第126页。
[2] 同上书，第204—205页。

道:"你看到车牌的号码吗?"陈答:"没有!"律师又问:"真的一个字也看不到吗?"陈照实回答说:"我只看到车牌,但看不到数字。"律师又问"车牌是什么颜色的?"陈在脑中搜索记忆,答道:"白色的。"然后又补充道:"我只是看到车后一片白光。"律师就没有再追问了。作证完毕后,主控官在旁边对陈先生说:"幸亏你完全答老实话,否则刚才的作证就坏事了。"原来,案发时那辆小货车的车牌早就被拆除了,陈先生看到的只是车尾保险杠的反射造成的一片白光而已。如果陈先生在法庭上回答说见到车牌号码,不过看不清楚,或者忘记了车牌号码,劫匪的辩护律师就会振振有词,陈先生的证供就丧失了可靠性。因为案发时压根就没有车牌,何况车牌号码?!

三、论:就事论事、情理并融

纯粹从字面上看,论和辩并没有根本的区别,论中有辩,辩中有论。但为了论述方便,这里的"论",主要指评论、论述的法庭活动,重在证明自己主张或观点的成立;而下文的"辩",则主要指辩论、辩驳的法庭活动,重在反驳对方的主张或观点。论和辩的目的,都是说服,说服合议庭的法官①(当然同时也说服了当事人和旁听群众)。但论和辩的说服路径是相反的,论的路径是直接证明自己的主张和观点,而辩的路径则是反驳对方的主张或观点,从而间接证明和支持自己的主张和观点的正确性。

法庭上的"论",其主角是律师或检察官,还有进行裁判的法官。虽然当事人的陈述和刑事案件被告人的供述和辩解,也都带有"论"的性质,但从技巧而言,关键还是要掌握律师、检察官、法官的论述技巧。法庭论述的文字载体,一般包括代理词、辩护词、公诉意见书等。除了不同角色的论述特点外,法庭论述还需要注意很多技巧,比如注意情感、停顿、比喻、强调②、简练有力、逻辑正确、条理清楚、观点明确等,但其总体原则可以概括为"就事论事、情理并融"。

所谓"就事论事",就是围绕案件事实集中火力进行论述,对非重要问题点到为止,不要东拉西扯,不要分散"听众"的注意力,甚至引起不必要的反感。当然,这种"就事论事"并不反对将案情"故事化",讲故事是使人对案情产生深刻印象的方法。这种"就事论事"也不反对生动和文采。

比如,在一个美国医疗事故索赔案件中,原告马丁·洛佩茨落得四肢瘫痪,他的律师在法庭陈述时这样说道:

> 陪审团各位成员:这个案子过几天就要结束了,你们又要回到日常的工

---

① 在实行陪审团审判的英美法系法庭中,就是说服陪审团。
② 为了达到强调的目的,可以综合使用重复、适当沉默或停顿、排比、反问、设问等方法。

作岗位上。法官琼斯先生，被告律师，还有我，我们又要接手其他的案子了。被告很可能还要继续为人看病开药，人人都会像往常一样生活。但是，只有我的当事人，这位年轻人马丁·洛佩茨例外。

马丁·洛佩茨将要一辈子受这个悲剧的折磨。今后，每一天早晨，他会回忆：在他身体正常的日子里，他该起床了，上班了；他会回忆：他是怎样在岗位上度过自己的一天；他会回忆：自己是多么勤奋地工作，希望再一次获得年度最佳员工奖；他会回忆：当他躺在床上的时候，因为工作出色，他拿回一份不菲的工资，心中是多么惬意；他会回忆：往日，他和他的妻子是多么幸福快乐，两人还曾商量要生三个孩子；他会回忆，是的，他一定会回忆。每一次回忆，都会让他更深刻地、痛苦地意识到自己目前所处的状况——由于被告的疏忽，他终身残废了，他再也不能使用他的手了，他再也不能使用他的脚了，他再也不能使用他的躯体了。[1]

律师的这段话，使用了排比、转折、想象、描述、对比等手法，通过一连串的"他会回忆"来展现原告在瘫痪前的幸福，然后话锋一转，连用三个"他再也不能"回到残酷的现实之中。这样，就将原告瘫痪前后的情形形成十分强烈和鲜明的对比，使原告的悲惨和不幸"历历在目"地展现给陪审团，留下深刻的印象和心灵的震撼。但整个陈述都是围绕原告瘫痪带来的生活上的种种不便而进行的，既就事论事，又不失文采、感情和震撼。

我国一些公诉人习惯于在公诉意见书的最后使用排比，将问题直接上升到和谐社会、依法治国、维护社会稳定等，虽然表面看来较有气势，但显得冗长，反而降低了说服力。列举如下：

鉴于本案各被告人犯罪情节后果特别严重，实属罪大恶极，必须依法予以严惩。不严惩，不足以平民愤；不严惩，不足以惩恶扬善；不严惩，不足以伸张正义，弘扬法治；不严惩，不足以维护法制的尊严；不严惩，不足以依法治国；不严惩，不足以构建和谐社会；不严惩，不足以显示我国司法机关严厉打击刑事犯罪的威力；不严惩，不足以维护社会稳定和正常的生活秩序；不严惩，不足以鼓舞严打整治斗争之士气。

所谓"情理并融"，就是在法庭陈述或论述中，要合情合理，当然也要合法。

总之，法庭陈述或者论述，对于公正裁判、说服陪审团或法官，具有十分重要的意义。同时，它也是后续辩论的基础，只有在论述中明确观点，才能引来有针对性的辩论和说理，才能更具说服力。

同样，闭庭陈述也相当重要，因为根据记忆递减的规律，闭庭陈述恰好与前

---

[1] 转引自廖美珍：《法庭语言技巧》（第2版），法律出版社2005年版，第59页。

面的辩论形成一个呼应,一个强调。

四、辩:事实为据、法律为绳

法庭上的辩,要突出辩驳、辨析,要让不清楚的变清楚,不明白的变明白,在削弱对方观点的基础上,提出让人信服的观点和理由。从表面上看,辩只是被动的辩护、辩驳,但实际上为了把一个道理讲清楚,有时辩也可以澄清人们头脑中的一些模糊认识,只是应当注意适当的度。不能不着边际地乱立靶子,也不能给人造成"好为人师"或者"进行普法教育"的反感。

相较法庭上的"论"而言,"辩"的变数和难度更大。辩不光要避免自己失误,失误了要巧妙地予以回避或修饰,而且要及时抓住对方的"败笔",向对自己有利的方向进行辩论。法庭上的真理,并不一定"越论越明",但绝对是"越辩越明"。

辩的技巧有很多,比如迂回突袭法、归谬法、矛盾法、类比法、直接提问法等,而且要进退自如、攻防得当、避实就虚。而且要切记,法庭上的"对抗",允许"吵架"但不许骂人。辩论要"讲理",同时也要"讲礼"。总体说来,法庭上的辩,应当遵循"事实为据、法律为绳"的原则。

所谓"事实为据",就是要在对事实进行大量调查、准备的基础上,提出有力的观点和主张。"事实胜于雄辩"要求辩者在事实材料上做足工夫。法庭上只要动摇了对方"论点、论据、论证方法"三要素中的任何一个要素,辩论就获得了成功。而以事实为据,主要是从论据上加以突破。

当然这里强调"事实为据"中的事实,并非完全是"历史上的真实"(客观真实),而有可能只是一种法律上的真实。诚如杰瑞米·弗兰科在1949年说到的那样:"法庭认为发生的事情可能根本上就是错误的。但这并不要紧——从法律角度说,就法庭追求的目的来说,法官对事实的看法是唯一要紧的。"[1]基于同样的道理,有时对方在法庭审理过程中所露出的破绽,也可能成为辩驳的"事实"。比如,在号称"世纪大案"的美国辛普森案件中,主控官在法庭审理中的一大"败笔"——突然要求辛普森在法庭上试戴被控行凶时所戴的手套,但在众目睽睽之下,因为手套浸血干燥后缩小,辛普森怎么也穿不进去!辩护律师趁机抓住这个细节,强烈攻击控方证据的漏洞。尽管控辩双方都可以请专家进一步确定血手套干后是否收缩,以及收缩的程度,但毕竟争议已起,漏洞已现!而刑事诉讼的基本原则是"无罪推定"和"疑罪从无",不能排除合理怀疑,就不能定罪。所以,控方的这个看似细小的败笔,最后自然就成了辛普森被宣告无罪的关键证据之一。事实胜于雄辩,但有时候,事实本身也需要雄辩。胜于雄辩的,恰恰是

---

[1] 转引自〔英〕安迪·布恩:《法律论辩之道》,姜翼凤、于丽英译,法律出版社2006年版,第41页。

另外一种雄辩。

所谓"法律为绳",就是要根据实体法和程序法的规定来进行辩驳和辩论。这是法庭辩论与其他一般辩论的不同,法庭辩论必须以法律为准绳。比如刑法上的主犯、从犯、累犯、自首、立功等用词,都是有法律条文明确规定了的,法庭辩论时应当以这些明确的条文规定为准。

事实上,法庭上的辩,与问、答、论等,都是密不可分的。良好的辩论或者辩护效果,有时需要辅以必要的问答,然后出其不意地达到辩驳的目的。

比如,在一起民事合同违约案件中,原告以"皮箱中有木料即非皮箱"为由起诉皮箱厂违约要求赔偿,被告皮箱厂的代理律师并没有直接反驳原告的论点,而是有意地避开了这个争论焦点,从口袋里掏出一只早已准备好了的金表问原告:"请问这是什么表?"原告看后回答道:"这是某国出产的金表,但与本案毫无关系。"律师并不回答原告的判断,而是面对听众问道:"这是金表看来是没有人怀疑了,但是请问,这只金表除了表壳是镀金的之外,内部机件都是金制的吗?当然不是。"随即律师将话锋一转,直逼原告的起诉理由:"既然表的内部机件不是金制的,并不能否定金表的性质;那么,皮箱的内部结构有木料,同样不能否定皮箱的性质。因此,原告的诉讼理由不能成立,应予驳回。"

对于法庭问、答、论、辩中的任何一个环节,"充分的准备"始终是十分必要的。尤其在辩论环节中,扎实的准备工作无疑是增强说服力的因素之一。尤其是在法庭上进行辩护时,绝对不能说一些诸如"本人水平有限,又没有看材料,不到之处请法官批评指正"之类的搭头话,这样多余的"谦虚",反而会使辩护的效果几近于无。没有扎实的准备,不吃透对方的意图和论证要素,就不能抓住问题的关键进行辩护,最后只能说些模棱两可的意见,或者提一大堆请求从轻处罚的情绪化建议。这样的辩护,其效果之不佳是可想而知的。

但在法庭这个没有硝烟的战场上,战机瞬息万变。不管怎样准备,临场的发挥不仅是必不可少的,而且是相当重要的。尤其是当己方出现意想不到的失误时,迅速挽回败局、消除不良影响,尤其需要智慧。

在法国作家左拉因《我控诉》的文章而遭到"诽谤"的起诉案中,他的法庭表现堪称是法庭辩论的典范。左拉在又气又急的情况下说出:"我不懂法律,也不想了解它!"控诉官听了这句话后跳了起来,喊道:"庭长先生!"以提醒法庭注意他的话。当他缓过神来,意识到自己说了蠢话时,为了弥补这个过失,他赶忙纠正道:"我是说我现在不想去了解它,因为我完全信赖各位审判员先生。"后来,控诉官又搬出他的这个失误来进行攻击:"我从一开始就指出,被告一方是有预谋的。现在诸位都看清了吗,他们正在逐步实现这个阴谋。左拉说出了自己的格言:'我不懂法律,也不想了解它!'我请诸位自己去评价这句话。"左拉不顾一切地辩解道:"我的话不是这个意思!"控诉官没有理睬他,继续说:"但是,我们是了解法律的,左拉先生,而且我们还要让您遵守法律!"左拉气愤地站起来,眼睛颤抖着,声音非常激动:"诸位审判员先生,我不习惯在大庭广众面前讲话,而且我是一个特别容易激动的人。我并不反对法律本身,不反对,不反对。我反对的是所有的诡辩,以及对我进行指控的方式。这是违反正义的。"[1]左拉的自我辩护,得到了法庭旁听群众的理解和支持,也为自己避免了前面的失误可能带来的不利影响。

第四节 角色扮演技巧

一、法官的角色扮演

法官的首要责任是中立和公正。法官的角色扮演就是要体现这种中立和公正。一个好法官应当注意:

(1) 良好的形象举止。法官是正义的化身,是法律的代言人,是融学识、权威、智慧于一身的人。法官的形象和风度,是通过发型、面部气质、坐姿、衣着等方面体现的。如果给法官画一幅卡通画像的话,理想中的法官应当是满头白发、身穿长袍、不苟言笑、表情严峻而不失温和的形象。这种形象代表的是稳重、中立、客观、保守、沉默,不能过分热情,也不能过分浪漫,但对当事人双方又都"温暖而富有人性"。我国法官自 2000 年开始在庭审中穿着的法官袍,就是与上述法官的"卡通画像"相适宜的。法官穿法袍审理案件,象征着成熟的思想和理性判断力,象征着法官的独立与中立,象征着法官恪守遵循法律并对国家和社会负责的承诺。[2]

(2) 认真倾听。法官的倾听不仅是公正裁判的信息来源,更是一种程序公正的体现。很难想象一个在法庭上打瞌睡或者随意接打电话、很不耐烦的法官会公正断案。

(3) 懂得"说与不说、说多与说少"的分寸和尺度。正如培根所言:"听证时的耐心和庄重是司法工作的基本功,而一名说话太多的法官就好比是一只胡敲乱响的铜钹。"[3]

(4) 掌握语言技巧。法官庭审中的语言内容,有宣、示、述、问、论 5 种,不同的语言内容对语言表述有不同的要求。但总体上应遵循"语词规范文明、语音标准、语句简明有力、语调适宜"的原则。具体而言:法官的"宣",要平稳、缓和、

---

[1] 参见并引自林正编著:《法庭之王:欧美大律师法庭辩护实录》(修订版),青海人民出版社 2002 年版,第 300—302 页。

[2] 参见龙宗智:《刑事庭审制度研究》,中国政法大学出版社 2001 年版,第 7 页。

[3] 转引自廖美珍:《法庭语言技巧》(第 2 版),法律出版社 2005 年版,第 91—92 页。

句间停顿适度;法官的"示",要简短、有力;法官的"述",要简明扼要、事项分明,语调、语气平和,使在庭人员听得见、听得明白;法官的"问",要直截了当、开门见山,主语明确,内容确定,节奏缓慢,以便对方听清楚、答完整。问话要切中要害,但不能暗示诱导,不能用两难句,不能偷换概念;法官的"论",要讲究逻辑性,语序要明了,结论要确定。①

（5）公正无偏。法官不能对当事人尤其是对被告方有成见或歧视②,不能威胁被告方,不能与被告方作对,不能将审判当成对被告方的惩罚。这种公正无偏,就像四百多年前一个英国大法官对新任首席法官的忠告那样:"不要因为怜悯而偏向穷人,也不要因为畏惧或巴结而偏向富人。"③

（6）不能随意打断当事人的说话,要尊重当事人的陈述权。

（7）不能一边问话一边评论。

（8）不能在问话中提示回答,不要指供。

（9）不能在问话中带有罪预设。比如,不能对被告人使用"就指控事实""交代问题"等表述,这些表述都是带有罪预设的。法官在审判过程中一定要慎用"事实"一词。④ 不要使用褒贬含义过于分明的词语,要尽量使用中性词进行问话和表达。

2010年最高人民法院制定了《法官行为规范》,其中第30条对法官在庭审中的言行作出专门规范:① 坐姿端正,杜绝各种不雅动作;② 集中精力,专注庭审,不做与庭审活动无关的事;③ 不得在审判席上吸烟、闲聊或者打瞌睡,不得接打电话,不得随意离开审判席;④ 平等对待与庭审活动有关的人员,不与诉讼中的任何一方有亲近的表示;⑤ 礼貌示意当事人及其他诉讼参加人发言;⑥ 不得用带有倾向性的语言进行提问,不得与当事人及其他诉讼参加人争吵;⑦ 严格按照规定使用法槌,敲击法槌的轻重应当以旁听区能够听见为宜。

二、律师的角色扮演

律师的首要责任是说服法官作出有利于己方当事人（即客户）的裁判。但律师同时也具有对社会、对实体法的发展,以及对程序改革的责任。我国《律师法》第2条第2款规定:"律师应当维护当事人合法权益,维护法律正确实施,维护社会公平和正义。"中华全国律师协会于2004年制定,经过2009年的修订,

---

① 参见徐伟、鲁千帆:《诉讼心理学》,人民法院出版社2002年版,第262—264页。
② 这方面,我国现行立法也有一定缺陷,有歧视被告人之嫌。比如,2018年《刑事诉讼法》第191条、第194条,对法庭上的问话一词使用了"讯问""发问""询问"3种表述;审判人员对被告人"可以讯问";当事人、诉讼参与人等经过审判长准许,对被告人"可以发问";审判人员对证人、鉴定人,则是"可以询问"。
③ 〔美〕约翰·梅西·赞恩:《法律简史》,孙运申译,中国友谊出版公司2005年版,第201页。
④ 参见廖美珍:《法庭语言技巧》(第2版),法律出版社2005年版,第135—137页。

2018年修正公布实施了《律师执业行为规范(试行)》,规定律师应当尊重法庭并规范接触司法人员,要注意庭审仪表和语态。① 从某种意义上说,律师只有输赢,没有对错。根据美国学者阿伦等人的研究,律师除了"像画家选择画画的油彩一样"地遣词造句外,大概有14个赢的因素和8个输的因素。②

导致律师打赢官司的14个因素,具体如下:

(1) 可信度;
(2) 吸引力;
(3) 对事实、法律和先例的掌握;
(4) 有力而且容易理解的、用短句表达的意思;
(5) 充分准备的论据(周密的调查,对证人和真实证据的细致准备,精心拟制的陈述提纲);
(6) 朴实的语言和常识;
(7) 陈述案情的正反两个方面,有创意,有悬念;
(8) 合理分布最好的证人和最重要的事实,做到每次开庭的开头都能打动人,结尾都能让人难以忘怀;
(9) 陈述那些不仅能证明己方对案子的说法,而且能吸引法庭注意力的有力证据;
(10) 陈述有创意的辅助证据,帮助法庭更好地理解案子中的问题;
(11) 开宗明义,不要含含糊糊、拐弯抹角;
(12) 不要背诵法庭演说词,准备一份提纲,反复预演,最好的即兴演说是有准备的演说;
(13) 永远给法庭这样一个印象:你是在帮助做决定的人寻找案子公正合法的判决结果,而不是威胁上诉,推翻这个决定;
(14) 举止彬彬有礼,行动果断有力。

导致律师打输官司的8个因素,具体如下:

(1) 总是在程序问题上对法官指手画脚;
(2) 不是驳斥对方的论据和观点,而是进行人身攻击;
(3) 无端地、一再地与对方律师、证人或者法官发生冲突;
(4) 没有任何法律依据就提出抗议;
(5) 盛气凌人,不可一世;
(6) 总想操纵别人;

---

① 即律师担任辩护人、代理人参加法庭审理,应当按照规定穿着律师出庭服装,佩戴律师出庭徽章,注重律师职业形象;在法庭发言时应当举止庄重、大方,用词文明、得体。

② R. Aron, J. Fast and R. Klein, *Trial Communication Skills*, McGraw-Hill, 1986. 转引自廖美珍:《法庭语言技巧》(第2版),法律出版社2005年版,第171—172页。

(7) 满口"法言法语";

(8) 动辄暗示要上诉。

上述律师成功的 14 个要素和失败的 8 个要素,是针对英美国家的审判模式而言的,我国没有英美国家的陪审团审判,法庭上的"对抗"还难以真正开展起来,但一些基本的注意事项还是可以借鉴的。根据实践中的一些经验,律师的注意事项,还可以列举以下一些"要"与"不要":

(1) 不要忘记自己的"听众"——合议庭。律师所有的努力都是为了说服合议庭采纳自己的建议,作出有利于己方当事人的裁判。

(2) 要引导和控制自己的当事人和证人,以免陷入言多必失的被动。千万不能同意己方的证人和当事人作伪证,更不能与其串通作伪证。作伪证不仅要面临法律的处罚,而且在案件事实上也会"聪明反被聪明误"。

(3) 不要在对证人和当事人发问时抢"镜头"。要让当事人和证人处于舞台的中心,要让当事人和证人成为主角,要让案情按照"自然"的方式展现出来。律师只能指导但不能代替,或者忽略当事人和证人。当事人和证人才是真正的"演员",律师只是导演和编剧。

(4) 交叉询问时不要给对方证人或当事人以解释的机会。在对对方当事人和证人进行交叉询问时,要使用封闭性的问话进行控制,只要对方作出"是"与"不是"的回答,不能给予解释辩驳的机会。交叉询问实际上是律师在通过问话"证明"事实,证人是在律师的问话控制下"证实"律师所讲的事实。所以,问话时要尽量先问一些对对方有利的事实,让对方证人或当事人在同意或肯定的"惯性"中,不知不觉地"同意或肯定"了己方的事实或观点。如果放开控制的"闸门",让对方当事人或证人有解释或发挥的余地,他们口中吐出的对己方不利的"滔滔洪水",就很有可能使己方处于被动、前功尽弃。

(5) 要多与当事人沟通,但又不能一味地讨好和迁就当事人。因为律师的成功,不光表现为说服法官作出利己的裁判,当事人的认同和配合也相当重要。但当事人毕竟缺少专门的法律论辩知识和技巧,如果一味地迎合当事人,最终也会害了当事人。律师应当在案件审理前告知当事人可能的诉讼风险,在案件审理后应向当事人解释判决。对于己方的不利点,必要时要敢于面对。

(6) 要换位思考。要能从"自己、对方当事人、法官"的这三个角度来思考案件,在与当事人接触的过程中,要采取中立立场,保持客观态度,尽量做到"实事求是"。

(7) 要尊重法庭上的所有人,包括自己的对手。适当的时候,甚至有必要对对方当事人的境遇和举动,表示出一定程度的理解和同情。

(8) 要相信当事人和自己,还要在肢体语言中表现出自信。只有自己相信自己所言,他人才会相信。正如有人指出的那样:"人们之间的交流有超过 50%

的部分不是通过语言来进行的,而是通过非语言的形式,如眉毛、耳朵、肩膀、姿势、动作、语调,等等。"①只有相信自己正在做的一切,肢体语言和声音才会更和谐,最终让别人信服。

(9)要尊重但不要害怕那些粗暴或者有偏见的法官。因为,法官可以主持诉讼,但不能领导辩论。只有在尊重对方的前提下据理力争,才会使法官不敢小看己方的主张和理由。

(10)要敢于质疑,并善于质疑。质疑对方的证词,恰恰是打断对方"证据锁链"的关键。具体可以质疑:对方证词的前后矛盾、逻辑错误,证人的人品,证人的行为,证人的知识,证人的感官能力、记忆能力、表达能力等。

(11)要巧用具有魔力的"三段论"或者"三分法"。"三"这个数字似乎具有某种魔力,"在自然的交流中,谈话人常把自己的观点罗列成三部分。最重要的是三部分被视为'基本的结构原则',人们把它当作一种标准来执行。因此如果一些话少于三点可能被认为不完整。无论何种演讲,也无论是何种文化背景,这种显著的三分法(three-parted patterns)具有广泛的适用性"②。在法庭陈述时,尽量将内容分为"序言—主张—结束语"三部分;在陈述案情时,尽量按照证据出示的先后将案情分为"开始—经过—结局"三部分;在直接询问证人和当事人时,也尽量将问话过程分为"开头—中间—结尾"三部分。最重要的问题要在开头或者结尾时提出,以加深"听众"的印象;对自己不利的"揭短"最好在中间阶段提出,这样既主动说出了己方的不足,又不至于让法庭对己方的不足印象太深而"耿耿于怀";而有利于己方的重大问题放在开头和结尾部分,有利于法庭记深、记牢,这是符合记忆规律的"首位原则"和"临近原则"的。

(12)要在向对方证人或者当事人交叉询问时,善于适可而止、"秋后算账"。问话一旦达到了自己的目的,就要立即停下来,并"请法庭将这个问题记录在案"。不要急于让对方证人说出有利于你的结论,而要在辩论发言阶段自己下结论。否则,对方证人必然当场引起警惕,而否定自己先前的回答,从而破坏你先前苦心建立起的论点。但到了最后辩论阶段,证人已经不在现场,你就可以完全把握话语的"霸权",而使对方没有机会再行反驳。比如本书前文在讲到问话技巧时,谈到证人没有看到当事人咬人,但看到当事人嘴里"吐出一只耳朵来"的事例,就是这里的一个反例。

(13)要尽量选用适合自己问话目的的词、句来进行表达,尽量在听众的大脑里产生具体的意象。比如,同样是描述两辆汽车相撞,不同的问话用词,得到

---

① 参见〔英〕安迪·布恩:《法律论辩之道》,姜翼凤、于丽英译,法律出版社2006年版,第17—18页。

② 参见同上书,第11页。

的回答和感受是不一样的。英国的研究表明,在不同的证人被问到车祸时的车速时:当使用"冲撞"(smashed)进行提问时,证人回答车速是40.8千米/小时;用"碰撞"(collided)进行提问时,则是39.3千米/小时;用"撞"(bumped)提问时,是38.1千米/小时;用"碰"(hit)提问时,是34.0千米/小时;用"接触"(contacted)提问时,是31.8千米/小时。[①] 同样,在描述颜色、气味、口味、声音、大小等情形时,不同的问话也会产生不同的效果。

(14) 要认真倾听,不要只问不听。要注意与己方证人当事人的互动,以及与对方证人、当事人的"反动"——及时作出反应,并采取行动。如果说法官的倾听是程序公正的要求的话,律师的倾听则可以随时了解己方证人当事人的失误,以及对方当事人的"破绽",及时抓住敏感问题和"兴奋点",进而调整自己的论辩策略。

三、检察官的角色扮演

检察官是代表国家的公诉人。检察机关在我国现行的法制框架内是专门的法律监督机关。检察官代表国家控诉犯罪,应当遵循"控辩审"的三角平衡结构,要与辩护方站在平等的对立面,进行"对抗",而不能动辄以"法律监督者"的身份对法官施压,以"法官之上的法官"自居。尤其是关于检察机关对法庭的监督问题,以前有一种理解是,出庭的检察人员可以进行当庭监督,但事实上他们并没有履行监督职责,反而使个别出庭的检察人员形成一种自己身份要高于法官的错觉。有人曾因此专门观察过,发现:公诉人的监督实质上是空的,是装腔作势,有名无实。[②] 而且即便是监督,也不是公诉人的当庭监督,而是检察机关的事后监督,公诉人既当控诉者又当监督者,本身就容易出现诉讼结构上的失衡,会出现"谁来监督监督者"的尴尬。这一点,在《刑事诉讼法》的条文变化上已经有所体现,在2000年全国检察官的换装中也可以间接体现。1979年通过的中华人民共和国第一部《刑事诉讼法》第112条第2款规定:"出庭的检察人员发现审判活动有违法情况,有权向法庭提出纠正意见。"1996年修正的《刑事诉讼法》则删除了这一规定,增加第169条规定:"人民检察院发现人民法院审理案件违反法律规定的诉讼程序,有权向人民法院提出纠正意见。"该条在2012年《刑事诉讼法》修正时,被完整地予以保留(第203条),之后也被完整地保留在2018年修正的《刑事诉讼法》(第209条)中。这反映出立法的意旨:是由人民检察院来监督,而非出庭的检察官个人来监督;是事后监督,而非当庭监督。这样修改的目的就在于避免检察人员在法庭上直接运用监督权与审判权发生冲

---

① 转引自〔英〕安迪·布恩:《法律论辩之道》,姜翼凤、于丽英译,法律出版社2006年版,第9页。
② 廖美珍:《法庭语言技巧》(第2版),法律出版社2005年版,第164—165页。

突,从而维护了审判的权威。检察官服由原来与法官、警察类似的"大盖帽"换成现在的西装,也是我国刑事司法多元制衡体系进一步形成的一个表征,改变了以往"公检法三机关分工负责、互相配合、互相制约"体制下的"侦控审线性配合关系",而体现出法庭上检察官、辩护方与法官的"控辩审三角结构"。检察官着西装出庭体现出"亲和性"、平等性,只有"以理服人"才能与这种服装相称。这种从大盖帽到西装的检察官"行头"的变化,释放了一个检察官法庭地位、作用变化的信号。[①] 2010年,最高人民检察院制定了《检察官职业行为基本规范(试行)》,对检察官的职业信仰、履职行为、职业纪律、职业作风、职业礼仪以及职务外行为作出了规定。

基于以上的论述,一个好的或曰合格的检察官(在西方国家又称"政府律师"),除了应当注意律师控辩的一些共同事项外,还应当注意如下一些"要"与"不要":

(1)要尊重法庭,不要凌驾于法庭之上。这一点上文有详细论述。

(2)要尊重辩护方和被告人,尤其不得侮辱被告人的人格。控诉不等于惩罚,更不等于定罪。即使对罪大恶极的犯罪分子,也要保持对人性的尊重,也要进行人道主义的对待。

(3)不要一开始就让被告人认罪。我国刑事案件庭审曾出现过公诉人一开始就问对方是否认罪的现象。很多被告人在没有辩护的情况下,也稀里糊涂地回答"认罪"。表面看来似乎干净利落,但对于"控辩审三角结构"而言,无疑是一种黑色幽默。这里不是开庭审理前的辩诉交易,一开始就让被告人认罪,如果被告人"认了罪",后面的审判就失去了意义,也违背了程序公正的要求。如果被告人不认罪,反而自找麻烦,有程序不公的嫌疑。这种现象与我国法庭上个别法官一开始就问当事人"起诉书指控的事实是否属实?"[②]其实有"异曲同工之不妙"!

(4)要巧用预设和词句。检察官与法官、辩护律师在思维上的不同就在于,检察官是"有罪预设",而法官与辩护律师都是"无罪预设"。但检察官的预设可以是"有罪",却不能在明显的用词上体现出"检察官定罪"的破绽和荒诞。我国现行《刑事诉讼法》已经将定罪权专属于人民法院,检察机关没有定罪权是刑事诉讼基本原理的体现。

(5)要尽量使用直接性的语言以增加"口头自信"。复杂的语言会使信息变得模糊。检察官应当尽量使用直接性的语言进行控诉,这样才使控诉变得更加有力。这是公诉与辩护不同的地方。辩护律师使用模糊抽象的语言更可能获

---

① 龙宗智:《刑事庭审制度研究》,中国政法大学出版社2001年版,第7—8页。
② 本书第五章第四节关于刑事附带民事第一审案件简易程序"本案的点评与分析",对此有较为详尽的介绍和分析。

得无罪判决。控辩经验表明:澄清问题、简化观点使公诉获益;但是一定程度的迷惑将导致听众产生怀疑,却可能有益于辩护艺术。①

四、当事人与证人的角色扮演

当事人与证人的区别就在于,当事人与本案的实体判决具有直接的利害关系,而证人则没有。在作证这一点上,二者具有相同之处,只不过我国法律将"当事人陈述""被告人供述和辩解""被害人陈述"作为法定的证据种类,以区别于"证人证言"这种法定的证据种类。而英美国家一般将当事人的陈述与证人的作证,都统一作为"证词"对待。除了与案件的实体利害关系之外,对当事人与证人的角色评估二者同大于异,故此将二者一同介绍。

除了当事人没有聘请律师辩护或代理,需要向对方的当事人、证人和鉴定人"发问"的情形以外,当事人和证人一样,在法庭上的任务主要是回答己方和对方律师的询问。当事人与证人答话的基本技巧是"问什么答什么,不问就不答"。具体而言要注意以下事项:

(1) 要客观诚实,要相信自己的话。不要猜测,不要想当然。切记:诚实是最可靠的制胜法宝。有把握的就说,没把握的就不说,不要将没把握的事说得过于肯定和绝对。模糊的事情模糊说,要给自己留有余地。回答提问时,要大方自如、从容不迫、言简意赅,不要吞吐、犹豫、畏缩。

(2) 要相信自己的律师。除非终止委托,任何时候都要相信他,听从他的指导并加以配合。切记:聪明反被聪明误,自作主张的当事人最容易自毁长城。

(3) 要确信自己听懂了问话才回答,不懂就说不懂。

(4) 要有礼貌,有耐心。

(5) 要注意肢体语言,要保持冷静和镇定,不要过于放任自己的情绪。持续的"泣不成声"或没有节制的愤怒、紧张、激动,对阐明自己的主张和观点并无益处。

(6) 要在开庭前对对方的问话进行适当的预测。必要时可在律师的指导下进行演习,做到开庭前有准备、开庭时能应变。

(7) 在应对交叉询问时,要注意对方对己方话语的理解和解释,注意拆除问话中的"有罪"或"有责"预设。必要时,要先纠正对方的错误再回答,或者及时弥补和纠正自己的失误。要小心对方问话的陷阱,不要被牵着鼻子走。

(8) 千万不要作伪证,更不要串通作伪证,否则只会搬起石头砸自己的脚。

(9) 当事人要抓住开放性问话阐明自己的主张和观点,该出手时就出手,不要一味地沉默。尽管律师可以辩护和代理,但如果当事人能够在律师的指导下恰当地予以配合,效果当然会更好。

(10) 当事人问话要在律师的指导下进行,千万不能自作主张。

---

① 〔英〕安迪·布恩:《法律论辩之道》,姜翼凤、于丽英译,法律出版社2006年版,第8页。

附录一　各类案件的审判程序

一、民事案件的审判程序

模拟审判中的民事案件审判程序,多为诉讼案件的审判程序,较少涉及特别程序、督促程序、公示催告程序等"非讼"案件。现行三大诉讼法中的审判监督程序,实际上都分为"再审审查"和"再审审理"。"再审审理"依附于原审程序,即原来是第一审的就适用第一审普通程序进行再审,原来第二审的就适用第二审程序进行再审,而且都必须另行组成合议庭进行审理。这里主要介绍第一审普通程序、简易程序以及第二审程序的审判流程和注意事项。

（一）第一审普通程序

1. 起诉

起诉,是原告向法院提起诉讼的行为。根据法律的规定,民事诉讼案件的起诉并不是诉讼程序的必然开始,仅有起诉却未被法院立案(受理)的,诉讼案件尚不成立。只有起诉与立案(受理)相结合,案件才能成立,诉讼程序才能开始。

根据我国《民事诉讼法》的相关规定,起诉必须同时具备下列条件:① 原告是与本案有直接利害关系的公民、法人或者其他组织。② 有明确的被告。这里所谓的"明确",是指原告提供的有关被告身份、联系方式等信息,足以使被告与其他人相区别,且一般能够联系得上。③ 有具体的诉讼请求和事实、理由。④ 属于人民法院受理民事诉讼范围和受诉人民法院管辖。

2. 立案(受理)

立案和受理是一个问题的两个方面,是指人民法院形式审查原告的起诉,认为符合起诉条件,而决定审理裁判的行为。根据我国 2015 年实施的"立案登记制"改革,人民法院接到当事人提交的民事起诉状,只要符合起诉条件,就应当登记立案;当场不能判定是否符合上述条件的,也应当接收起诉材料,并出具注明日期的书面收据。

起诉应当向人民法院递交起诉状,并按照被告的人数提出副本。书写起诉状确有困难的,可以口头起诉,由人民法院记入笔录,并告知对方当事人。人民法院收到起诉状或者口头起诉,经审查,认为符合前文所述的起诉形式条件的,应当登记立案。需要补充相关材料的,在补齐材料后的 7 日内决定是否立案。认为不符合起诉条件的,应当在 7 日内裁定不予受理。原告对不予受理的裁定不服,可以提起上诉。立案期间和不予受理的期间,都从人民法院收到当事人起诉状的次日起计算。人民法院因起诉状内容欠缺令原告补正的,立案或不予受理的期间自补正后交人民法院的次日起计算。由上级人民法院交下级人民法院,或者由基层人民法院转交有关人民法庭受理的案件,从受诉人民法院或人民法庭收到起诉状的次日起计算。

3. 审理前的准备

根据我国《民事诉讼法》和最高人民法院的相关司法解释,审理前的准备包括以下内容:① 送达诉讼文书;② 告知诉讼权利义务及合议庭组成人员;③ 确定举证时限;④ 组织证据交换;⑤ 调查收集证据;⑥ 追加、更换当事人;⑦ 实施调解、促成和解。

4. 开庭审理

开庭审理,是指人民法院在当事人和所有诉讼参与人的参加下,全面审查认定案件事实,并依法作出裁判或调解的活动。开庭审理既是人民法院行使国家审判权的重要阶段,又是当事人行使诉权的重要阶段,也是诉讼参与人行使诉讼权利履行诉讼义务最集中的阶段。所有法律关系主体必须遵循法律设定的程序实施诉讼行为,不得超前也不得滞后。根据《民事诉讼法》的规定,人民法院适用普通程序的案件,应当在立案之日起 6 个月内审结。有特殊情况需要延长的,由本院院长批准,可以延长 6 个月;还需延长的,报请上级人民法院批准。

开庭审理涵盖了当事人主张、答辩、证据出示、质证、事实认定、法庭辩论、法律适用,直至案件得出最终结果的全过程,可以说是民事诉讼程序运作最核心的部分。开庭审理的普通程序一般为:庭前准备—法庭调查—法庭辩论—合议庭评议—宣告裁判。

(二) 简易程序

1. 简易程序的适用范围

简易程序,是指基层人民法院及其派出法庭审理简单民事案件所适用的、一种简便易行的诉讼程序。适用简易程序的人民法院,仅限于基层人民法院及其派出法庭。中级以上人民法院审理第一审民事案件,不得适用简易程序。适用简易程序的案件,仅限于事实清楚、权利义务关系明确、争议不大的简单民事案件。因此,下列案件不适用简易程序:起诉时被告下落不明的;发回重审的;当事人一方人数众多的;适用审判监督程序的;涉及国家利益、社会公共利益的;第三人起诉请求改变或者撤销生效判决、裁定、调解书的;其他不宜适用简易程序的案件。对于上述规定以外的民事案件,当事人双方也可以约定适用简易程序。

已经按照简易程序审理的案件,在审理过程中发现案情复杂,需要转为普通程序审理的,可以转为普通程序,由合议庭审理。但已经按照普通程序审理的案件,在审理过程中无论是否发生了情况变化,都不得改用简易程序审理。

2. 简易程序的特点

(1) 起诉方式简便。原告可以口头起诉,不附加任何条件和限制。

(2) 受理程序简便。审判人员经过审查,认为符合起诉条件的,可以当即立案审理,也可以另定日期审理,不受普通程序 7 日立案审查期的限制。

(3) 传唤当事人、证人简便。人民法院可以用简便的方式随时传唤当事人、证人,不受开庭前3日通知当事人等有关规定的限制。

(4) 实行独任制审判。审理该类案件无须组成合议庭,而是由审判员一人独任审理,书记员担任记录。

(5) 审理程序简便。

(6) 开庭方式灵活多样。当事人双方可就开庭方式向人民法院提出申请,由人民法院决定是否准许。经双方当事人同意,可以采用视听传输技术等方式开庭。

(7) 审结期限较短。人民法院适用简易程序审理案件,应当在立案之日起3个月内审结。有特殊情况需要延长的,经本院院长批准,可以延长1个月。简易程序虽然简便,但仍要公开宣判,同时要求卷宗材料齐全。

3. 小额诉讼程序

我国《民事诉讼法》在简易程序内,还设置了小额诉讼程序。基层人民法院和它派出的法庭审理事实清楚、权利义务关系明确、争议不大的简单金钱给付民事案件,标的额为各省、自治区、直辖市上年度就业人员年平均工资50%以下的,适用小额诉讼的程序审理,实行一审终审。适用小额诉讼的程序审理案件,应当在立案之日起2个月内审结。有特殊情况需要延长的,经本院院长批准,可以延长1个月。

(三) 第二审程序

第二审程序,是指上一级人民法院根据当事人的上诉,就下级人民法院的第一审判决和裁定,在其发生法律效力前,对案件进行重新审理的程序。该程序不是人民法院审理民事案件的必经程序。当事人在上诉期内对第一审判决和裁定不上诉,或第一审案件经调解达成协议,以及依照法律规定实行一审终审的案件,均不会发生第二审程序。

1. 上诉的提起和受理

上诉,是指当事人不服第一审人民法院作出的未生效裁判,在法定期间,要求上一级人民法院对原审裁判中的有争议的事实和法律适用问题进行进一步审理的诉讼行为。不服判决的上诉期为15日,不服裁定的上诉期为10日。

上诉人的上诉状应当通过原审人民法院提出,并按对方当事人或者代表人的人数,递交上诉状副本。如果当事人直接向第二审人民法院上诉,第二审人民法院应在5日内将上诉状移交原审人民法院。未在法定上诉期内递交上诉状的,视为未提出上诉。虽递交上诉状,但未在指定的期限内交纳上诉费的,视为撤回上诉。

2. 上诉案件的审理

(1) 审判组织。第二审程序原则上由审判员组成合议庭。但中级人民法院审理第一审适用简易程序审结或者不服裁定提起上诉的第二审民事案件,事实清楚、权利义务关系明确的,经双方当事人同意,可以由审判员一人独任审理。

(2) 审理范围。根据《民事诉讼法》的相关规定,上诉案件的审理首先须依照第二审程序的规定进行,第二审程序没有规定的,适用第一审普通程序。我国民事诉讼第二审实行"续审制"。第二审人民法院审理上诉案件,应当围绕当事人的上诉请求,对当事人上诉请求的有关事实和适用法律进行审查。当事人没有提出请求的,不予审理,但第一审判决违反法律禁止性规定,或者损害国家利益、社会公共利益、他人合法权益的除外。

(3) 审理方式。① 开庭审理。第二审人民法院审理上诉案件,以开庭审理为原则,以不开庭审理为例外。审理上诉案件,一般都应传唤双方当事人或其他诉讼参与人到庭,开庭进行调查、辩论,经合议庭评议后作出判决。对于开庭审理的上诉案件,第二审人民法院可以参照第一审普通程序进行审理前的准备。② 不开庭审理。第二审人民法院合议庭经过阅卷、调查和询问当事人后,认为案件事实清楚,不需要开庭审理的,可以不开庭审理。根据民事诉讼法司法解释的规定,包括以下几种情形:第一,第一审就不予受理、驳回起诉和管辖权异议作出裁定的案件;第二,当事人提出的上诉请求明显不成立的案件;第三,原审裁判认定事实清楚,但适用法律错误的案件;第四,原判决严重违反法定程序,需要发回重审的案件。

(4) 审理期限。第二审人民法院对不服判决的上诉案件,应在第二审人民法院立案之日起3个月内审结。同时规定,情况特殊,在3个月内不能结案,需要延长审结期限的,须经本院院长批准。对不服裁定上诉的案件,应当在第二审人民法院立案之日起30日内作出终审裁定。对裁定的上诉案件的审结期限,不能延长。

3. 上诉案件的裁判

第二审人民法院对上诉案件经过审理后,根据不同情况,分别作出如下判决和裁定:

(1) 判决、裁定驳回上诉。第二审人民法院经过审理后,确认原审判决、裁定认定事实清楚、适用法律正确的,应以判决对判决、裁定对裁定的方式,驳回其上诉,维持原来的判决或裁定。

(2) 依法改判。原判决、裁定认定事实错误或者不清或者适用法律错误的,以判决、裁定方式依法改判、撤销或者变更。

(3) 裁定发回重审。原判决认定基本事实不清,遗漏当事人,或者存在违法缺席判决等严重违反法定程序的情况的,裁定撤销原判决,发回原审人民法院重审。

第二审人民法院对不服第一审裁定的上诉案件的处理,一律使用裁定。第二审人民法院查明原审人民法院作出的不予受理或者驳回起诉的裁定有错误的,应在撤销原裁定的同时,指令第一审人民法院立案受理或者审理。

第二审人民法院可以自行宣判,也可以委托原审人民法院或者当事人所在地人民法院代行宣判。第二审人民法院的裁判是终审裁判,具有如下法律效力:第二审人民法院的裁判送达当事人,立即发生法律效力,当事人不能再以上诉的方式申明不服,也不得以同一事实和理由再行起诉,只能在法定期间内依照审判监督程序的规定,向人民法院申请再审。

二、刑事案件的审判程序

根据我国《刑事诉讼法》的规定,我国的刑事审判程序包括第一审程序、第二审程序、死刑复核程序、审判监督程序。这里只介绍第一审普通程序、第一审简易程序和第二审程序。

(一) 第一审普通程序

刑事案件的第一审程序是人民法院对人民检察院提起公诉或者自诉人提起自诉的刑事案件进行初次审判的程序。第一审普通程序的主要内容包括对公诉或自诉案件的审查、开庭前的准备、法庭审判等。

1. 审查受理

对公诉案件的审查主要围绕该案是否具备开庭条件进行。人民法院受理人民检察院提起的公诉案件,应在收到起诉书(1式8份,每增加一名被告人,增加5份起诉书)和案卷、证据后,指定审判人员审查公诉案件。只要起诉书中有明确的指控犯罪事实并且附有证据目录、证人名单和主要证据复印件或照片,就应当作出开庭审判的决定。但是,证据确实可靠不是决定开庭审判的必要条件。

对公诉案件的审查,原则上采取书面方式,一般不提审被告人或询问证人、被害人等。对公诉案件是否受理,应当在7日以内审查完毕。

人民法院对于公诉案件,决定是否受理,应当在7日以内审查完毕。人民法院对提起公诉的案件进行审查后,对于起诉书中有明确的指控犯罪事实的,应当决定开庭审判。

自诉案件的自诉人应向人民法院递交刑事自诉状。人民法院对自诉案件审查后,对犯罪事实清楚、有足够证据的案件应当直接受理。对不符合立案条件的,应通知自诉人撤诉并说明理由,自诉人坚持告诉的,人民法院应当裁定驳回,对于驳回起诉的裁定,自诉人可以上诉。自诉人经说服撤回起诉或被驳回起诉后,又提出新的足以证明被告人有罪的证据的,可以受理。自诉人经2次依法传唤,无正当理由拒不到庭,或未经法庭许可中途退庭的,按撤诉处理。

2. 开庭审理前的准备工作

人民法院对于决定开庭审理的案件,应进行如下开庭审理前的准备工作,并将工作情况记录在案:

(1) 确定审判长及合议庭组成人员。

(2) 开庭10日前将起诉书副本送达被告人、辩护人。

(3) 通知当事人、法定代理人、辩护人、诉讼代理人在开庭5日前提供证人、鉴定人名单,以及拟当庭出示的证据;申请证人、鉴定人、有专门知识的人出庭的,应当列明有关人员的姓名、性别、年龄、职业、住址、联系方式。

(4) 开庭3日前将开庭的时间、地点通知人民检察院。

(5) 开庭3日前将传唤当事人的传票和通知辩护人、诉讼代理人、法定代理人、证人、鉴定人等出庭的通知书送达;通知有关人员出庭,也可以采取电话、短信、传真、电子邮件等能够确认对方收悉的方式。

(6) 公开审理的案件,在开庭 3 日前公布案由、被告人姓名、开庭时间和地点。

根据刑事诉讼法司法解释的相关规定,对于证据材料较多、案情重大复杂的,控辩双方对事实、证据存在较大争议的,社会影响重大的案件,审判人员可以依法召开庭前会议,并且可以视情况通知被告人参加,可以了解控辩双方关于管辖异议、申请回避、申请调取证据、提供新的证据、申请非法证据排除、申请不公开审理等情况,并听取他们的意见,以明确庭审重点,可以对附带民事诉讼进行调解。庭前会议情况应当制作笔录。合议庭在审理前,还可以拟定庭审提纲。

3. 开庭审理

我国自 1996 年修订《刑事诉讼法》以来,就开始对原有的审判方式进行重大改革:进一步强化法庭调查和法庭辩论程序,用控辩式的审判方式代替原来纠问式的审判方式,对部分简单的刑事案件不再按照过去较为复杂的程序进行审判,加强法官独立审判的责任。具体表现在如下程序中:

(1) 宣布开庭。审判长应查明当事人是否到庭,宣布案由;宣布是否公开审判;宣布合议庭组成人员、书记员、公诉人及其他诉讼参与人名单;告知当事人有申请回避的权利;告知被告人有辩护的权利等。

(2) 法庭调查。法庭调查是控辩双方通过各自举证、发表意见来揭露案件真实情况的过程,是法庭审理的中心环节,具体程序有:公诉人宣读起诉书;被告人、被害人陈述;讯问、发问被告人;核实证据等。

法庭审理过程中,合议庭对证据有疑问的,可以宣布休庭,对证据疑点进行调查核实,当事人和辩护人、诉讼代理人有权申请新的证人到庭,调取新的物证,申请重新鉴定或勘验。法庭对于上述申请,应当作出是否同意的决定。

(3) 法庭辩论。经审判长许可,公诉人、当事人和辩护人、诉讼代理人可以对证据和案件情况发表意见并且可以互相辩论。

(4) 被告人最后陈述。它是法庭审判的必经程序。是指被告人陈述自己对案件的意见或表明自己的认识和态度,任何机关和个人都不能剥夺被告人最后陈述的权利。法庭的全部活动应当由书记员写成笔录,经审判长审阅后,由审判长和书记员签名。

(5) 评议和宣判。合议庭根据法庭审理查明的事实、证据和有关的法律规定,确定对案件如何处理并作出处理决定,合议庭评议秘密进行,分别作出如下判决:① 案件事实清楚,证据确实充分,依据法律认定被告人有罪的,应当作出有罪判决;② 依据法律认定被告人无罪的,应当作出无罪判决;③ 证据不足,不能认定被告人有罪的,应当作出证据不足,指控的犯罪不能成立的无罪判决。

评议结束后即可当庭宣判。当庭宣告判决,应当在 5 日以内将判决书送达当事人和提起公诉的人民检察院;定期宣判的,应当在宣判后立即送达判决书。

（二）第一审简易程序

简易程序,是指基层人民法院对某些简单、轻微的刑事案件依法适用的较普通审判程序更为简单的一种刑事审判程序。它只限于基层人民法院适用,其他各级人民法院都不能适用简易程序。简易程序只适用于第一审程序。第二审程序、死刑复核程序和审判监督程序都不能适用简易程序。

1. 简易程序的适用范围

根据我国《刑事诉讼法》的相关规定,下列案件可以适用简易程序:① 案件事实清楚、证据充分的案件;② 被告人承认自己所犯罪行,对指控的犯罪事实没有异议的案件;③ 被告人对适用简易程序没有异议的案件。人民检察院在提起公诉的时候,可以建议人民法院适用简易程序。

下列案件不适用简易程序:① 被告人是盲、聋、哑人的;② 被告人是尚未完全丧失辨认或者控制自己行为能力的精神病人的;③ 有重大社会影响的;④ 共同犯罪案件中部分被告人不认罪或者对适用简易程序有异议的;⑤ 辩护人作无罪辩护的;⑥ 被告人认罪但经审查认为可能不构成犯罪的;⑦ 其他不宜适用简易程序审理的。

2. 简易程序的法庭审判

简易程序法庭审判有如下特点:

（1）可以由审判员一人独任审判。适用简易程序审理案件,对可能判处 3 年有期徒刑以下刑罚的,可以组成合议庭进行审判,也可以由审判员一人独任审判;对可能判处的有期徒刑超过 3 年的,应当组成合议庭进行审判。适用简易程序独任审判过程中,发现对被告人可能判处的有期徒刑超过 3 年的,应当转由合议庭审理。

（2）适用简易程序必须经被告人同意。适用简易程序审理案件,审判人员应当询问被告人对指控的犯罪事实的意见,告知被告人适用简易程序审理的法律规定,确认被告人是否同意适用简易程序审理。

（3）法庭调查、法庭辩论程序简化。适用简易程序审理案件,不受普通程序关于送达期限、讯问被告人、询问证人及鉴定人、出示证据、法庭辩论程序规定的限制。但在判决宣告前应当听取被告人的最后陈述意见。

（4）适用简易程序审判案件的期限缩短。适用简易程序审理案件,人民法院应当在受理后 20 日以内审结;对可能判处的有期徒刑超过 3 年的,可以延长至 1 个半月。

（5）简易程序可以变更为普通程序。人民法院在适用简易程序审理案件的过程中,发现不得或不宜适用简易程序的下列情形,应变更为第一审普通程序重新审理:① 被告人的行为可能不构成犯罪的;② 被告人可能不负刑事责任的;③ 被告人当庭对起诉指控的犯罪事实予以否认的;④ 案件事实不清、证据不足的;⑤ 不应当或者不宜适用简易程序的其他情形。转为普通程序审理的案件,审理期限应当从决定转为普通程序之日起计算。

(三) 速裁程序

2018 年《刑事诉讼法》的重大修改是增加了认罪认罚制度及速裁程序。刑事速裁程序设立的目的是在司法实践中提高人民法院办案的效率和节约诉讼资源,解决我国当前案多人少的司法困境。

所谓刑事案件速裁程序,是指基层人民法院管辖的可能判处 3 年有期徒刑以下刑罚的案件,案件事实清楚,证据确实、充分,被告人认罪认罚并且同意适用速裁程序的,可以适用速裁程序,由审判员一人独任审判。

1. 速裁程序的适用范围

根据《刑事诉讼法》的相关规定,速裁程序的适用条件是:① 可能判处 3 年有期徒刑以下的刑罚的案件;② 案件事实清楚,证据确实、充分;③ 被告人认罪认罚;④ 被告人同意适用速裁程序。

下列案件不适用速裁程序:① 被告人是盲、聋、哑人,或者是尚未完全丧失辨认或者控制自己行为能力的精神病人的;② 被告人是未成年人的;③ 案件有重大社会影响的;④ 共同犯罪案件中部分被告人对指控的犯罪事实、罪名、量刑建议或者适用速裁程序有异议的;⑤ 被告人与被害人或者其法定代理人没有就附带民事诉讼赔偿等事项达成调解或者和解协议的;⑥ 其他不宜适用速裁程序审理的。

2. 速裁程序的审理特点

(1) 启动方式。可以由人民法院依职权决定;人民检察院也可以建议适用。

(2) 送达简化。不受普通程序的送达期限限制。

(3) 庭审简化。一般不进行法庭调查、法庭辩论,当庭宣判。

3. 与简易程序的异同

简易程序与速裁程序都是对刑事第一审普通程序的简化,速裁程序比简易程序更加"简化"。简易程序与速裁程序既有相同之处,在适用上也有重大区别。

(1) 相同之处。第一,速裁程序与简易程序的适用范围均为事实清楚、证据充分的案件。第二,速裁程序与简易程序均要求犯罪嫌疑人、被告人承认自己所犯的罪行且对指控的犯罪事实没有异议,即均要求其认罪。

(2) 不同之处。第一,适用案件范围不同。速裁程序的适用范围限定在可能判处 3 年以下有期徒刑、拘役、管制或单处罚金且被告人认罪认罚的案件;简易程序的适用范围是可能判处无期徒刑、死刑以外的刑罚且被告人认罪并同意适用简易程序的案件,对认罚没有规定。因此,简易程序的适用范围远比速裁程序宽泛。第二,审理方式不同。速裁程序采用独任制,应当由审判员一人独任审判。适用简易程序的案件中,对可能判处 3 年有期徒刑以下刑罚的,可以组成合议庭审判,也可以由审判员一人独任审判;对可能判处的有期徒刑超过 3 年的,应当组成合议庭进行审判。第三,审限不同。速裁程序应当在受理后 10 日以内审结,对可能判处的有期徒刑超过 1 年的,可延长至 15 日。简易程序应当在受理后 20 日以内审结,对可能判处的有期徒刑超过 3 年的,可延长至 1 个半月。

（四）第二审程序

1. 第二审程序的提起

（1）上诉和抗诉。第二审程序是因对未生效的第一审判决和裁定的上诉和抗诉而提起的。没有上诉和抗诉，就不会提起第二审程序。

上诉是法定的诉讼参与人不服地方各级人民法院尚未生效的第一审判决和裁定，依照法定的程序，要求上一级人民法院重新审判的诉讼行为。

抗诉是人民检察院认为人民法院尚未生效的第一审判决和裁定确有错误，提请人民法院重新审判并予以纠正的诉讼行为。

依法对第一审未生效判决、裁定提起的上诉和抗诉，其直接作用是防止该判决、裁定生效，并将其移送第一审人民法院的上一级人民法院进行第二审审判。

（2）有权提出上诉的人员包括：① 被告人、自诉人和他们的法定代理人。② 被告人的辩护人和近亲属，经被告人同意可以提出上诉；被告人不同意上诉的，则不能提起上诉。③ 附带民事诉讼的当事人和他们的法定代理人，这些人员只能对第一审判决、裁定中的附带民事部分提出上诉。

（3）有权提出抗诉的机关是我国各级人民检察院。最高人民法院的第一审判决和裁定是终审的、发生法律效力的判决和裁定，既不得上诉，也不得按上诉程序提出抗诉。

（4）被害人及其法定代理人的请求抗诉权。被害人没有上诉权，但被害人及其法定代理人不服地方各级人民法院第一审判决的，自收到判决书后5日以内，有权请求人民检察院提出抗诉。人民检察院自收到这一请求后5日以内，应当作出是否抗诉的决定，并答复请求人。被害人及其法定代理人只能请求人民检察院对第一审判决进行抗诉，而不能请求对第一审裁定进行抗诉。

（5）上诉、抗诉的期限。根据我国《刑事诉讼法》的规定，不服判决的上诉和抗诉的期间为10日，不服裁定的上诉和抗诉的期限为5日，从接到判决书或裁定书的第2日起计算。逾期不提出上诉、抗诉的，该第一审判决、裁定便发生法律效力。

2. 第二审案件的审查

（1）对上诉、抗诉案件的审查。第二审人民法院应当就第一审人民法院判决认定的事实和适用的法律进行全面审查，不受上诉或者抗诉范围的限制。

（2）第二审案件的审判方式。① 对上诉的下列案件，应当组成合议庭，开庭审理：a. 被告人、自诉人及其法定代理人对第一审认定的事实、证据提出异议，可能影响定罪量刑的上诉案件；b. 被告人被判处死刑立即执行的上诉案件；c. 人民检察院抗诉的案件；d. 其他应当开庭审理的案件。② 第二审人民法院决定不开庭审理的，应当讯问被告人，听取其他当事人、辩护人、诉讼代理人的意见。合议庭全体成员应当阅卷，必要时应当提交书面阅卷意见。③ 第二审人民法院开庭审理上诉、抗诉案件，可以到案件发生地或者原审人民法院所在地进行。

3. 第二审案件的审判程序

第二审人民法院开庭审理上诉或抗诉案件，除应参照第一审程序进行之外，还应依照下列程序进行：

(1) 对于人民检察院提出抗诉的案件或者第二审人民法院开庭审理的公诉案件，同级人民检察院都应当派员出席法庭。第二审人民法院应当在决定开庭审理后及时通知人民检察院查阅案卷。人民检察院应当在1个月以内查阅完毕。人民检察院查阅案卷的时间不计入审理期限。

(2) 在法庭调查阶段，审判长或审判员宣读第一审判决书、裁定书后，由上诉人陈述上诉理由或者由检察人员宣读抗诉书。如果是既有上诉又有抗诉的案件，先由检察人员宣读抗诉书，再由上诉人陈述上诉理由。法庭调查应当重点围绕对第一审判决提出异议的事实、证据以及提交的新的证据等进行；对没有异议的事实、证据和情节，可以直接确认。被告人犯有数罪的案件，对其中事实清楚且无异议的犯罪，可以不在庭审时审理。

(3) 在法庭辩论阶段，对上诉案件，应先由上诉人、辩护人发言，再由检察人员及对方当事人发言。对抗诉案件，应先由检察人员发言，再由被告人、辩护人发言。对既有上诉、又有抗诉的案件，应先由检察人员发言，再由上诉人及其辩护人发言，依次进行辩论。

(4) 对同案审理案件中未上诉的被告人，未被申请出庭或者人民法院认为没有必要到庭的，可以不再传唤到庭。同案审理的案件，未提出上诉、人民检察院也未对其判决提出抗诉的被告人要求出庭的，应当准许。出庭的被告人可以参加法庭调查和辩论。

4. 对第二审案件的处理

(1) 第二审人民法院对不服第一审人民法院判决的上诉、抗诉案件，经过审理后，应按照下列情形分别处理：

其一，原判决认定事实和适用法律正确、量刑适当的，用裁定驳回上诉或者抗诉，维持原判。

其二，原判决认定事实没有错误，但适用法律有错误，或者量刑不当的，用判决改判，不得发回重审，改判时应遵守上诉不加刑的原则。但人民检察院提出抗诉或自诉人提出上诉的，不受上诉不加刑原则的限制。

其三，原判决事实不清楚或者证据不足的，可以在查清事实后直接用判决改判；也可以用裁定撤销原判，发回重审。如果原判决是"证据不足、指控的犯罪不能成立的无罪判决"，第二审中没有发现新的证据，原审人民法院适用法律又正确的，应用裁定维持原判，而不应发回重审。原审人民法院对于因原判决事实不清楚或者证据不足发回重新审判的案件作出判决后，被告人提出上诉或者人民检察院提出抗诉的，第二审人民法院应当依法作出判决或者裁定，不得再发回原审人民法院重新审判。

(2) 第二审人民法院发现第一审人民法院的审理严重违反法定诉讼程序的，应当裁定撤销原判，发回原审人民法院重新审判。

三、行政案件的审判程序

(一) 第一审普通程序

1. 审理前的准备

行政诉讼案件适用普通程序审理的审前准备,主要包括下列内容:

(1) 组成合议庭。人民法院审理第一审行政案件适用普通程序的,由审判员或审判员、陪审员组成合议庭。合议庭成员应是3人以上的单数。

(2) 交换诉状。人民法院一方面应在立案之日起5日内,将原告提出的起诉状副本和应诉通知书发送作为被告的行政机关,通知其应诉;另一方面应在收到被告答辩状之日起5日内,将答辩状副本发送原告。被告应当在收到起诉状副本之日起15日内提出答辩状,并提交作出行政行为的证据和所依据的规范性文件。被告不提出答辩状的,不影响人民法院审理。被告不提供或者无正当理由逾期提供证据的,视为没有相应的证据,但被诉行政行为涉及第三人合法权益,第三人提供证据的除外。

(3) 处理管辖异议。当事人提出管辖异议,应在收到人民法院应诉通知书之日起10日内以书面形式提出。对当事人提出的管辖异议,人民法院应当进行审查。异议成立的,受诉人民法院应裁定将案件移送有管辖权的人民法院;异议不成立的,则应裁定驳回。

(4) 审查诉讼文书和调查收集证据。通过对原、被告提供的起诉状、答辩状和各种证据的审查,人民法院可以全面了解案情,熟悉原告的诉讼请求和理由、被告的答辩理由及案件的争议点。人民法院如果发现当事人双方材料或证据不全,应当通知当事人补充;对当事人不能收集的材料和证据,人民法院可以根据需要主动调查收集证据。对于案情比较复杂或者证据数量较多的案件,人民法院可以组织当事人向对方出示或者交换证据,并将交换证据的情况记录在卷。

(5) 审查其他内容。在了解案情的基础上,人民法院还要根据具体情况审查和决定下列事项:更换和追加当事人;决定或通知第三人参加诉讼;决定诉的合并与分离;确定审理的形式;决定开庭审理的时间、地点等。

(6) 开庭准备。人民法院应在开庭前3日传唤、通知当事人、诉讼参与人按时出庭参加诉讼。对公开审理的案件,应当张贴公告,载明开庭时间、地点、案由等。

2. 开庭审理

行政诉讼第一审普通程序必须进行开庭审理。法庭审理应当遵循以下3个方面的原则:第一,必须采取言词审理的方式;第二,以公开审理为原则;第三,除行政赔偿、补偿以及行政机关行使法律、法规规定的自由裁量权的案件外,审理行政案件一般不适用调解。行政诉讼案件的庭审程序,与民事诉讼案件的程序基本相同,一般分为"宣布开庭—法庭调查—法庭辩论—合议庭评议—宣告判决"5个阶段。

3. 审理期限

人民法院审理第一审行政案件,应当自立案之日起 6 个月内作出判决。不过,鉴定、处理管辖权异议和中止诉讼的期间不计算在内。有特殊情况需要延长的,由高级人民法院批准,高级人民法院审理第一审行政案件需要延长的,由最高人民法院批准。基层人民法院申请延长审理期限的,应当直接报请高级人民法院批准,同时报中级人民法院备案。

(二) 第一审简易程序

1. 适用的案件范围

适用简易程序审理的第一审行政案件,限于事实清楚、权利义务关系明确、争议不大的案件,即以下 3 种案件:① 被诉行政行为是依法当场作出的案件;② 涉及款额为 2000 元以下的案件;③ 属于政府信息公开的案件。至于如何理解事实是否清楚、权利义务关系是否明确、争议是否不大,参照前文所述《民事诉讼法》的有关规定。除此之外,当事人各方同意适用简易程序的,可以适用简易程序。

2. 适用的人民法院

与民事诉讼简易程序只能适用于基层人民法院及其派出法庭不同的是,行政诉讼案件简易程序的适用主体为基层人民法院和中级人民法院,比如中级人民法院管辖的,符合"事实清楚、权利义务关系明确、争议不大"的县级人民政府实施的不动产登记案,以及国务院各部门、县级以上人民政府的信息公开案件,等等。但高级人民法院和最高人民法院分别管辖本辖区内重大、复杂的第一审行政案件,故而不适用简易程序。

3. 适用的审判组织形式和审限

适用简易程序审理的行政诉讼案件,由审判员 1 人组成独任庭进行审理,而且审限不得延长,应当在立案之日起 45 天内审结。如果在审理过程中发现确有特殊情况不能在此期限内审结的,应当裁定转为普通程序。就审限不得延长这一点而言,行政诉讼简易程序是不同于民事诉讼简易程序的。

4. 简易程序与普通程序的转换

这种转换目前只能是单向的:只能从适用简易程序转换为适用普通程序,即只能"简转普";不能在决定适用普通程序后,又转换为简易程序,只能从一开始由人民法院决定或者当事人双方同意并申请适用简易程序,即不能"普转简"。人民法院在审理过程中,发现案件不宜适用简易程序的,裁定转为普通程序,一般有以下 5 种情形①:① 当事人就适用简易程序提出异议,且经人民法院审查确认异议成立的;② 诉讼请求的改变或增加导致案情复杂化的;③ 申请人民法院调查取证或证人出庭作证等原因导致案件不能在 45 日内审结的;④ 案件具有典型性,可能影响大量

---

① 参见法律出版社法规中心编:《中华人民共和国行政诉讼法注释本:最新修正版》,法律出版社 2015 年版,第 89 页。

相同或者类似案件审理的;⑤关系到当事人基本的生产生活,可能引发群体性事件的。

(三) 第二审程序

1. 上诉和上诉的受理

(1) 上诉的提起。当事人上诉是行政诉讼引起第二审程序发生的唯一动因。当事人行使上诉权,提起上诉,必须符合以下条件:① 上诉人必须适格。② 必须是法律明文规定可以上诉的判决、裁定。具体包括地方各级人民法院第一审尚未发生法律效力的判决和对驳回起诉、不予受理、管辖权异议所作出的裁定。③ 必须在法定期限内提出。判决的上诉期限为送达之日起15日内,裁定为10日内。④ 必须递交符合法律要求的上诉状。上诉既可以通过原人民法院提出,也可以直接向第二审人民法院提出。当事人直接向第二审人民法院上诉的,第二审人民法院应当在5日内将上诉状移交原审人民法院。

(2) 上诉的受理。原审人民法院收到上诉状(包括当事人提交的和第二审人民法院移交的),应当审查。上诉状内容有欠缺的,应当限期当事人补正。上诉状内容无欠缺的,原审人民法院应当在5日内将上诉状副本送达对方当事人,对方当事人在收到上诉状副本之日起15日内提出答辩状。对方当事人不提出答辩状的,不影响人民法院对案件的审理。

原审人民法院收到上诉状、答辩状,应当在5日内连同全部案卷,报送第二审人民法院。第二审人民法院经过审查,如果认为上诉符合法定条件,应予受理;如果认为不符合法定条件,应当裁定不予受理。

上诉一经受理,案件即进入第二审程序。

2. 上诉案件的审理

就基本过程而言,上诉案件的审理,与第一审案件大体相同。为避免立法上的重复,我国《行政诉讼法》仅对行政诉讼第二审程序的特殊之处作了规定。这些特殊之处主要体现在审理方式、审理对象和审理期限上。

(1) 关于审理方式。人民法院审理上诉案件,应当组成合议庭开庭审理,如果经过阅卷、调查和询问当事人,对没有提出新的事实、证据或者理由,合议庭认为不需要开庭审理的,也可以不开庭审理。"不开庭审理",避免了2007年《民事诉讼法》中的"径行判决"与1989年《行政诉讼法》中的"书面审理"可能产生的歧义,统一以"不开庭审理"来表述,体现了这两大诉讼法修改的科学性和务实性。

(2) 关于审理对象。第二审人民法院审理行政上诉案件,应当对原审人民法院的判决、裁定和被诉行政行为进行全面审查,不受上诉范围的限制。

这里应当注意与我国《民事诉讼法》的相关规定的区别。

(3) 关于审理期限。人民法院第二审行政案件,应当自收到上诉状之日起3个月内作出终审判决,有特殊情况需要延长的,由高级人民法院批准。高级人民法院审理上诉案件需要延长的,由最高人民法院批准。

四、刑事附带民事案件的审判程序

(一) 刑事附带民事诉讼成立的条件

刑事附带民事诉讼是指司法机关在刑事诉讼中,在解决被告人刑事责任的同时,附带解决由遭受物质损失的被害人或者人民检察院提起的、由被告人犯罪行为引起的物质损失赔偿问题而进行的诉讼。

根据有关法律规定,刑事附带民事诉讼的起诉条件包括以下五个方面:

(1) 原告人必须是有权提起附带民事诉讼的人。

(2) 有明确的被告人。这里的"被告人"指附带民事诉讼中依法负有赔偿责任的人。包括:① 刑事被告人及未被追究刑事责任的共同侵害人;② 刑事被告人的监护人;③ 死刑罪犯的遗产继承人;④ 审结前已死亡的被告人的遗产继承人;⑤ 对刑事被告人的犯罪行为依法应当承担民事赔偿责任的单位和个人。

(3) 有请求赔偿的具体要求和事实根据。

(4) 被害人的损失是由被告人的犯罪行为造成的,并仅限于犯罪行为造成的物质损失。

(5) 属于人民法院受理附带民事诉讼的范围和受诉人民法院管辖。

(二) 刑事附带民事诉讼的程序

1. 提起附带民事诉讼的期间和方式

附带民事诉讼应当在刑事立案以后及时提起。如果有权提起附带民事诉讼的人在第一审判决宣告以前没有提起,不得再提起附带民事诉讼,只能依据《民法典》和《民事诉讼法》另行提起独立的民事诉讼。

提起附带民事诉讼一般应当提交附带民事诉状,写清有关当事人的情况、案发详细经过及具体的诉讼请求,并提出相应的证据。书写诉状确有困难的,可以口头起诉。审判人员应当对原告人的口头诉讼请求详细询问,并制作笔录,然后向原告人宣读;原告人确认准确无误后,应当签名或者盖章。

2. 刑事附带民事诉讼的审理程序

附带民事诉讼应当同刑事案件一并审判,只有为了防止刑事案件审判的过分迟延,才可以在刑事案件审判后,由同一审判组织继续审理附带民事诉讼。这就从原则上规定了附带民事诉讼的审理程序。根据最高人民法院的有关司法解释,附带民事诉讼的具体程序和做法包括以下方面:

(1) 人民法院审判附带民事诉讼案件,除适用《刑法》《刑事诉讼法》外,还应当适用《民法典》《民事诉讼法》的有关规定。

(2) 人民法院受理刑事案件后,应当告知遭受物质损失的被害人(包括公民、法人和其他组织),或者其他依法有权提起附带民事诉讼的人有赔偿请求权。

(3) 人民法院收到附带民事起诉状后,应当进行审查,并在7日以内决定是否立案。符合《刑事诉讼法》关于附带民事诉讼起诉条件的,应当受理;不符合的,裁定不予受理。

（4）人民法院受理附带民事诉讼后,应当在5日内向附带民事诉讼的被告人送达附带民事起诉状副本,或者将口头起诉的内容及时通知附带民事诉讼的被告人,并制作笔录。被告人是未成年人的,应当将附带民事起诉状送达其法定代理人,或者通知口头起诉的内容。人民法院在送达附带民事起诉状副本时,根据刑事案件审理的期限,确定被告人或者其法定代理人的答辩准备的时间。

（5）附带民事诉讼案件的当事人对自己提出的主张,有责任提供证据。

（6）审理附带民事诉讼案件,除人民检察院提起的以外,可以进行调解,调解应当在自愿合法的基础上进行。经调解达成协议的,审判人员应当及时制作调解书。调解书经双方当事人签收后即发生法律效力。调解达成协议并当庭执行完毕的,可以不制作调解书。但应当记入笔录,经双方当事人、审判人员、书记员签名或者盖章即发生法律效力。

（7）经调解无法达成协议或者调解书签收前当事人一方反悔的,附带民事诉讼应当同刑事诉讼一并开庭审理。开庭审理时,一般应当分阶段进行,先审理刑事部分,然后审理附带民事部分。

（8）对于被害人遭受的物质损失或者被告人的赔偿能力一时难以确定,以及附带民事诉讼当事人因故不能到庭等案件,为了防止刑事案件审判的过分迟延,附带民事诉讼可以在刑事案件审判后,由同一审判组织继续审理。同一审判组织的个别成员确实无法继续参加审判的,可以更换,但不应另组合议庭审理。

（9）人民法院经审理认定公诉案件被告人的行为不构成犯罪的,对已经提起的附带民事诉讼仍可以由同一审判组织作出刑事附带民事判决。

（10）成年附带民事诉讼被告人应当承担赔偿责任的,如果他的亲属自愿代为承担,应当许可。

（11）附带民事诉讼的原告人经人民法院传票传唤,无正当理由拒不到庭,或者未经法庭许可中途退庭的,应当按自行撤诉处理。

（12）人民法院审理刑事附带民事诉讼案件,不收取诉讼费。

五、在线诉讼程序

随着数字科技的飞速发展,以在线诉讼为主要内容的中国互联网司法同步跟进。2022年1月1日起实施的新《民事诉讼法》首次规定,经当事人同意,民事诉讼活动可以通过信息网络平台在线进行,在线诉讼活动与线下诉讼活动具有同等法律效力。"在线诉讼"是指人民法院、当事人及其他诉讼参与人等可以依托电子诉讼平台,通过互联网或者专用网络在线完成立案、调解、证据交换、询问、庭审、送达等全部或者部分诉讼环节。2021年8月1日起实施的《人民法院在线诉讼规则》对在线诉讼进行了进一步明确。

（一）在线诉讼的适用范围

人民法院综合考虑案件情况、当事人意愿和技术条件等因素，可以对以下案件适用在线诉讼：① 民事、行政诉讼案件；② 刑事速裁程序案件，减刑、假释案件，以及因其他特殊原因不宜线下审理的刑事案件；③ 民事特别程序、督促程序、破产程序和非诉执行审查案件；④ 民事、行政执行案件和刑事附带民事诉讼执行案件；⑤ 其他适宜采取在线方式审理的案件。

（二）在线诉讼的适用条件

1. 同意规则

人民法院开展在线诉讼，应当征得当事人同意，并告知适用在线诉讼的具体环节、主要形式、权利义务、法律后果和操作方法等。对人民检察院参与的案件适用在线诉讼的，应当征得人民检察院同意。

案件适用在线诉讼的，人民法院应当通知被告人、被上诉人或者其他诉讼参与人，询问其是否同意以在线方式参与诉讼。被通知人同意采用在线方式的，应当在收到通知的三日内通过诉讼平台验证身份、关联案件，并在后续诉讼活动中通过诉讼平台了解案件信息、接收和提交诉讼材料，以及实施其他诉讼行为。被通知人未明确表示同意采用在线方式，且未在人民法院指定期限内注册登录诉讼平台的，针对被通知人的相关诉讼活动在线下进行。

2. 转换规则

在诉讼过程中，如存在当事人欠缺在线诉讼能力、不具备在线诉讼条件或者相应诉讼环节不宜在线办理等情形之一的，人民法院应当将相应诉讼环节转为线下进行。

当事人已同意对相应诉讼环节适用在线诉讼，但在诉讼过程中又反悔的，应当在开展相应诉讼活动前的合理期限内提出。经审查，人民法院认为不存在故意拖延诉讼等不当情形的，相应诉讼环节可以转为线下进行。

在调解、证据交换、询问、听证、庭审等诉讼环节中，一方当事人要求其他当事人及诉讼参与人在线下参与诉讼的，应当提出具体理由。经审查，人民法院认为案件存在案情疑难复杂、需证人现场作证、有必要线下举证质证及陈述辩论等情形之一的，相应诉讼环节可以转为线下进行。

（三）在线诉讼的身份认证

参与在线诉讼的诉讼主体应当先行在诉讼平台完成实名注册。人民法院应当通过证件证照在线比对、身份认证平台认证等方式，核实诉讼主体的实名手机号码、居民身份证件号码、护照号码、统一社会信用代码等信息，确认诉讼主体身份的真实性。诉讼主体在线完成身份认证后，取得登录诉讼平台的专用账号。

参与在线诉讼的诉讼主体应当妥善保管诉讼平台专用账号和密码。除有证据证明存在账号被盗用或者系统错误的情形外，使用专用账号登录诉讼平台所作出的行为，视为被认证人本人行为。

(四) 电子化诉讼资料提交与认证

电子化材料的提交和应用是在线诉讼的基础和前提,但传统诉讼规则要求诉讼文书材料和证据材料均要提供原件,这与在线诉讼的特点不相适应。在线诉讼程序中,当事人可以通过扫描、翻拍、转录等方式,将线下的诉讼文书材料或者证据材料作电子化处理后上传至诉讼平台。诉讼材料为电子数据,且诉讼平台与存储该电子数据的平台已实现对接的,当事人可以将电子数据直接提交至诉讼平台。

当事人提交的电子化材料,符合下列情形之一的,"视同原件":① 对方当事人对电子化材料与原件、原物的一致性未提出异议的;② 电子化材料形成过程已经过公证机构公证的;③ 电子化材料已在之前诉讼中提交并经人民法院确认的;④ 电子化材料已通过在线或者线下方式与原件、原物比对一致的;⑤ 有其他证据证明电子化材料与原件、原物一致的。

诉讼中存在下列情形之一的,人民法院应当要求当事人提供原件、原物:① 对方当事人认为电子化材料与原件、原物不一致,并提出合理理由和依据的;② 电子化材料呈现不完整、内容不清晰、格式不规范的;③ 人民法院卷宗、档案管理相关规定要求提供原件、原物的;④ 人民法院认为有必要提交原件、原物的。

当事人作为证据提交的电子数据系通过区块链技术存储,并经技术核验一致的,人民法院可以认定该电子数据上链后未经篡改,但有相反证据足以推翻的除外。

(五) 在线庭审规范

1. 在线庭审环境

在线开展庭审活动,人民法院应当设置环境要素齐全的在线法庭。在线法庭应当保持国徽在显著位置,审判人员及席位名称等在视频画面合理区域。因存在特殊情形,确需在在线法庭之外的其他场所组织在线庭审的,应当报请本院院长同意。

出庭人员参加在线庭审,应当选择安静、无干扰、光线适宜、网络信号良好、相对封闭的场所,不得在可能影响庭审音频视频效果或者有损庭审严肃性的场所参加庭审。必要时,人民法院可以要求出庭人员到指定场所参加在线庭审。

2. 在线庭审纪律

出庭人员参加在线庭审应当尊重司法礼仪,遵守法庭纪律。人民法院根据在线庭审的特点,适用《人民法院法庭规则》的相关规定。除确属网络故障、设备损坏、电力中断或者不可抗力等原因外,当事人无正当理由不参加在线庭审,视为"拒不到庭";在庭审中擅自退出,经提示、警告后仍不改正的,视为"中途退庭",分别按照相关法律和司法解释的规定处理。

3. 证人在线出庭

证人通过在线方式出庭的,人民法院应当通过指定在线出庭场所、设置在线作证室等方式,保证其不旁听案件审理和不受他人干扰。当事人对证人在线出庭提出异议且有合理理由的,或者人民法院认为确有必要的,应当要求证人线下出庭作证。

4. 异步审理

在线诉讼以同步审理为常态,异步审理为特殊形式。异步审理是指经各方当事人同意,人民法院指定当事人在一定期限内,分别登录线上诉讼平台,在信息对称的情况下以非同步的方式开展调解、证据交换、询问、庭审等各种诉讼活动的诉讼模式。各方当事人在一定期限内,以非同步方式在线开展调解、证据交换、调查询问等诉讼活动。

异步审理适用于小额诉讼程序或者民事、行政简易程序审理的案件,同时符合下列情形的,人民法院和当事人可以在指定期限内,按照庭审程序环节分别录制参与庭审视频并上传至诉讼平台,非同步完成庭审活动:① 各方当事人同时在线参与庭审确有困难;② 一方当事人提出书面申请,各方当事人均表示同意;③ 案件经过在线证据交换或者调查询问,各方当事人对案件主要事实和证据不存在争议。

附录二 学生模拟审判随想十五则

(一) 模拟审判前共同商量判决结果的做法应禁止

模拟审判中过于追求所谓"完美"的程序,使人觉得在演戏。几天来的模拟审判练习,同学们为了审判程序的完美,对法庭审理的每一个细节都加以斟酌,如法官如何问话,法庭辩论中应注意哪些问题,证人该如何出场、如何站与坐等。同学们的这些做法应该得到肯定。但是,他们为了达到一个满意的结局,就连审判结果都要互相商量,扮演原告、被告、代理人、法官、证人等的同学在一起讨论该怎么确定判决结果。对于这种做法,我极力反对,一旦滋长此风,以后对他们和社会都有很大的害处。法官审理案件不能先入为主,在法学界不知被强调过多少遍,而我们的同学却在不知不觉地犯着同样的错误。扮演法官的同学只以为模拟法庭的辩论对于原告、被告双方非常重要,而没有想到,如果不认真地组织和听取当事人双方的辩论,又怎么能确认证据的真伪、事实的真相?可是我们的同学却"家中有粮心不慌",只等辩论结束就宣判早已定好的结果,这是何等的可怕!其实,法官的中立不是静止的中立,而是有所思考的中立,有所判断的中立。我们模拟法庭不应很看重结果的对与错。既然是实习,就难免会出错,实习的目的就是发现错误并改正错误。宣判结果不对,老师会点评。但是先入为主,审判未就先有结果,这种理想的程序,叫老师怎样去发现你的问题,而不知这样已潜伏了多少的危机!我们之所以开设模拟法庭,正如指导老师所说的,是为了"从中感受什么是审判,发现我们的不足"。我们感受的应该是实实在在的审判,而不是触摸理想的程序。我们的同学却浪费了老师的一片苦心。……我在这次模拟法庭中,只是一位证人,但我没有去"串供",我所做的就是努力把自己想象成一位真正的证人,去模仿、体会证人该怎么说、怎么做,不是别人教的,我只把我知道的事实说出来。别人问我就说,不问我就不说,结果不仅没有因为我的"不合作"而破坏了整个程序,反而感觉这次庭审很实在,证人原来就应该这样做。我觉得,分数不是我们模拟审判所要追求的目的,增长我们的能力才是目标。不要怕犯错误,要学会发现错误并改正,因为我们可能是未来的职业法律人。

(陈福兵)

(二) 时间能否更足些,案件能否更真些

名为两周,实为几天的民事审判实习就要结束了,在这忙碌的几天里,我看到了许多人和事,感触颇深。首先是学校考试时间的安排不合理,时间仅为两周的实习,却被学校安排了四次考试课,有了考试的挡驾,同学们哪有心思全心搞实习?这

在实习中安排考试的做法实际上体现出了学校管理层对于实习的不重视;其次,我们模拟法庭所用的案件材料,有的案件是老师从法院复印出来的,只有几样重要的文书资料,我们似乎在搞纯粹的"书面审",还有的纯粹是看到报纸或电视上的一个报道,而完全去想象案件的证据、争点的审理过程,这样都过于抽象。能不能请老师与法院联系,以"巡回审理、就地办案"的方式到学校来开庭,或者将所有的证据材料都提供给我们,先不让我们知道判决结果,然后让我们来"审判",看最后的结果与法院的判决有什么不同,看谁的审判更有说服力。总的来讲,这次实习,老师在模拟审判的评分、点评以及观众提问等方面的设计是比较合理和科学的,不仅给台上的同学以压力,也使台下的同学站在旁观者的位置对案件进行评判,这样,大家都得到了锻炼和提高。希望这种审判实习越办越好,我们喜欢这种法律模拟的学习方式。

(孙毅)

(三) 一个知识产权案件模拟审判小组的总结

在本次模拟审判实习中,我们这一小组被安排在第一堂法庭审理,"第一个吃螃蟹"的我们,可能比其他小组的同学有更多的话要说。考虑到本学期开设的相关专业课程,比如知识产权法、国际私法等,与民事诉讼法有密切的联系,我们选择了著作权方面合作作品侵权的案件。……当看到我们后面的几组同学做得越来越好时,我们也清晰地看到本组存在的缺陷。本组的实体问题不大,主要缺陷在程序方面。我认为,首先是证据的采纳未予以明确的表示,合议庭应当在法庭调查的环节结束前,由审判长宣布哪几号证据是合法有效、法庭予以采纳的,哪些证据是不被采纳或者是暂时不予认定的。其次是宣判以前缺少必要的庭审总结和说明,忘记了老师一贯强调的"宣判并不只等于宣读判决书",主要是大家坐在审判席一紧张就全忘了。此外,老师在点评时提到的三个细节问题,也是值得我们注意的:一是授权委托书不能笼统地以"全权代理"来表述代理权限;二是审判人员在听证和听辩的时候,要注意眼神的运用和现场过程的把握;三是在民事、行政案件中要称"被告"而不是"被告人","被告人"的称呼主要用在刑事诉讼中。……最后,想谈谈我个人的一些看法。有些同学在模拟法庭中,为了少些麻烦,选择一些工作较轻松的工作,如承担法警这种不开口也不写材料的角色。我很不认同这种做法,学校的实习是我们梦想延伸的起点,现在多些实践机会就是为了以后真正工作时少些错误。后来,老师与组长们在台下评分时,那些拈轻怕重的同学的分就不高,打分制是一种很古老的方法,但也是一种很有效的方法。这样一来,大家都积极发言,争着写材料,但是我更希望,同学们不仅仅是为了分数才这样表现。

(马菁)

(四) 法学可以实验吗

老师说我们法学院的模拟法庭就是法学的"实验室",这引起了我的思考。法学可以实验吗?我觉得要回答这个问题,首先要看法学有什么功能:第一,法学有理论认识的功能。法学充满了解释,它在诠释社会生活中的各种"法"现象时,又根据生活的原型对法律规范进行预设。第二,法学有文化传播的功能。法律思想是有历史传承性的,这种传承性在很大程度上正是法学的意义所在。第三,法学有实践功能,要对法律实践问题进行指导。从"书本上的法"到"生活中的法",我们有了感性和理性的认识后,就应该自己动手操练一下,完成从"看"到"做"的飞跃。这样,才能深刻地认识法学理论,才能把所见的思想变成自己的思想。这样的操练,对于法学院的学生是十分必要和有益的。本次实习给我们提供了走出去看社会、走回来做"案子"的机会。这本身就是一种法学教育的认识实验。回归到我们的模拟法庭,严肃的操练,就是把所学的、所见的实验一下。……在我们走出法学院的门,走向社会之前,这种法学的实验是必须的。上面所讲的是大学学习阶段的法学实验。我想,法学还有另一个更高层面的实验,那就是对法学创新进行实验。如果将来有机会进行法学的科研,我将投身到这场更具意义的法学实验中。 （胡会东）

（五）法律是神圣的,也是世俗的,但绝对不能是随便的

这次模拟法庭,老师借来了法官袍和法槌。看到三位组成合议庭的同学穿起法袍,感觉真的很好。黑色的衣服上一条鲜艳的红色镶边,既威严又庄重。一颗国徽挂在领口。袖口和衣服都分别绣上了两把剑,一定是正义之剑。一件法官袍,包含了多少意义在其中,既是国家和人民的希望,也是法官自己的行为标准。法槌的柄上有麦穗和齿轮,正面有鲜红的国徽。昨天去法院旁听时,我们还想着自己穿着法官袍、手执法槌的模样,没想到今天就可以实现这份心愿,我真的很高兴。虽然现在只是在学校的模拟法庭里穿,但我相信,只要我努力、用心,我一定能在现实生活中穿起法官袍。……今天我们自己搞的模拟法庭在程序上、气氛上远比昨天旁听的庭审好。昨天的庭审,合议庭的审判员、公诉人、辩护律师总是不断地走动,打手机。这些都是开庭前书记员宣读的法庭纪律里所禁止的。加上一些无关人员总是随意地走入审判区,搞得很随便。让我怀疑除了被告,台下坐着的被告的亲朋,还有没有人在认真听别人的陈述。联想到我们自己,我们在毕业后真正走上司法工作的岗位后,一定要避免相同情况的出现,否则人民群众怎么会相信我们,相信法律?!老师经常讲的那句话,真的值得我们回味一辈子:"法律是神圣的,也是世俗的,但绝对不能是随便的。" （孙洋）

（六）刑事附带民事诉讼中的"分"与"合"

因为我们以前只搞过民事诉讼和刑事诉讼案件的模拟审判,对于刑事附带民事诉讼案件并没有直接的体会,对其具体操作程序并不怎么清楚。但通过这几天的模拟实习,我明白了这里面的分、合关系:首先是案件的刑事和民事部分。这种程序并非我想象的完成刑事法庭辩论后再回头重搞民事诉讼,而是依旧按法庭调查、法庭辩论阶段进行,只不过是在每个阶段先搞刑事后搞民事而已,其他照旧,宣判时也是

一并判决的。其次是被告人的辩护和代理问题。我们这次安排了辩护人和代理人两个角色分别就刑事、民事部分进行代理,指导老师肯定了我们的做法。其实法律也有明确规定,是否分别委托刑事辩护人和民事代理人,完全取决于被告人自己的选择。在现实生活中,辩护人和代理人"二合一"的做法有一定的合理性,但并非唯一的必然性。现实中的做法主要出于诉讼成本和方便的考虑,因为"二合一"不仅可以降低律师费用,而且可以便于律师把握、分析案情,为被告人进行"一体式"的辩护。但是,我认为在一宗较复杂而且涉案数额较大的刑事附带民事案件中,"二合一"的做法未必能充分保护被告人的权利。

(胡昊昕)

(七) 行政模拟审判实习的两个阶段

这次实习,大致可以分为两个阶段:第一个阶段为期一周,主要是去法院旁听,熟悉案卷材料,从理论上为开庭审理做准备。本组所接的案件是一个行政案件,作为审判长的我,主要集中收集和学习了行政诉讼庭审的有关资料,进一步明确了行政诉讼的证据规则,庭审中如何举证、如何质证、如何认证,以及对法庭调查和法庭辩论关系的把握进行了思考。同时,由于是首次使用法槌和新发的法袍,因此对与之相关的信息资料,也进行了针对性的收集和学习。这既增强了对庭审程序的兴趣,又使自己对诉讼理论界当前的热点问题进行了初步把握。第二个阶段则是进行模拟审判练习和正式开庭审理,这增强了我们对庭审的直观体验,使我们在实际操作中将理论和实践结合起来。同时,通过实践发现现实操作中出现的问题,又为今后的理论研究注入了动力。虽然在很多地方自己做得尚不够完满,但这些经验的积累将使我终身受益。

(刘克静)

(八) 校内模拟与法院审判之间的"得"与"失"

在旁听了法院的庭审后,我们在指导老师的带领下,到法院查阅复印了一些案卷。今天模拟法庭正式开庭。开庭、法庭调查、法庭辩论、休庭评议和宣判,我们做得井井有条。老师在指出个别用语规范和细节错误外,也对我们的表现给予了肯定。在我看来,我们的模拟法庭在程序方面远胜于我们在法庭旁听的庭审。首先,在公诉人与被告人的辩护人之间达到了程序上的平等,而这种程序上的平等在我看来是很重要的,因为程序公正是实体公正的基础和前提。其次,庭审的气氛很庄严。法院旁听的那个案件,公诉人随意在法庭上走动,而且还与合议庭递纸条,交头接耳,极其随便,庭上的随便也影响了庭下的气氛,整个法庭到了后期都已经很随意。当然,我们不能否认,真实的庭审往往时间很长,突发性的情况也时有发生,而我们的"模拟"早有真实的案例和确定的结果,一切都可以预料得到,因此做起来就比较简单,也更容易使程序正规化。但不管如何,我们始终不要忘记程序的平等、法官的中立、语言的规范和庭审的有序对于实现法律公正的意义。法院旁听的那个案件,法官和检察官经常讲到道德问题,很像上政治教育课,虽然我们有法庭教育的任务,

但也应该把握一个度,而不应该死死抓住不放。　　　　　　　　　　　(何金磊)

(九) 一次刑事案件法院旁听的观感

今天在指导老师的带领下,前往法院旁听了一起刑事案件的法庭审理。本案中,被告人四人涉嫌敲诈勒索被公诉机关起诉。案情并不是很复杂,被告人的辩护律师仅做了罪轻辩护。整个庭审过程中,审判长和辩护律师的个人表现也还不错,但庭审中出现的一些程序问题不能不让我们深思:一是四位被告人虽被取保候审但在庭审中并未被相互隔离,完全有庭外串供的可能。由于没有法警值勤,被告人不是由法警带进带出法庭,而是自己走向被告人席,当其中一个被讯问时,另外三个则站在门外等候,一个被告人被问完以后,还要负责传话让另一个被告人到庭。二是法庭秩序混乱,没有一点庄严和肃穆的气氛。法庭的国徽竟然是歪的,也没有人想到把它扶正。尤其是到了庭审的后段,没有法警维持秩序,旁听席上有人抽烟,有人吃东西,有人接电话,还有人不停地出出进进,走来走去,审判长大概是见多不怪,也没有予以必要的制止。书记员只顾自己埋着头,审判席上的一个年纪大的法官不得不时时起来自己去倒开水。三是从合议庭到公诉人、辩护人说的都是地方方言,而且被告人席上没有话筒,根本难以听清楚,偶尔听清楚几句,又因为是方言而难以听懂,这对于我们这些来自全国各地的同学来说,真的是很吃力。四是公诉人在庭审中过于放纵。在对方辩护律师发言或向被告人提问时,公诉人随意走动,或给审判长传纸条,这样既是对辩护律师的不尊重,又有违控辩双方地位平等的原则。更为甚者,公诉人竟然在庭审过程中公然接电话,而审判长却当没看见。五是审判员的法律素质有待提高,庭审的职权主义色彩过于浓厚。坐在审判席上的一位退休老干部模样的审判员,他问话的语气似乎不像一个审判员,而更像是一名检察官,他在讯问被告人之前,首先是一番思想政治教育,而且明显地带有倾向性,或者带着教训的口吻说:"年轻人犯了错误不要紧,关键是承认错误,如实供述……"或者劈头盖脸地说:"……你说你神志不太清楚,那为什么会抬脚走路呢?"(难道神志不清楚,就一定要到不会抬脚走路的程度吗?)或曰:"……你们认为你们去敲诈勒索就能解决问题吗?你们'3·15'普法,学过法律没有?!"这不是典型的有罪推定吗?! 看来,司法公正还真是任重而道远啊。　　　　　　　　　　　　　　　　　　　(罗剑)

(十) 给我们自己的模拟审判挑点"刺"

通过许多的训练和多次法院旁听,我们这次模拟法庭的整个过程应该是比较成功的,气氛也很庄严肃穆,其严谨务实的态度也胜于旁听过的那些真案。但我这里要挑两处毛病:一是在开庭准备完成后,审判长没有对合议庭成员进行介绍,这样当事人又怎么行使回避权呢? 二是在法庭辩论阶段,原告、被告以及第三人进行辩论时,合议庭没有进行必要的引导和归纳。我认为,合议庭应当在进入法庭辩论阶段时引导各方当事人就案件的事实、争点进行展开,而不是完全地居中不管,听凭各方去"吵",适当的引导是为了更好地了解案情,并正确适用法律。在某一辩论阶段结束时适当点评是十分可取的。作为"模拟"法庭,可能是大家对案情乃至审决结果已是了然于胸,故在操作时有比较明显的阶段感,似乎一个矛盾争点的几方一通讲话之后,法官一作总结就全部明了,各方也口服心服,实际的开庭中恐难见到。

(申友群)

(十一) 模拟审判的创新与细节

老师在民事模拟审判实习的动员会上说,模拟法庭也要"创新",要推陈出新,不仅是案件选择上的创新,还有证据"制作"上的创新、文案的创新等。案件的选取是评判一场模拟法庭成功与否的关键所在,选好案件可以说就成功了一半。老师建议我们选取较接地气的离婚诉讼案、公益诉讼案,或者《民法典》出台实施后最高人民法院出台的一些指导性案例、典型案例,或者影响性诉讼案件等。在人员分工时,我想选代理律师这个最具有挑战性的角色,因为这个比较符合我的性格。有时当事人处于不占优势的状态,需要向另一方当事人让步,甚至有败诉的风险,我觉得作为代理律师,可以凭借自己的能力让法庭和对方信服我的代理意见,为我方当事人争取到最大的利益,这是很有趣的过程。结果,我如愿以偿地拿到了被告代理律师这个角色。尽管第一次会演之前我心里一直很忐忑,不过结果出乎意料,整个表演过程很顺利,自由辩论环节充满了唇枪舌剑的"火药味",也达到了"演而不假"的效果,其他组的同学也看得进津津有味。不过老师指出本组的"私人所做的亲子鉴定能否合法作为证据,能否被法庭采纳",一下子就击中了我们的"软肋"。最后,我们一致认为要增加一个鉴定人的角色,通过人民法院依照司法程序委托有鉴定资质的鉴定机构进行鉴定,才能确保证据的合法性与严谨性。最后一次会演结束时,已经过了下班时间了,加之处于新冠肺炎疫情期间,老师就选择在微信群里语音点评我们的会演。晚上吃饭时,我看到微信群里老师留下的几十条很长的语音,不禁心中一颤,点开一个一个地仔细聆听,听老师详细地分析了每一组的优点与不足,甚至是大家都没有注意到的一个细节,即"审判员到底要不要穿上专业的法袍",听完后我感觉收获很多。本次模拟审判实习,除了令我对一些具体的程序法知识记忆更加深刻之外,也激活了我对程序公正及其对实体公正的价值的认知。

(李泃翰)

(十二) 模拟与真实之间

模拟审判好比排练、演戏一般,其与大屏幕上演示的区别仅在于其自身的严肃性。作为书记员我参与了编写剧本的任务,剧本的编写过程恰好体现了从书面到实践的步步积累。从未当过"演员"的我们,凭借着以前所学的诉讼程序法知识,以及一个法科学生的素养,在法庭上成为一个个"角色",这些都是特殊的体验,仿佛是与未来的职业息息相关,又仿佛是受最原初的理想的驱使……总之这个过程中的千变万化是难以预料的,可能某一瞬间我会感到光荣、自豪,又或某一瞬间认为这不过是一件苦差事罢了,何必当真又何必铭记于心。这样摇摆、晃动着的思想,也是一种不成熟的表现。但是,在最后的模拟审判结束后,更多的是一种收获,只能说经历过才懂得探究事物存在的意义。从当初的差点笑场,到最后模拟审判结束时,发现大家一起的共同努力果然很有成就感,也算是人生中小小的经历吧,哈哈哈。最后老师给予每组的点评,太棒了,改进显然是必不可少的,但是从某种层面讲,我们每个人的缺陷都是进步的推动力,何不谓之一种鼓励?!

(董明洁)

(十三) 用词严谨与直观公正

老师说我们的模拟审判应当来自过去的审判、高于现在的审判、引导将来的审判,于是我们按照老师编著的《模拟审判:原理、剧本与技巧》(第三版)一书,到网上查找资料,大家一起商量选取了一个离婚有抚养孩子争议的案例,就开始编写剧本与彩排。为了体现法庭辩论的精彩,我们让原告与被告的表演尽量"生活化",非常口语和大白话,让双方律师尽量"针锋相对""头脑风暴",以考验其临场应变能力与庭审技巧,笑场一两次后我们就慢慢进入了状态,然后又针对排练中的问题进行了讨论完善,比如代理律师与合议庭成员,以及当事人、证人等角色是否使用真名等,请教过老师后,我们决定对"法律职业共同体人员"采用了同学们自己的真实姓名,对于当事人与证人等角色就采用了化名。老师在最后会演之前的排练之后,对我们提出了三点建议:一是要注意用词的严谨性与准确性,比如:案由表述应该是"某某'诉'某某'离婚纠纷'一案",而不是"某某'和'某某'离婚'一案";本案的争议焦点是孩子归谁抚养,而不是"抚养权"归谁所有;离婚的标准是"感情是否破裂",而不是"婚姻是否破裂";等等。二是模拟审判过程中,屏幕上播放的PPT要记得随法庭审理的阶段变化而实时播放。三是除了审判长以外,另外两个审判人员也要有任务,要开口说话,要有台词,要有庭审的分工,否则就体现不了"直观的公正"。

(黄同佳)

(十四) 团队精神与时间观念

这次模拟审判我觉得是一个非常宝贵的体验,在书本中很难学到的就是与人相处的能力和待人接物的经验。我这次作为组长说实话组织得并不好,但是多亏了组员的不懈努力和对我的无限包容,每个人都竭尽所能完成自己的任务,并且互相帮助从不计较。团队的力量是强大的,与一个优秀的团队相处的时光是难忘的。忘不了大半夜我们开腾讯会议过案情的时候,蒙着被子笑出眼泪,"一秒入戏"相互调侃时的哄堂大笑,也忘不了第一次当组长的紧张和手忙脚乱……还有在网上看电视综艺节目《是这样的,法官》的感慨,还有法庭座位的布置,以及扮演法警的同学第一次排练因为睡过了头没有及时赶到,等等。刚一开始在教室把桌椅板凳摆好准备开庭,老师就问我们书记员坐哪里呢?才发现我们没有给书记员留出座位,原告与被告的位置也布置得不太科学。那次"法警"迟迟没到,可把我们急坏了,她的室友也不接电话,老师只好说"我们先开始吧,就不等她了"。排练过程中扮演法警的同学到了,她低着头红着脸从侧边走进教室,坐在后面的位置上。我们猜她也不是故意的,可能是没听到闹钟起晚了吧。老师在点评中针对"法警"迟到这件事指出,无论什么角色都要严肃对待,就算是法警这种没有台词、看似"不重要"的角色也必须按时到庭,并且仔细学习体会自己的角色职责,否则就没有庭审的"仪式感"与"庄严性"。可见,模拟审判真的是"一个都不能少"啊。

(王一宁)

(十五) 模拟是现实的"游戏"

模拟审判是一次对法律的全新认识和了解,可以体会到法律的威严,是一种加深法学理论学习的重要方式。从案例的选取、法条的运用,到整个开庭的过程,都是我们小组全体同学慢慢摸索出来的,参与该过程极大地提高了我们的实践能力。我们的综合能力,比如口才表达的能力、思维能力、应变能力、综合运用知识的能力等都得到了锻炼,还有更重要的一点是,学会了更好地分工协作与团队合作。老师要我们在民事模拟审判中体悟"民诉何以为民",其实体现了一个法学家最高职业道德的自我审视。我们在不同案件的模拟审判中,可以担任不同的角色,由此去体验不同的角色感受。当我们身处于原告或者被告席位的时候,才能真切感受到他们的无奈与绝望,才能更加激起自己内心的职业道德感或者伦理自觉。模拟是现实的游戏,一方面是正经的游戏,另一方面也是在演现实的戏。正如"人生没有彩排,每一天都是现场直播",只有我们做好模拟审判这样一种彩排的"演实",才能在现实生活中把真正的审判做得更好,最大限度地维护我方当事人的利益,或者最大限度地做好日后法律职业生涯中的真实自己。

(朱乙祥)